平台生态系统

行动者和迭代创新

PINGTAI SHENGTAI XITONG
XINGDONGZHE HE DIEDAI CHUANGXIN

傅　锋◎著

SPM 南方传媒 | 广东人民出版社
·广　州·

图书在版编目（CIP）数据

平台生态系统行动者和迭代创新/傅锋著. — 广州：
广东人民出版社，2023.4
ISBN 978-7-218-16513-4

Ⅰ. ①平… Ⅱ. ①傅… Ⅲ. ①网络经济—创新管理—
研究—中国 Ⅳ. ①F492.3

中国版本图书馆 CIP 数据核字(2023)第 064435

PINGTAI SHENGTAI XITONG XINGDONGZHE HE DIEDAI CHUANGXIN
平台生态系统行动者和迭代创新
傅 锋 著

出 版 人：肖风华

责任编辑：周汉飞
责任技编：吴彦斌 周星奎
装帧设计：品诚文化

出版发行：广东人民出版社
地 址：广东省广州市越秀区大沙头四马路 10 号（邮政编码：510199）
电 话：（020）85716809（总编室）
传 真：（020）83289585
网 址：http://www.gdpph.com
印 刷：北京建宏印刷有限公司
开 本：710mm×1000mm 1/16
印 张：12.5 字 数：204 千
版 次：2023 年 4 月第 1 版
印 次：2023 年 4 月第 1 次印刷
定 价：78.00 元

前 言

随着数字技术和数字化的发展，数字创新成为产业变革和促进经济发展的主要动力，为顺应这一趋势，移动软件应用程序（APP）作为数字创新的一种重要形式正在改变人们的生活和工作方式，其开发和应用正呈现出爆发式增长的趋势，产业发展繁荣。但是，在APP繁荣的背后，其发展也面临着巨大挑战：一是移动应用程序市场上同屏竞争激烈；二是用户的需求呈现出高度不确定、易变、复杂和模糊的动态特征，且用户转换成本低廉。这些挑战导致许多APP的存活率、用户使用率以及留存率都较低。为应对市场上的挑战，有效匹配用户需求，维持竞争优势，开发者通常被迫频繁更新APP软件，并持续提供新的服务或功能。基于此，如何更快且高质量地驱动APP迭代创新？哪种迭代创新能够更加有效地转化为绩效，提升市场表现？成为业界和学界关注的重要议题。

但是学界关于APP迭代创新的研究尚处于早期，目前对APP迭代创新驱动机制的研究缺乏深入探索，对APP迭代创新与绩效关系的研究较为片面，且结论不够明确。特别是现有研究集中于单个视角，尚缺乏综合多种视角，系统地分析APP迭代创新的驱动机制及其对绩效的影响。在上述现实和理论背景下，本书基于平台生态系统行动者视角，立足于用户参与、组织学习和平台主治理相关的理论和研究，从平台主、用户和开发者三个关键生态系统行动者视角出发，使用文献研究、理论分析、多元回归分析和模糊集定性比较分析（fsQCA）等定性和定量相结合的研究方法，运用从中国大陆地区iOS平台上收集的APP数据，分析行动者如何影响APP迭代创新，以及APP迭代创新对绩效的作用机制，主要聚焦于以下三方面内容：

研究内容一，平台生态系统行动者对APP迭代创新的驱动机制。基于用户参与视角和组织学习理论，分别检验了用户在线评论，以及开发者经验对APP迭代创新的战略价值。研究发现，用户在线评论数量促进APP的迭代新颖性和迭代敏捷性，在线评论效价与APP的迭代新颖性和迭代敏捷性均存在倒U关系；且生态经验将促进APP的迭代新颖性和迭代敏捷性，开发者开发经验多元化对APP的迭代新颖性和迭代敏捷性均存在U型影响。本书基于平台主治理视角，检验了平台主进入和平台主推荐，在用户在线评论和APP迭代创新中，以及开发者经验与APP迭代创新中关系的不同情境机制，识别了用户层面和开发者层面的APP迭代驱动机制。

研究内容二，APP迭代创新对其绩效影响的研究。绩效是组织发展的根本，是创新研究的重中之重。本书检验了APP迭代创新对其绩效的影响机制，研究发现，迭代新颖性促进APP绩效，迭代敏捷性对APP绩效存在倒U型影响。平台主进入削弱迭代新颖性对APP绩效的促进作用，且削弱了迭代敏捷性对APP绩效的倒U型影响。平台主推荐增强了迭代敏捷性对APP绩效的倒U型影响，但对迭代新颖性对APP绩效的关系没有调节作用。

研究内容三，平台生态系统行动者视角下，APP迭代创新的前因组态及其绩效研究。平台生态系统中的创新往往不是孤立的，需要多个行动者的共同推动。为此，聚焦于平台生态系统行动者，结合组态视角，分析平台主、用户和开发者三个关键生态系统行动者层面的因素，如何共同驱动APP迭代创新。本书运用模糊集定性比较分析方法，研究形成高APP迭代创新的组态路径及其绩效影响。结果发现，形成高APP迭代敏捷性的驱动机制有5个组态路径，可归纳为平台主推荐型，开发者—平台主推荐型，用户—平台主竞争型，协同驱动型4种类型；此外，形成高APP迭代新颖性的驱动机制有6个组态路径，可归纳为用户—平台主推荐型，用户—平台主竞争型，协同驱动型，开发者—平台主驱动型4种类型。研究还发现，各组态路径对APP绩效的影响有着显著的差异性，并不一定所有路径下形成的高APP迭代创新都能促进APP绩效。

通过以上研究，本书的研究贡献主要为以下三方面。第一，基于平台生态系统行动者的理论视角，拓展并深化了APP迭代创新的驱动机理研究。本书分别从用户和开发者层面，探索了用户反馈信息和开发者经验对APP迭代创新的影响机制，同时丰富了用户参与和组织学习理论视角下，APP迭代创新形成过程的理论研究，且进一步论证了平台生态系统中其他行动者的异质性和能动性，补充了平台生态系统的相关研究。第二，基于权变视角，深化了APP迭代创新的效能机理及平台主治理的情境价值。本书验证了APP迭代创新、平台主治理和APP绩效之间的关系，明确了平台主活动对生态系统中互补创新形成过程和作用机制的情境价值，为后续基于平台的创新研究提供了新的思路。第三，基于平台生态系统行动者视角与组态理论，拓展和深化了 APP 迭代创新的整合框架，多视角揭示了其驱动过程的组态路径及效能。本书明晰了平台主、用户和开发者三个层面的多重因素，对 APP 迭代创新的协同和联合影响，提出了一个实现高 APP 迭代创新的整合框架，丰富了 APP 迭代创新的形成路径，拓展了 APP 迭代创新驱动机制的研究视角和研究工具。并检验了不同路径创新对 APP 绩效的作用，为解释迭代创新和 APP 绩效之间的关系提供了新的思路和视角。

MU LU 目录

第 1 章　绪　论

1.1　研究背景

1.1.1　现实背景

随着数字技术和数字化的发展，数字创新成为推动产业变革和促进经济发展的主要动力，截至 2018 年，数字创新占发达经济体国内生产总值的 11%，被视为经济增长的支柱[1]。顺应这一趋势，移动应用程序（Application，APP）作为数字创新的一种重要形式正在改变人们的生活和工作方式，并推动着许多行业的转型与发展。2020 年，全球移动 APP 收入达到 5810 亿美元，预计到 2023 年将超过 9350 亿美元[2]。由于 APP 更新迭代的障碍较低，组织和个人可较容易地利用软件平台提供的开发工具包（Platform-specific software development kits，PSDK）进行 APP 开发，并通过软件应用程序接口（Application programming interfaces，API）访问平台资源，发布应用程序，从而创造出对社会和经济具有重要影响的创新[3]。因此，APP 应用软件的开发和应用正呈现出爆发式增长的趋势，目前仅苹果 APP Store 就有大约 438 万款应用，涵盖了商业、教育、娱乐等 20 多个类别。

APP 产业繁荣发展的同时，许多 APP 的存活率，以及用户使用率和留存率都较低，面临着巨大的生存挑战。实际上，不少 APP 的生命周期平均为 10 个月，85% 的用户会在 1 个月内将其下载的移动应用程序从手机中删除，而到了 5 个月后，这些应用的用户留存率仅为 5%。低的用户留存率意味着大部分 APP 软件面临严重的绩效问题[4]。近 50%的 iOS 应用每月收益低于 500 美元，且只有 0.1%的 Android 应用程序下载量超过 500 万次[1]。APP 市场较难获得高绩效的主要原因在于激烈的市场竞争和高动态的用户需求。其中，激烈的市场竞争主要体现在两方面，一是移动应用程序市场上同屏竞争激烈，用户一次性消费的行为较为普遍，且通常选择绩效更好的产品。如一款电子阅读软件，中国市场上就有书旗、番茄、掌阅、好看、多多、顶点、起点、微信读书等上百种产品。同类型产品越多，市场竞争越激烈，虽然用户下载移动应用程序和转换成本相对较低，但由于网络效应的存在，APP 市场上大多用户会选择主流的产品进行消费，趋向于安装相同的 APP，这可能导致大部分同类型产品难以获得高绩效。二是部分 APP 面临平台主原生应用的竞争。平台主相对于普通开发者具有资源和声誉上的优势，其进入产品市场会对同类型 APP 软件造成较大的竞争压力。例如，苹果公司会在其 iOS 商店中发布自主开发的音乐、地图、摄影与录像和视频等类型的移动应用程序，以获取更大的收入，并期望通过引入竞争提高生态中产品质量。其次，APP 市场上，用户的需求呈现出高度不确定、易变、复杂和模糊的动态特征，开发者难以有效把握海量用户信息，开发出精准匹配用户需求的创新成果，因而创新不确定性和风险性较大，创新成果转化成创新绩效的难度变大。且用户的转换成本低，APP 开发者需要持续的投入以增加用户留存率和黏性。

为应对市场上多方面的竞争，有效匹配动态的、多样化用户需求，开发者通常被迫频繁更新 APP 软件，并持续提供新的服务或功能[5]。有研究指出，大部分 APP 每月甚至每两周发布应用程序的新版本，进行基本的功能和技术优化，或者添加新服务与功能[1]。部分 APP 更新不包含实质功能的变化，只是对界面 UI 的重新设计和 Bug 修复。如：京东商城 V9. 4. 2 版本，更新的主要内容是将 APP 图标里的“年货节”更改为“她的节”，以通过关键词的更改吸引客源；联想智选商城 V4. 2. 5 版本主要针对软件的 UI 进行设计，这类更新希望通过视觉效果的改进，给予用户新鲜感，改善用户的使用体验。总体上，发展较为成熟的 APP，即便没有新的功能和服务的推出，也会保持持续且频繁的更新，以增加自身 APP 的存在感，适当提高用户的打开率，并希望通过更新 APP 在商场上获得推荐位置，以提高绩效。此外，更多的 APP 还是持续推出新的功能。如二手产品交易平台闲鱼，在 V6. 9. 11 版本的更新中推出同城业务，涵盖了租房、兼职等多个业务模块，并不断发展鱼塘、玩家、直播、优品捡漏等业务板块，促进 APP 的社交属性，以活跃用户。

对于开发者而言，快速且持续进行 APP 迭代创新是很有必要的，但频繁的更新是否能有效改善已有用户体验、吸引新用户？更新内容的丰富程度、新颖性能否促进 APP 绩效，增加 APP 在市场上的竞争优势？哪种类型的更新更能提升 APP 绩效？如何获取创新灵感和机会，以保证持续且高质量的 APP 迭代创新？等已成为开发者面临和关注的重要问题。

1.1.2 理论背景

层出不穷的各种 APP 软件正在改变原有产品创新方式、商业模式和组织形态，改变着人们生活和工作方式[6]。APP 应用市场上，相对于传统产品，APP 产品的代际更迭的速度显著提升，且市场上用户需求呈现出更高不确定、易变、复杂和模糊的动态特征[7]，使得传统产品创新思维和模式难以有效适用于 APP 迭代创新的管理问题中。基于此，创新管理、战略管理和信息系统领域的学者们逐渐注意到对 APP 迭代创新进行深入研究的重要性，开始关注 APP 迭代创新。近年来，上述领域的学者在国际顶级期刊，如 *Organization Science*、*Information Systems Research*、*Strategic Management Journal*、*Information & Management* 和 *MIS Quarterly* 等，刊登了大量有关 APP 迭代创新的研究文献。现有研究也分别从数字创新、服务创新、组织学习、用户参与等视角对 APP 迭代创新进行剖析。APP 迭代创新的研究吸引了越来越多学者的关注度，成为创新管理和战略管理研究的一个热点话题。目前，关于 APP 迭代创新的研究主要涉及两方面，一是 APP 迭代创新的影响因素分析，二是 APP 迭代创新对其绩效及用户价值的作用机制。

具体而言，APP 迭代创新影响因素的现有研究以平台主治理、用户参与、资源依赖理论、信号理论和组织学习为研究视角和理论基础，从平台生态系统中的平台主、用户和开发者三个行动者层面分别讨论了影响 APP 迭代创新成果的因素。其中，平台主作为平台生态系统领导者，学者较多关注其特征对生态创新的影响，包括平台技术特征、治理机制和平台边界资源等因素。如：Tiwana（2015）[9]实证研究发现，平台技术架构的模块化程度越高，越有利于开发者与平台之间的资源交互，并同平台输入控制共同促进开发者的创新活动。Kankanhalli 等（2015）[11]发现平台提供的 PSDK 能提高开发者创新效率，促进 APP 开发者的创新意愿。Foerderer 等（2018）[12]通过 Google Play 平台上的 APP 数据，发现平台主进入通过关注度溢出和竞赛机制，对同类型 APP 产生积极的用户关注度，并提升开发者创新努力，刺激 APP 迭代创新。但平台主进入互补者市场也可能降低开发者为平台生态系统创造价值的意愿。用户层面主要基于资源依赖理论强调用户作为信息提供者，是开发者进行

APP 迭代创新的重要外部资源。基于数据化的参与方式，用户行为产生的数据可以提供需求，市场偏好和有价值的创新想法，为产品研发提供多样化的创新视角和解决方案[15]，帮助开发者创造符合市场广大用户需求的，独特的产品。且用户反馈提供了他们关于产品可用性、产品性能、定位和营销问题的一手反馈资料，这些信息有助于开发者在市场上更好地定位自身 APP，进一步改善产品功能和服务。开发者层面，学者主要基于组织学习理论，强调开发者先前经验积累可能对 APP 迭代创新产生影响。该层面学者认为，APP 开发者先前的创新经验以代码的形式存入数据库，这些数据能在升级和开发新产品中被修改和重新利用[16]，有利于迅速解决当前所面临的创新问题。且创新问题和解决方案的匹配取决于开发者所积累的设计资源和知识的丰富性[17]。但是过于广泛的产品经验，也可能导致开发者形成认知刚性，或资源和能力约束。然而，目前学者对开发者层面的因素探索的相对较少，相关因素尚未得到充分的实证检验。

APP 迭代创新对其绩效的影响受到越来越多的关注，已有研究主要检验了不同维度或类型 APP 迭代创新对其绩效的影响，强调不同维度或类型创新对绩效影响的差异化。该类研究中，大部分结论表明 APP 迭代创新速度促进 APP 的质量，吸引了用户的关注，增加了用户的使用价值。由于组织对外部环境变化的快速适应和响应，将提高其生存概率，开发者对 APP 的快速迭代被视为对外部环境做出的迅速调整[9]，有助于开发者即时响应外部用户需求，并通过快速且反复的实验，挖掘未知的用户需求和外部创新机会[20]，进而提高用户留存率[5]，增加 APP 在平台生态系统内的竞争优势，有效促进其市场绩效。同时，该类研究还探讨了 APP 具体更新内容的新颖性对绩效的作用。一方面，基于创新驱动视角，APP 迭代创新的丰富度体现了开发者对用户需求的满足程度[21]，且 APP 迭代创新改进的实质内容较多，APP 新颖性、创新性和差异化程度越高，越容易吸引新客户并维持现有用户，增强 APP 市场竞争优势。另一方面，不断增加的新功能也可能导致产品臃肿和过于复杂，最终导致用户放弃产品[21]。且过高的创新程度，会增加用户的交易成本和学习成本，进而降低用户体验，对创新绩效产生消极影响[22]。可见，在解释 APP 迭代创新绩效方面，现有研究认为 APP 绩效差异主要是 APP 迭代内容不同而导致的。

综上，学术界对 APP 迭代创新的研究尚处于起步阶段，还未建立比较成型的理论体系，针对迭代创新影响因素以及绩效的探索仍存在较多的不足，主要体现在以下三个方面：

第一，现有研究主要聚焦于平台主视角，从其他行动者，即用户角度和开发者角度对APP迭代创新作用机制的研究还较为缺乏，理论分析和经验证据不足。基于用户角度，现有研究主要探讨了用户在线评论机制对APP迭代创新的影响，但是仅仅简单地解读了用户在线评论对APP迭代创新的直接作用，缺乏用户在线评论对APP迭代创新影响的情境价值的探索。且有学者认为，开发者生态经验和产品多样化分别反映了开发者先前在积累的生态经验和产品开发经验[23]，基于组织学习视角，开发者通过经验学习会影响其创新活动，然而这些阐述和假设并没有得到明确的实证数据检验。

第二，平台主作为生态系统的主导者，其行为会影响整个生态系统环境以及其他行动者的行为变化，现有以平台为基础的创新研究中，主要是将平台主设置为情境，研究相关创新主体的创新活动[24]。APP市场上，用户通过应用平台进行APP产品体验，开发者通过平台接触用户和开展创新活动，其与平台主之间具有互补性和相互依赖性，也同时存在竞争和合作的关系，因而，平台主活动亦可能是影响开发者进行APP迭代创新的重要情境，但现有APP迭代创新研究中更多聚焦平台主特征和行动的直接作用，忽略了其情境价值。此外，APP迭代创新前因分析中，大多研究聚焦于对APP迭代创新速度的影响，忽略了对APP迭代新颖性的作用，不同因素是否对不同维度创新具有差异性影响仍未可知。但已有研究指出APP迭代速度和新颖性在内涵和影响上存在差异，进行APP迭代创新的相关研究时，同时考虑迭代速度和新颖性两方面是很有必要的[26]。

第三，APP迭代创新前因分析的研究比较分散，集中于验证单个因素对APP迭代创新的影响，还未基于整体的视角对APP迭代创新进行系统地研究，也未考虑各影响因素之间的互补和协调关系。现有APP迭代创新研究围绕平台主、用户和开发者的视角，分别探讨三个生态系统行动者对APP迭代创新的影响。然而这些研究在理论视角和研究方法上存在一定的局限性，限制了从宏观和系统上认识平台生态系统中的创新活动。在理论视角方面，专注于单个研究视角的检验，而忽略不同视角之间的协同和整合。在研究方法方面，传统的回归分析等统计方法，强调自变量间相互独立、因果对称和单向线性关系，在控制其他影响因素的基础上，倾向于探索特定因素的净效应，而忽略了多个相关因素的综合效应[29]，由此得出的相关关系在解释、预测和激励开发者APP迭代创新方面存在一定局限。综上可以看出，尚需综合平台生态系统行动者，从整体视角进一步探索平台主、用户和开发者条件对 APP 迭代创新的作用机制，及其对绩效的影响。

基于上述现实和理论背景的分析，APP 迭代创新的研究已经引起学术界和实践界的关注，但对于 APP 迭代创新驱动因素及其作用机制的研究，以及迭代创新对 APP 绩效的影响还缺乏进一步的探索。

1.2 研究内容

平台生态系统主要由三个关键行动者，即控制核心产品和治理生态的平台主（Platform owner），提供互补产品和服务的互补者（Complementors），及其购买产品和服务的用户（Users）所构成，且通过三个行动者间的互动实现价值共创。现有平台生态系统的研究，也主要围绕平台主，以及互补者和用户这三个行动者视角展开。APP 的迭代创新和运营不是独立开展的，而是嵌入在苹果 iOS 这类软件平台生态系统之中，其创新和绩效会受到生态系统内各行动者的影响。因此，本书也将基于平台生态系统行动者视角，综合考虑平台主、用户以及开发者（即互补者）层面，对平台生态系统中的互补创新进行研究，探讨各行动之间的交互对价值创造活动的影响。

具体而言，本书围绕“APP 迭代创新的驱动因素及其作用机制”和“APP 迭代创新对绩效的影响机制”两大主要问题展开三个核心内容的研究。通过借鉴与融合现有研究，首先，结合用户参与和组织学习等理论和视角，分别检验了用户在线评论（在线评论数量和在线评论效价）和开发者经验（生态经验和开发经验多元化）对 APP 迭代创新的影响，并验证了平台主治理（平台主进入和平台主推荐）在上述关系中的情境价值；其次，分析不同路径驱动下的 APP 迭代创新对其绩效的作用机制，同样验证了平台主治理（平台主进入和平台主推荐）在 APP 迭代创新与其绩效间的情境价值。最后，利用组态理论，分析用户、开发者和平台主层面下各因素对 APP 迭代创新的协同和联合效应，并揭示实现高迭代新颖性和高迭代敏捷性的组态（路径），以及其对 APP 绩效的影响。研究框架如图 1-1 所示，本书将针对三个核心研究内容展开具体分析与讨论：

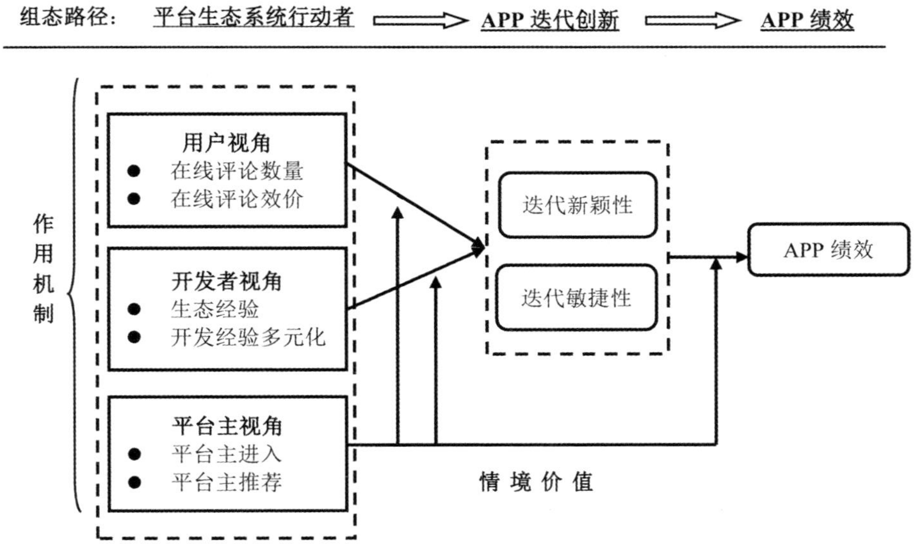

图1-1　本书研究框架

第一，APP迭代创新驱动因素及其作用机制的研究

APP发布于平台生态系统上，其迭代创新和运营绩效受到平台生态系统中各行动者的影响，现有研究关于APP迭代创新前因的分析多从平台主视角出发，分析平台技术特征，治理机制，和平台边界资源等因素对APP迭代创新的影响。从其他行动者视角的研究和经验证据较为缺乏，基于此，本书从平台生态系统中用户和开发者视角出发，分析用户和开发者对APP迭代创新的影响机制。

用户层面，用户是影响组织创新成功、获取竞争优势的关键外部角色[35]。用户在线评论作为外部用户的信息反馈渠道，是APP市场上用户影响创新的一种重要方式[28]，用户通过在线评论为APP迭代创新提供需求和知识等信息，开发者能从中获取一些创新资源和信号，进而影响APP迭代创新[28]。尽管目前对在线评论和APP迭代创新有了一些研究，但仅检验了在线评论对APP迭代创新的直接关系。本书在已有研究基础上，进一步分析用户在线评论，包括在线评论数量和在线评论效价，对不同维度APP迭代创新（迭代敏捷性和迭代新颖性）的影响。此外，本书将平台主进入和平台主推荐视为平台主的两个重要治理活动，并探索平台主治理在上述关系的情境作用。具体内容见本书第3章。

开发者层面，产品创新的成功通常受到企业先前经验基础的影响[18]。因此，本书将开发者过往的经验积累视为影响 APP 迭代创新的前因条件，从生态经验和开发经验多元化两个维度，探讨其对 APP 迭代敏捷性和迭代新颖性的影响。生态经验聚焦于开发者在平台生态系统中获取的经验，开发经验多元化反映了开发者已开发 APP 类型的多元化程度[23]，二者可以给开发者带来不同特质的创新知识和资源。考虑到开发者与平台主共同为用户创造价值，且相互间存在竞合关系，本书将分析平台主治理在开发者经验和 APP 迭代创新的情境价值。具体内容见本书第 4 章。

特别地，平台主作为生态系统的主导者，其活动会影响整个生态系统环境以及其他行动者行为变化，且以平台为基础的创新研究，主要是将平台主设置为情境，探索特定创新参与主体，在平台提供的创新条件或和活动下，如何整合包括存在于组织内部和外部创新的资源以实现产品或服务创新[24]。APP 迭代创新的研究刚刚起步，尚未有研究深入分析平台主行为的情境作用。因此，本书在上述的 APP 迭代创新前因分析，及接下来探讨的 APP 迭代创新对绩效影响的实证分析中，均将平台主治理这一重要的平台主行为设置为情境。

第二，APP 迭代创新对绩效影响的研究

绩效是组织发展的根本，是创新研究的重中之重。现有关于 APP 迭代创新，包括 APP 迭代敏捷性、APP 迭代新颖性与其绩效之间的关系结论较多且不一致，如促进作用、阻碍作用和倒 U 型影响。现有研究虽然探讨了不同维度 APP 迭代创新对 APP 绩效的影响，实际上，部分 APP 迭代速度快且包含新颖性高的创新，各创新维度之间可能存在替代和互补的关系，不同创新维度的内部匹配，如调节关系，将对组织的绩效产生积极或消极的影响。因此，本书将分析 APP 迭代敏捷性、APP 迭代新颖性以及彼此间的交互对其绩效的影响。本书引入情境变量，验证在平台主进入和平台主推荐的影响下，迭代敏捷性、迭代新颖性与 APP 绩效的关系形态，其中，APP 迭代敏捷性反映了 APP 迭代创新的速度。具体内容见本书第 5 章。

第三，APP 迭代创新的组态及其绩效影响的研究

上述研究从不同的视角出发，分别检验用户和开发者两个层面的因素对 APP 迭代创新的作用，以及 APP 迭代创新对绩效的影响。但研究视角较为单一且独立，对不同层面影响因素之间的协同和互补关系重视不够。而开发者将其应用创新和业务运营建立在平台生态系统的基础上，平台生态系统主要由平台主、用户和互补者共同组成[33]，各角色间活动具有高度的动态性和相

互依赖性。平台生态系统中的特定创新往往不是孤立的；相反，它需要多个行动者相互依存的影响，共同推动创新。可见，采用多理论视角的整合框架，有助于探索不同影响因素间互动关系的研究方法，探讨平台生态系统中的各行动者间相互作用[40]，对于解释和分析平台生态系统中开发者创新活动变得十分必要。因此，本书在前两个研究内容的基础上，进一步基于平台生态系统行动者视角，结合组态研究的方法，探讨用户层面（在线评论数量和在线评论效价）、开发者层面（生态经验和开发经验多元化）和平台主层面（平台主进入和平台主推荐）的6个因素对APP迭代创新的组态效应，以及不同路径对APP绩效的影响。且本书将APP迭代创新划分敏捷性和新颖性两个维度，分别研究两种不同维度APP迭代创新的形成路径，分析可能的差异化影响。具体内容见本书第6章。

1.3 研究思路

1.3.1 相关变量概念界定

1.3.1.1 用户在线评论

用户在线评论通常包含了用户偏好，对产品服务、功能和质量的评估，以及使用体验的总体满意程度[41]。在线评论在APP迭代创新中起着重要作用[42]，被视为开发者获取外部创新资源和知识的重要渠道。开发者可通过在线评论获取一手的用户对产品质量和营销问题的即时反馈信息，这些信息减少开发者和用户间的信息不对称，有助于开发者迅速改进APP，优化产品功能和服务，更好地定位产品，满足用户需求[28,43]。本书从在线评论数量和在线评论效价两个维度，衡量用户在线评论。其中，在线评论数量代表了文本式评论的多少，衡量了评论的规模，反映了用户反馈信息的丰富程度。在线评论效价体现用户使用APP后的满意程度，一般用评分或星级表示[44]，反映用户评论的整体质量。

1.3.1.2 开发者经验

开发经验来源于开发者过往的产品运营和开发活动经历，包含了开发者应对平台生态系统技术和规则变化，用户需求变化、APP迭代创新问题的管理实例。开发者可以从这些经历中汲取教训，学习相关知识和技能，改变自身对平台生态系统的适应性和APP迭代创新效率。按照已有分析开发者经验特性的研究，开发者经验涉及生态经验和开发经验多元化两方面：生态经验反映开发者在平台生态系统中获取的经验程度；开发经验多元化表征了开发者已开发APP产品类型的多元化程度，反映了开发不同产品的经验广度。

1.3.1.3 平台主治理

平台主治理则是平台主进行价值创造和分配，明确其他生态系统行动者的权利与义务，实现平台生态系统可持续发展的一系列的规则和措施[46]。依据战略管理视角，平台主的治理活动不仅仅是设计、开发和分发产品，还包括有目的地协调生态系统中的互补创新。即平台主治理的核心问题是既要保持对平台整体性的足够控制，又要适当放松控制以激励平台内开发者的创新，促进平台生态系统价值增值。考虑到平台生态系统的可持续发展依赖于多主体之间的价值共创，但平台生态系统中各主体之间的利益并非完全一致，在合作中尽可能实现自身利益的最大化，因此形成主体之间竞争和合作共存的局面[48]。综合已有研究，本书从平台主进入和平台主推荐两个方面表征不同的平台主治理活动。平台主进入指许多平台主模仿生态中提供互补创新的互补者，以类似的产品进入他们的产品空间。这些举措使平台主成为生态中互补者的直接竞争对手[49]；平台主推荐指平台面向用户推荐有价值的产品[50]。为了促进产品增长和多样性，许多平台提供编辑策划的建议，以帮助用户克服发现和评估新产品的困难。

1.3.1.4 APP迭代创新

迭代创新是基于新型技术范式下的一种重要的产品开发方法和模式。与以往持续性的渐进式创新，以及具有颠覆性的突破式创新不同，迭代创新强调小而快的创新工作，是一个基于用户体验，不断试错、学习、累积和改进的过程，能为组织带来不同于传统技术创新的发展动力[53]。迭代创新具有开发周期短，速度快的特点，且每次迭代都是在上一次迭代结果的基础上进行，经过多个迭代周期逐渐实现阶段性目标，最终实现创新和超越的过程，因此对用户反馈信息总结和经验的学习是迭代创新过程中的重点。

APP可以在产品完成后继续添加功能，具有明显的动态性、再塑造性，以及不断试错的特征，与迭代创新情境高度吻合，现有研究普遍将APP创新视为迭代创新的一种重要表现形式。具体而言，APP迭代创新是在当前软件版本基础上增加或改进其性能和功能，为用户提供新的移动应用服务[55]。本书将APP迭代创新分为新颖性和敏捷性两个维度。新颖性维度是指新服务不连续或偏离现有服务的程度，反映APP迭代创新的内容的丰富程度和质量；敏捷性维度是指创新的速度，反映了APP迭代创新的频率。

1.3.1.5 APP绩效

创新是组织创造性整合技术和知识等关键资源，并将其转化为可以为自身带来盈利的最终产品的过程，是组织赢得竞争优势的不竭源泉。创新绩效则通常被认为是新产品的市场总体表现[57]。APP市场上，由于竞争，平台不会直接公布APP的直接下载量和具体销售额。面对这一挑战，现有研究分析了产品排名和其在线实际销售额之间的关系，大多假设产品排名在很大程度上由产品实际销售情况所决定[58]，并发现产品排名与实际销售额之间存在反比关系[59,60]。因而，针对APP市场绩效的研究，大多采用APP在各榜单的排名来衡量APP运营的经济效益。借鉴已有研究，考虑到APP排名数据的可获得性，本书选择APP畅销榜和下载榜排名衡量其市场绩效。

1.3.2 研究技术路线

本书基于平台生态系统行动者视角，对“APP迭代创新的驱动因素及其作用机制”和“APP迭代创新对绩效的影响机制”两大主要问题展开研究。首先，在介绍研究现实和理论背景基础上，指出现有研究的不足，并提出本书的研究问题，明确研究内容和设计研究框架。其次，根据总体研究框架，将本书的三个研究内容分为四个子研究。具体而言，研究一和研究二用于回答第一个研究问题，即APP迭代创新的驱动因素及其作用机制，通过子研究一探讨用户在线评论对APP迭代创新的作用机制；通过子研究二探讨开发者经验对APP迭代创新的作用机制；研究三用于回答第二个研究问题，即APP迭代创新对绩效的影响机制。上述三个子研究均采用多元回归分析进行验证。

通过上述定量的实证研究，接下来，本书结合平台生态系统行动者视角和组态理论，构建整合框架，从整体上进一步研究本书所提出的研究问题，即子研究四，将基于组态思维，采用模糊集定性比较分析法，研究APP迭代创新的前因组态及其对绩效的影响，探索平台主、用户和开发者三个层面的条件对高APP迭代创新的协同作用和联合效应，以及路径对APP绩效的影响，补充定量研究的结果。最后，梳理本书相关研究得出的主要结论、理论贡献、管理实践，以及研究局限和工作展望。根据以上研究思路，本书的技术路线如图1-2。

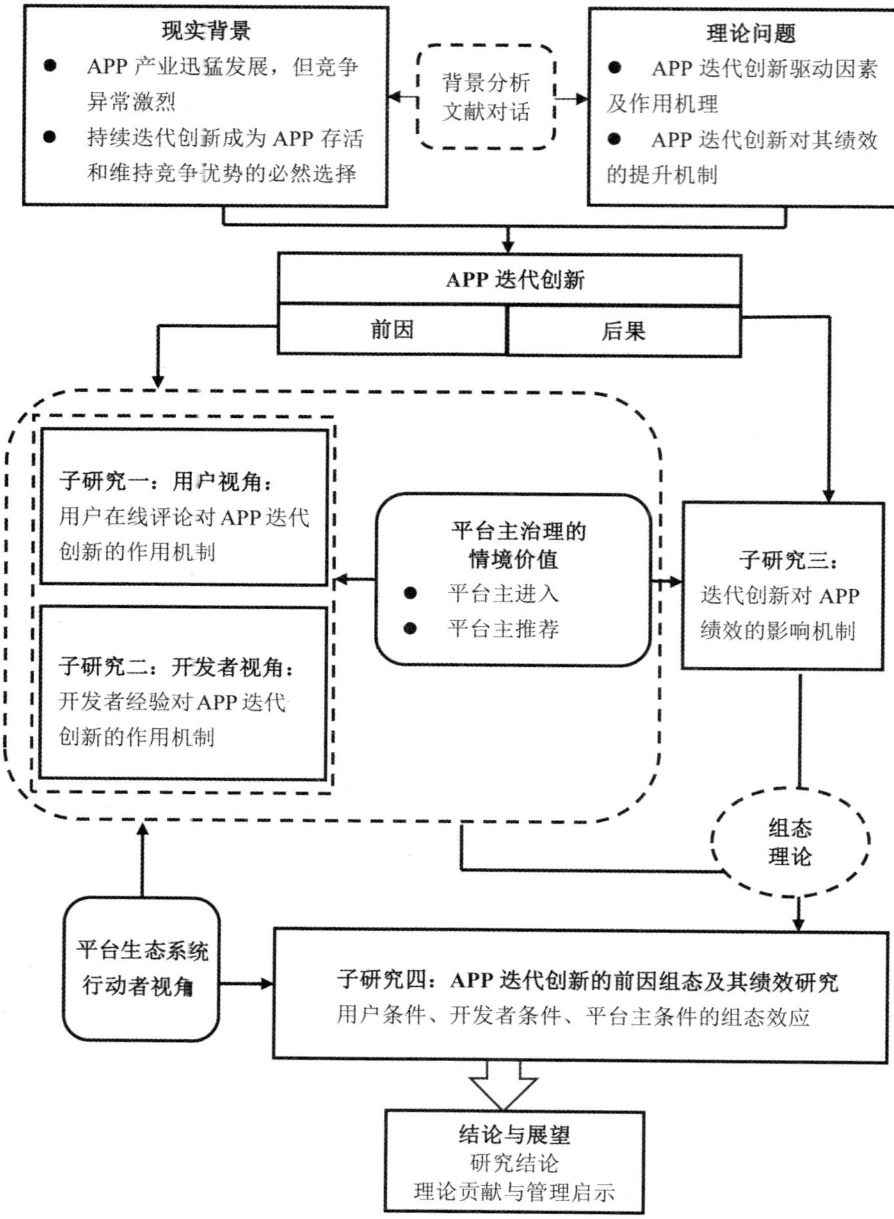

图 1-2　研究技术路线图

1.3.3　相关章节安排

本书相关章节根据技术路线图进行安排，在阐述现实背景和理论背景的基础上，梳理现有研究的不足，明确研究对象和问题，通过理论推演架构四个子研究的理论模型，并且运用实证数据检验前三个研究，即用户和开发者层面特征对APP迭代创新的作用机理，以及APP迭代创新对其绩效的作用机制。然后，综合前三个研究的模型，运用组态研究的方法，开展第四个研究，即研究高APP迭代创新的组态及其对绩效的影响，进一步深入分析本书的关键研究问题。特别需要说明的是，四个子研究在内容上相互独立但又具有联系，且具有层层递进的关系，为了优化结构并使条理顺畅，本书用4个章节分别介绍子研究一至研究四分析的完整过程，全文分为7个章节，具体结构安排如下：

第1章为绪论部分。该章节通过APP行业发展的现实背景，阐释APP市场上开发者面临的竞争和成长问题。并通过理论回顾，将现实中的问题归纳为本书研究的理论问题：APP迭代创新的前因及其影响机制，以及APP迭代创新对绩效的作用机制。聚焦上述理论问题，确定研究内容以及界定主要变量的内涵，接着提出本书研究的技术路线，并介绍采用的研究方法，最后阐述本书期望的创新点等内容。

第2章为文献回顾与研究综述。结合本书的研究问题和研究对象，本章主要回顾了平台生态系统行动者，APP迭代创新的相关研究，并梳理了研究内容中涉及的主要理论和视角下的现有研究动态，包括用户参与、组织学习理论和平台主治理的核心思想和主要研究。在此基础上，对每部分的研究内容和进展进行评述和总结，并提出当前研究的不足、缺口，以及本书能够进一步探索的方向，明确本书研究的可能的理论贡献。

第3章为用户在线评论对APP迭代创新的影响研究。受到已有研究成果启发，基于用户参与视角，这部分将用户在线评论划分为在线评论数量和在线评论效价，并从平台主治理视角引入情境变量——平台主进入和平台主推荐，分析用户反馈信息对APP迭代创新的影响机制。运用多元回归分析模型，检验在线评论数量、在线评论效价与APP迭代创新的关系，以及平台主进入和平台主推荐对上述关系的调节效应。

第4章为开发者经验对APP迭代创新的影响研究。基于组织学习理论，将开发者经验分为生态经验和开发经验多元化两方面，运用多元回归分析，检验上述开发者经验对APP迭代创新的影响，并从平台主治理视角引入情境变量——平台主进入和平台主推荐，分析平台主进入和平台主推荐，对生态经验、开发经验多元化与APP迭代创新关系的影响。

第 5 章为 APP 迭代创新对 APP 绩效影响机制的研究。本章将从 APP 迭代敏捷性和 APP 迭代新颖性两方面衡量 APP 迭代创新，同样采用多元回归分析的方法，分别探讨 APP 迭代敏捷性、APP 迭代新颖性，以及两种类型创新的交互对 APP 绩效的直接影响，并分析平台主进入和平台主推荐的调节作用，明确不同维度 APP 对绩效影响的不同机制。

第 6 章为 APP 迭代创新的前因组态及其对绩效的影响研究。该部分基于平台生态行动者视角，从组态和整体观出发，运用模糊集定性比较分析方法，同时分析平台主层面（平台主进入、平台主推荐）、用户层面（在线评论数量、在线评论效价）和开发者层面（生态经验和开发经验多元化）6 个条件的互动关系对 APP 迭代敏捷性和迭代新颖性的组态效应。进一步采用倾向性得分匹配（PSM）的方法，分别验证导致高 APP 迭代敏捷性和高 APP 迭代新颖性的路径对绩效的影响，拓展绩效差异性的理论解释。

第 7 章为研究结论与启示。本部分总结前文第 3~6 章的研究内容，对相关结论进行梳理和讨论，然后提炼本书研究的理论贡献，以及可能存在的管理启示。此外，说明本书研究存在的局限，进一步指出未来可研究的方向。

1.4 研究方法和数据收集

首先，基于 APP 行业发展的现状，以及对现有 APP 迭代创新相关文献的阅读、梳理和归纳，本书提出了研究问题、构建了研究框架。其次，借鉴已有研究的数据获取和处理方式，通过二手数据的收集和整理，形成本书的研究样本。最后，利用已收集的数据，采用多元回归方法和定性比较分析方法检验本书提出的研究模型，进行假设检验。具体而言，本书涉及的主要研究方法包括以下几个方面：

1.4.1 文献分析

结合本书研究问题中的关键概念和理论视角，从中国知识资源总库、万方数据资源系统、EBSCO、Science Citation Index、谷歌学术和百度学术等渠道，搜索和整理在《管理世界》、《南开管理评论》、*Organization Science*、*Information Systems Research*、*Strategic Management Journal*、*Information &*

Management 和 *MIS Quarterly* 等权威期刊上发表的相关研究主题的文献，并归纳出平台生态系统行动者、APP 迭代创新、用户参与、组织学习和平台主治理等方面的主要研究成果、结论以及不足之处，进而明确本书的研究问题，形成基本的研究思路，以及本书研究的理论意义和贡献之处。且通过对已有研究的回顾，寻找适合本书研究模型的理论基础，为假设演绎提供理论支撑。

1.4.2 二手数据分析

1.4.2.1 二手数据优势

二手数据是相对于一手数据而言的，与一手数据不同的是，二手数据的原始数据是他人为了其他目的，而不是专门为了现有研究设计的，研究者在使用二手数据时，通常可以通过公共的和公开的渠道获取，且不需要与数据中所涉及的研究对象直接接触。二手数据具有一定的优越性[62]，具体而言：（1）二手数据的样本量通常很大，样本具有时间跨度，可以获得面板数据。二手数据通常由具有资源和实力的数据机构搜集和长期的维护，使得数据信息丰富，覆盖面广且干净；（2）二手数据相较于问卷等调研数据，具有较高程度的客观性；（3）二手数据可以重复获得，使得研究具有可复制性，对促进学术发展具有重要的意义。基于上述优越性，二手数据在组织理论、战略管理研究、国际商务等研究领域得到广泛的应用，且贡献巨大，有学者调查发现 2007—2011 年间，*Organization Science*、*Academy of Management Journal*、*Strategic Management Journal* 和 *Journal of International Business Studies* 等期刊上发表的实证论文中，采用二手数据进行研究的论文占比均超过了 50%，其中 *Strategic Management Journal* 在 2011 年达到 90%[62]。

移动应用市场上的研究大多也采用二手数据的研究方法。如 Picoto 等 (2019)[63]在 APP 绩效影响因素的研究中，从苹果 APP Store 和 APP Annie 网站上，提取了 2017 年 10 月 30 日美国市场中 100 个移动应用程序的安装包大小、支持的语言数量、用户评级、年龄和类别的数据用于实证检验。Foerderer 和 Heinzl（2017）[22]收集了 2016 年 6 月谷歌 Play Store 中 10 万个移动应用程序的相关数据，分析了 APP 迭代创新对已有用户和新用户的影响。Tavalaei 和 Cennamo（2021）[64]基于美国市场，收集了 2012 年 9 月–2014 年 12 月，苹果 App Store 和谷歌 Play Store 上畅销榜单排名前 1000 的移动应用程序的月度数据，实证检验了开发者在平台生态系统间的多栖行为，以及不同产品战略对其绩效影响。范建亭和黄荣（2020）[65]从第三方 APP 数据监测网站

Talkingdata 上搜集移动应用程序相关数据，筛选了涵盖地图导航、新闻、社交、教育、娱乐等多个类别的 283 个 APP 的相关信息和运营数据，实证检验了 APP 市场进入次序对其市场表现的影响。基于已有研究，且考虑到二手数据的优越性和研究的主要问题，本书将二手数据作为基本的数据来源和形式。

1.4.2.2 本书数据收集

本书数据来自第三方移动数据监测机构七麦数据（https://www.qimai.cn/）。七麦数据是国内专业的移动推广数据分析平台之一，已实现 APP Store 榜单 24 小时实时数据更新，可提供 155 个国家及地区的 iOS 和 Android 双平台榜单实时查询。目前，该平台已收录 APP 数量超 700 万款[66]，并拥有上架/下架监控、版本更新监控、榜单更新检测、关键词指数排行榜、下载量和收入预估、竞品对比跟踪、用户评价追踪，以及精品推荐等一系列功能。与国外 APP Annie 数据分析平台不同是，七麦数据大部分的功能和移动应用程序的信息是免费开放给用户使用，可以获取 APP 的开发者、发布日期、更新日期、分类、支持语言和发行地区等应用信息，APP 当前及以往的更新日志和版本号等版本记录信息，APP 评分和评论信息，APP 同开发者应用信息，苹果推荐和 APP 实时排名信息。需要说明的是，七麦数据虽然免费展示上述 APP 运营信息，但是不能大批量免费下载。相关数据收集仍需手工获取和整理。

本书针对中国大陆地区 iOS 平台应用畅销榜单进行初始数据的收集，主要原因在于：（1）目前，中国 Android 市场比较分散，涉及应用宝、华为、小米、魅族、百度、豌豆荚、OPPO、VIVO 等多个应用市场，且部分市场的评论和排名等数据都不对外开放，难以获取完备的 Android 市场相关应用数据。此外，中国区 APP Store 占我国应用软件市场比例达 40%以上，APP 数据量大，可靠性强且数据标准统一，较易获取；（2）iOS 平台提供了免费、付费和畅销三种 APP 排行榜单，其中，免费和付费榜单以 APP 近期的下载量来排名，畅销榜单则采用 APP 所得收入进行排名。而 80%免费的 APP 有应用程序内购买选项。为了弥补免费和付费排行榜的局限性，我们使用了畅销排行榜，从而将免费和付费应用合并在一个排行榜中[42]；（3）应用畅销榜单不包含游戏类 APP，该类 APP 收入较高，存在一定特殊性，不适合纳入本书研究。

特别地，本书总共进行了两次数据收集。第一次数据收集，本书选择 2018 年 12 月 1 日中国 iOS 平台畅销榜排名前 500 的 APP 作为最初样本。排名靠前 APP 具有一定的竞争力和持续存活能力[45]，有利于本书获取较多且稳定的样本量。该次数据收集从 2020 年 5 月–7 月，由笔者及 4 名硕士研究生手工收集并整理了 2018 年 12 月–2019 年 12 月 500 个 APP 的开发者、发布日期、分类、和大小等应用信息，截至 2019 年 12 月 31 日之前 APP 的更新日志和版本号等版本记录信息，评分和评论信息，同开发者应用信息，苹果推荐天数和 APP 在畅销榜和免费榜等各类榜单的历史每天排名信息，以及 Apple 已开发 APP 及其应用信息和系统更新信息，并通过团队成员多次的交互检查，保证数据收集的准确性。该次数据收集用于第 3~5 章的实证研究（子研究一、子研究二和子研究三）。第二次数据收集，本书以 2021 年 1 月 1 日畅销榜排名前 300 的应用软件为初始样本，从 2021 年 4 月–5 月，由笔者和 1 名硕士研究生手工收集了 2021 年 1 月–2021 年 2 月间 300 个 APP 的应用信息、样本收集期间的版本更新记录和评论评分、APP 同开发者应用、苹果推荐和各类榜单的历史每日排名等相关数据，同样采用交互检查，保证数据的准确性。所得数据用于第 6 章的实证研究（子研究四）。

1.4.3　多元回归分析

由于本书使用的是面板数据，在采用多元回归模型分析假设检验前，应当考虑使用混合模型、固定效应模型还是随机效应模型。混合模型的基本假设是不存在个体效应，而个体效应以固定效应和随机效应两种不同的形态存在，因而必须通过统计检验，以选择合适的模型进行回归分析。首先，本书采用 Chow 检验，判断是应该选择混合模型还是固定效应模型。根据 Chow 检验定义，采用无约束模型回归残差平方和，以及受约束模型回归残差平方和构造 Chow 检验的 F 统计量，对比 F 统计量的值和临界值的大小，若 F 统计量的值大，则表示模型截距项应该随个体或时点变化，应采用固定效应模型，反之，则不存在个体效应，应采用混合回归分析。特别地，固体效应模型可分为个体固定效应模型、时间固定效应模型、双向固定效应模型三种类型，其中个体固定效应模型解决不随时间而变，但随着个体而异的遗漏变量问题；时间固定效应模型解决不随个体而变，但随着时间而变的遗漏变量问题；双向固定效应模型则解决随个体和时间同时变化的遗漏变量问题[67]。可见，固定效应模型的使用一定程度上也能解决因遗漏变量而产生的内生性问题。其次，在 Chow 检验结果的基础上，本书进一步进行 Hausman 检验，判断应该采用固定效应模型还是随机效应模型。固定效应模型假设模型中的随机扰动项与解释变量相关，而随机效应模型假设模型中的随机扰动项与解释变量不相关，随机效应模型一般较难出现，但仍需要检验[67]。

基于上述检验，本书将借助 STATA15.0 实施多元回归模型，验证模型中的直接效应、调节作用和交互作用。其中，直接效应指自变量 X_1 与因变量 Y 之间的关系，调节作用强调，一个变量 M 影响了自变量 X_1 对因变量 Y 的作用，交互作用是指，两个自变量（X_1 和 X_2）共同作用时对因变量 Y 的影响，该影响不等于两者分别影响 Y 时简单数学和。对交互作用和调节作用进行分析时，交互作用的两个自变量的地位是对称的，可以把其中任何一个解释为调节变量，但也可以是不对称的，只要其中有一个变量起到调节变量的作用，就可表明交互作用的存在[68]。而调节作用中，自变量和调节变量的定位是很明确的，由理论基础所决定，不能轻易地在模型中进行互换。统计学上，交互作用和调节作用的检验方法是相同的[62]，都是用两个变量的乘积表示，下面公式展示了回归模型中直接效应、调节作用和交互作用：

$$Y = \beta_0 + \beta_1 X_1 + \beta_2 X_2 + \beta_3 M + \beta_4 X_1 X_2 + \beta_5 X_1 M + \beta_6 X_2 M \qquad (1-1)$$

自变量 X_1 和 X_2 对因变量 Y 的影响系数分别为 β_1 和 β_2，反映了主效应的大小。β_4 反映了自变量 X_1 和 X_2 交互作用的大小，β_5 反映了调节变量 M 在 X_1 与 Y 的关系中调节作用的大小，β_6 则反映了调节变量 M 在 X_2 与 Y 的关系中调节作用的大小。

1.4.4 定性比较分析方法

定性比较分析方法（Qualitative comparative analysis，QCA），由社会学家 Ragin（1987）[69]最早提出，该方法产生的直接动因源于解决因果复杂性的问题。QCA 的方法论和计算基础为集合论和布尔运算，因而主要通过集合分析，探究不同前因条件变量间组合如何导致被解释变量结果的出现，其中，前因条件变量的组合被称之为组态。QCA 的特点是以组态理论为基础，强调整体视角和系统的分析思路，适用于揭示复杂的因果关系[70]。QCA 的基本假设是认为因果关系是依赖特定情境和组态的，否定恒定的因果关系，且强调多重并发因果关系[69]。具体而言，由不同条件组合而成的不同路径会引起相同的结果，即并发因果关系具有等效性；不同情境下，被解释变量的特定结果出现时，某个条件可能存在也可能不存在，即并发因果关系具有非对称性。上述的等效性和非对称性使得 QCA 有利于更好地揭示不同条件之间的相互协同或替代的组态效应[71]。

1.4.4.1　QCA 的分类及操作简介

QCA 包含 3 种分析方法：模糊集定性比较分析（Fuzzy - set QCA，fsQCA）、清晰集定性比较分析（Crisp-set QCA，csQCA）、多值集定性比较分析（Multi - value QCA，mvQCA）。csQCA 和 mvQCA 只适合处理类别问题，fsQCA 则能处理连续变量问题，还能够进一步处理有关程度变化抑或部分隶属的问题[71]。基于此，近年来的 QCA 相关实证研究中，fsQCA 的应用则相对更为广泛。本书结合变量特征，同样选取 fsQCA 进行数据分析。

QCA 的操作策略包含条件变量的选择，条件变量和结果的校准，条件变量的必要性分析，以及组态充分性分析等关键步骤。具体而言，第一，条件变量的选择。条件变量的选择在于揭示为何选择这些条件变量，而不是其他变量。现有国内外研究，主要采用 5 种方式进行问题研究的条件变量选择，包括（1）基于研究问题所包含的相关条件进行选择，如研究 CEO 的特征和继任情境[73]；（2）基于研究框架来锁定相关前因条件，如利用 TOE 框架，从技术、组织、环境三方面选择影响政府网站建设绩效的因素；（3）基于已有的理论视角去选择相关的条件变量，如通过知识、学习和理性研究视角，选择影响企业战略变革的前因条件[29]；（4）通过现有文献研究归纳已有且重要的条件[63]；（5）通过现实背景下，研究现象中形成和包含的条件变量，适合于新兴的研究现象，如可通过调研访谈，由被调研对象告知重要影响条件[75]。第二，条件和结果的校准。校准是指给案例赋予集合隶属分数的过程[76]，现主要有直接赋值法、直接和间接校准法三种校准方式[70]，其中，直接校准法依据完全隶属（1）、交叉点（0.5）和完全不隶属（0）的定性锚点来校准原始数据，该标准相对较客观，是目前研究中较为常用的校准方式。第三，条件变量的必要性分析。必要性是指如果某个条件变量总在被解释变量结果存在时出现，那么这个条件变量就是被解释变量结果存在的必要条件，没有该条件变量则结果无法出现[77]。条件变量的必要性通过一致性确定，一致性大于 0.9 则该条件变量认定为必要条件。第四，条件组态的充分性分析。该步骤为对 QCA 数据结果的分析，即通过构建、完善、分析真值表讨论前因条件变量形成的组态对结果的充分性[77]。

本书的子研究四将遵循上述操作步骤展开，结合研究问题，具体采用理论视角和现有文献研究归纳等相结合的方法，选择 APP 迭代创新的前因条件变量，并采用直接校准法对条件变量进行校准，接着进行条件变量的必要性分析，以及组态充分性分析。

1.4.4.2 QCA的应用现状

最早，QCA较为广泛地应用于政治学和社会学的研究中，近年来，QCA在管理学中受到关注越来越多，国外内学者逐渐开始将QCA应用到创业管理、组织变革、创新管理等多个研究领域中。例如，Muñoz和Dimov（2015）[78]基于创业者个人特质，利用fsQCA分析45家以可持续发展为导向的新企业数据，研究创业者生态和社会环境的知识积累程度、可持续创业意向、预期的价值创造和感知到的社会支持等因素对组织可持续创业的组态效应，强调了可持续创业过程中因果关系的等效性。Zheng等（2021）[79]指出以往对创新绩效的研究主要是基于结果对称思维下的净效应分析，难以深入地从多重视角理解创新，因而他们通过253家中国制造业上市企业的数据，基于内外部环境的差异性，利用fsQCA研究知识存量、吸收能力、知识深度、知识广度、政府支持和商业环境等前因促成高创新绩效的路径，为创新研究提供了新的视角。Mazumder和Garg（2021）[75]通过对6家服务企业的调研访谈，概念化和识别了6个企业动态能力指标：协商、资源编制、知识获取、洞察、标准化和网络管理。并采用fsQCA分析26家企业的二手数据，探讨了6个构成动态能力的条件变量对企业数字化转型绩效的组态效应。

综上，可见基于组态思维，从整体和系统的角度，重新深入研究现有管理问题是有必要且有意义的。QCA基于集合理论，其因果关系是借助集合关系的推断而产生的，具有多重并发和殊途同归的特点，与QCA不同的是，主流的统计方法聚焦探索一个或者多个变量对因变量的净效应或平均效应。因而，在进行多维度的研究时，现有大多研究认为QCA分析比以回归分析为主的定量分析，具有更好的优势。本书比较了QCA与以多元回归分析为代表的定量研究方法，如表1-2所示，两种研究方法在因果关系、理论基础、研究问题和研究样本大小等方面有着一定的差异。

表1-2 定性比较分析与多元回归分析的比较

差异类型	定性比较分析	多元回归分析
因果关系假设	多重并发因果关系、等效性、非对称性	恒定因果关系、一致性、对称性
理论基础	集合论、组态思维	统计论、线性思维
研究问题	前因条件的组态问题、集合关系	变量间的净效应、相关关系

续表

差异类型	定性比较分析	多元回归分析
研究样本	不限，但保持适量	大样本
逻辑推理	溯因推理	演绎推理
理论目标	检验或构建理论	检验理论

尽管QCA分析和多元回归分析等主流的定量研究方法存在较大的差异，但是QCA与这些方法之间并不是替代的关系，而可以是相互互补的。已有研究开始将QCA分析与主流的定量研究方法进行有效的结合，以提供针对研究问题的更为丰富和深入的解释，并借助两种方法，拓展可研究问题的范围。例如，Mikalef和Pateli（2017）[80]通过结构方程模型和fsQCA实证研究了IT支持的动态能力与竞争绩效之间的关系。基于现有的战略和IT文献，首先，利用结构模型，研究发现了IT支持的动态能力通过组织敏捷性促进组织竞争绩效。其次，进一步采用fsQCA，考虑环境不确定性的情境价值，研究IT支持的动态能力、组织敏捷性和环境不确定性对竞争绩效的组态效应，fsQCA的结果表明了IT支持的动态能力对企业价值增值的约束条件，加强并完善了结构方程模型的分析结果。Picoto等（2019）[63]通过多元回归分析和fsQCA研究了APP高绩效的前因，基于对已有研究的回顾，选取了用户在线评论效价、类别受欢迎程度，安装包规模、支持语言的多元化和APP年龄5个条件，并利用多元回归分析上述条件与APP绩效的线性关系，发现上述条件均是影响APP绩效的重要因素。在此基础上，进一步应用fsQCA探讨上述条件促成高APP绩效的路径，论证了应用属性对APP高绩效的重要性，进一步补充了多元回归分析的结果，为APP绩效前因研究提供了较为深入的分析。张明等（2020）[29]通过fsQCA和倾向得分匹配的方法研究了组织战略变革的影响因素及其对绩效的作用。具体而言，通过文献梳理，整合战略变革研究的学习视角、理性视角和认知视角，检验了组织先前绩效、环境复杂性、TMT异质性、CEO权力和来源对战略变革的组态效应，进一步采用倾向得分匹配方法分析促成战略变革的组态对组织绩效的影响，该研究为QCA方法和定量研究方法的结合提供了一个新的研究方案，即充分利用QCA的分类优势，在探索组织行为和后果之间的关系时，将影响行为的驱动因素也纳入考虑范围，为探讨特定组织行为的前因和后果的研究提供了新的研究视角，有利于更为系统地理解和阐述该类研究。

综上，研究已将 QCA 和主流的定量研究方法视为互补关系，通过两者的结合为研究提供了更加丰富和深入的解释，也为后续研究提供了 QCA 和主流定量研究方法结合应用的视角。本书借鉴上述研究的思想，将 fsQCA 与回归分析方法结合，首先，通过多元回归分析 APP 迭代创新的前因及驱动机制，基于平台生态系统行动者视角，检验了用户信息和开发者经验对 APP 迭代创新的影响，以及平台主治理在上述关系中的情境价值，并分析 APP 迭代创新与绩效的关系。其次，在上述多元回归分析的基础上，基于组态思维，分析 APP 迭代创新形成的路径，以及路径对 APP 绩效的影响，以补充多元回归分析的结果，从整体上更为深入地理解 APP 迭代创新形成及作用机制，构建 APP 迭代创新研究的整合框架。

1.5 本书的主要创新点

关于 APP 迭代创新的研究虽然逐渐增多，但仍处于早期阶段，在研究内容上尚显碎片化，APP 迭代创新相关议题还存在较为广阔的探索空间。据此，本书在已有文献的基础上，采用实证数据进一步从平台主、用户和开发者层面探究 APP 迭代创新的驱动机制，并检验不同维度 APP 迭代创新对绩效的影响机制。本书的创新和理论贡献存在于以下三方面：

第一，基于平台生态系统行动者视角，拓展并深化了 APP 迭代创新驱动机理

不同于既有文献简单讨论用户信息、开发者经验与 APP 迭代创新的因果关系，一方面，本书基于用户参与视角，验证了用户在线评论对 APP 迭代创新的战略价值；同时，基于组织学习理论，阐述并检验了开发者生态经验和开发经验多元化对 APP 迭代创新的影响，及平台主治理的情境机制。由此，从用户参与、组织学习和平台主治理视角充实了 APP 迭代创新形成过程的理论研究，拓展了 APP 迭代创新驱动的相关研究。另一方面，APP 迭代创新前因分析中，大多研究聚焦于单一维度的 APP 迭代创新，不同因素是否对不同维度创新具有差异性影响仍未可知。本书从 APP 迭代新颖性和敏捷性两个维度，分别检验了在线评论数量和评论效价，以及开发者生态经验和开发经验多元化对 APP 迭代创新不同维度的影响。研究发现，在线评论数量促进 APP 迭代新颖性和 APP 迭代敏捷性，而在线评论效价对 APP 迭代新颖性和 APP

迭代敏捷性均存在显著的倒U型影响；生态经验促进APP迭代新颖性和APP迭代敏捷性，而开发经验多元化对APP迭代新颖性和APP迭代敏捷性均存在显著的U型影响。可见，同一行动者层面的不同因素对APP迭代新颖性和敏捷性的影响是不同的，研究结论从多个层面补充了APP迭代创新成果差异的理论解释。

第二，基于权变视角，进一步厘清APP迭代创新对其绩效作用机理

自学界关注APP迭代创新以来，不少学者关注了APP迭代创新对绩效的影响，得到了比较丰富的研究成果，但是这些研究成果并未形成一致的结论[1]。本书认为导致这些争议的原因是多样的，一方面，现有研究大多忽视了权变因素的影响效应。因此，本书从权变视角出发，结合平台生态系统的特征，引入平台主治理活动，包括平台主进入和平台主推荐，检验在其调节效应影响下APP迭代创新对绩效的关系形态，同时将平台主治理作为APP迭代创新前因分析的调节因素，明确了平台主活动对生态系统中创新形成过程和作用机制的情境价值，为后续基于平台的创新研究提供了新的思路。另一方面，APP迭代创新是包含多层次和多维度的，现有研究结论的差异性可能对不同类型迭代创新的探索不足[1]。本书检验了不同路径下形成的APP迭代创新对APP绩效的影响，研究发现不是所有的路径下的APP迭代创新均能导致高的绩效，这可能为解释现有结论的不一致提供新的视角。

第三，基于平台生态系统行动者视角与组态方法，揭示了APP迭代创新的组态及效能机制

组态视角被广泛用于理解组织结果背后的因果复杂性，并认为多重影响因素之间是互相依赖的，各要素之间的差异化排列组合可以对组织结果达到“殊途同归”的目的。而平台生态系统各行动者之间本就是相互依赖和互补的关系，综合不同视角，研究平台生态系统关键行动者，即平台主、用户和开发者间的协同和联合对APP迭代创新的影响，才能更加有效地解释APP迭代创新的驱动机制。尽管之前的研究已经实证检验了APP迭代创新的影响因素，但集中在对单个变量的净效应分析。基于此，本书采用组态研究的方法，探索了平台主、用户和开发者多个行动者协同和联合影响下的高APP迭代创新的形成路径。通过对研究结果的归纳，本书分别总结了促进APP迭代敏捷性和迭代新颖性的四种组态配置，并发现用户反馈信息在APP迭代创新中发挥着重要作用，而平台主治理活动和开发者经验之间存在一定的替代性。这些结果表明任何单一的行动者视角都难以充分解释APP迭代创新。综上，本书

研究基于平台生态系统行动者视角，从组态思维出发，明晰了平台主、用户和开发者三个层面的多重因素，对 APP 迭代创新的协同和联合影响，提出了一个实现高 APP 迭代创新的整合框架，丰富了 APP 迭代创新的形成路径，拓展了 APP 迭代创新驱动机制的研究视角和研究工具。

第 2 章　文献回顾与研究综述

基于第 1 章所提出的研究问题，本章将对已有相关研究和理论成果进行梳理、回顾和评价，以明确本书与现有文献之间的继承和补充关系，主要对平台生态系统行动者、APP 迭代创新、用户参与、组织学习和平台主治理等相关的研究和理论进行了归纳和评价，主要内容包括：平台生态系统的内涵、平台生态系统行动者的构成，以及行动者视角下的相关研究；APP 迭代创新的内涵与绩效的关系以及近年来的研究成果和不足；用户参与的内涵、模式和作用；组织学习的概念以及影响；平台主治理的内涵和主要措施，以及平台生态系统行动者对 APP 迭代创新的影响。通过对上述已有研究内容的归纳和评价，以期奠定本书的研究框架和理论基础。

2.1　平台生态系统行动者

2.1.1　平台生态系统的内涵

平台生态系统是由开放式产品平台演变而来，被认为是个体和组织利益相互交织的复杂生态系统。现有学者从不同的学派阐释了平台生态系统。其中，产业经济学相关研究将平台生态系统描述为关于终端用户和互补品提供商的双边市场，其特点是双边存在积极的互补性，即间接网络效应。技术管理学派聚焦于平台的技术特性，认为平台生态系统是一种通过促进用户和互补品的结合，实现用户利益的软件系统。该软件系统由核心产品，互补产品和连接平台与互补者的标准化接口组成。例如，智能手机和移动应用软件[88]，游戏机和电子游戏[89]，或者电子阅读器和电子书[90]。战略管理学派关注平台上的行动者，认为平台生态系统由控制核心产品和治理生态的平台主，提供互补产品和服务的互补者，及其购买产品和服务的用户组成[30]。具体认为平台生态系统是以平台主为核心的商业生态系统，平台主通过自身领导力跨界整合资源，模糊原有行业边界，广泛链接交易和创新主体，并建立治理机制，协调生态中其他行动者利益关系，实现价值共创。Jacobides 等（2018）[30]和将平台生态系统定义为是由平台主设定交互规则，开放架构吸引互补者，如第三方卖家，以为用户提供产品和服务，共同创造价值的一种结构安排。

综合上述不同学派关于平台生态系统的定义，可以发现平台生态系统兼具技术和市场两方面的导向[92]，如移动应用程序商店是移动 APP 的市场，而该市场是由操作系统和应用编程接口等底层技术所实现的。因而，一定程度上，所有平台生态系统都需要技术作为基础，并将表现出市场的特征[92]。市场导向的平台生态系统强调用户之间的交互，以及网络效应的影响[93]，主要包括淘宝等电子商务平台，该类平台生态系统主要由消费者个人、生产或制造商、第三方服务提供商、平台企业等构成。而技术导向的平台生态系统被视为支持多样性和可演化性的技术架构，主要包括苹果 iOS 等软件运营平台，该类平台生态系统由平台主、应用软件开发者和用户构成[32]。考虑到平台生态系统兼具技术和市场特性，目前在平台研究视角融合的驱使下，供给端的生产商、制造商和第三方服务提供商，以及应用软件开发者可统称为互补者。

因而，平台生态系统主要由平台主、互补者以及用户三个关键行动者构成，且通过三个行动者间的互动实现价值共创。现有平台生态系统的研究，也主要围绕平台主，以及互补者和用户这三个行动者视角展开。本书研究聚焦于苹果 iOS 这类软件运营平台，也将基于平台主、用户以及互补者（开发者）视角，对平台中的互补创新进行研究，探讨各行动之间的交互对价值创造活动的影响。下面将回顾三种行动者在平台生态系统中的定位以及相互间的关系。

2.1.2 平台生态系统的行动者

平台生态系统的价值是由所有的行动者共同创造[94]。平台生态系统的行动者可以划分为平台主、互补者以及用户三个主要利益相关者。具体而言，平台主也称为领导企业，负责塑造平台生态环境，协调复杂的组织间网络[95]。Helfat 和 Raubitschek（2018）[96]认为平台主是平台生态系统架构的建设者，随着网络复杂性的变化，平台主需持续设计、管理和优化其架构。互补者即互补资产的提供者，也是为了拓展平台市场而发布互补创新的开发者[97]。用户是平台生态系统中互补产品的消费者。平台生态系统的整体成功体现在将用户持续吸引到平台上来[98]。在某些情况下，用户成为产品/服务开发的共同创造者，并被视为提高生态系统整体价值的贡献者[99]。以苹果 iOS 应用商店平台为例，如图 2-1 所示，苹果企业是平台主，即为平台所有者和领导者，APP 开发者为互补者，通过利用平台主所提供的资源开发和运营 APP，而用户则通过交互界面消费平台所提供的服务。

有研究指出平台生态系统是一个复杂适应性系统，其中的行动者具有多样性，但可以分为起着中介作用的平台组织行动者，和参与对等互动的对等行动者[100]两类。对等互动指的是不同类型行动可以在第三方平台上直接进行互动，对等行动者包括对等服务提供者和对等服务体验者，如：APP 开发者和使用 APP 的用户。且平台组织作为一个中介行动者，并不直接参与其他行动者间的对等互动行为，而是为其他行动者，即对等服务提供者和对等服务体验者提供一个接口和交易的情境。综上，本书将平台生态系统中的行动者分为平台主、用户和开发者三类开展多视角下的 APP 迭代创新研究。

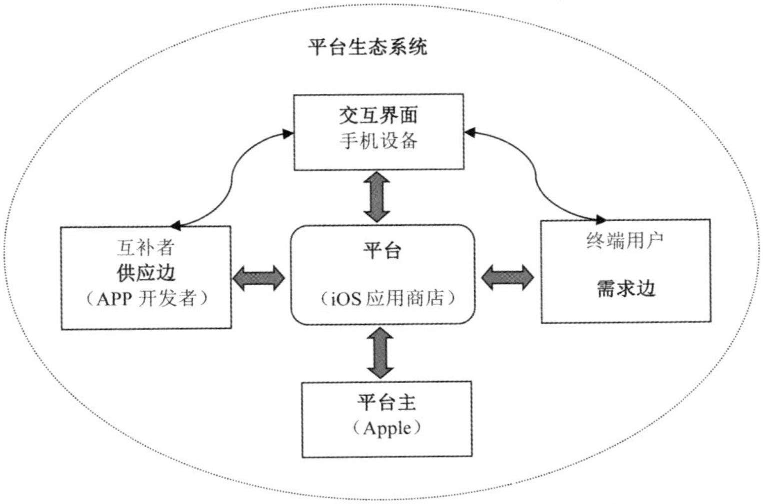

图 2-1　平台生态系统——苹果 iOS 应用商店

基于行动者视角，现有平台生态系统的理论强调平台主和其他行动者的互补性。这种互补性指当事物被聚集在一起使用时，其价值将超过它们单个价值的加总。平台生态系统情境中，互补性体现在两个方面。一是平台主对其他行动者的互补。没有平台主提供的核心技术和产品，互补者创造的互补产品的价值是有限的，例如，一个 APP 在操作系统上发布之前没有价值。二是其他行动者对平台主的互补。平台的价值取决于拓展平台功能的互补者产品的可用性，以及对等行动者之间的互动。具体而言，其他行动者对平台主的互补体现为彼此间需求的满足，如开发者满足用户或者买卖双方的需求。基于此，现有研究通常认为平台的价值依赖于已有的或预期的互补者和用户的数量。许多平台主向第三方开发者开放其平台，以增加互补产品和服务的数量，为用户提供多样化的产品和服务，进而扩大用户数量和提高用户留存率[47]，实现对平台主的互补。本质上这种互补性是平台生态系统网络效应的体现[30]，即增加的用户会吸引更多的互补者加入平台，同时增加的互补者数量也会促进用户规模的增加。为了激发这些自我强化的间接网络效应，平台主通常会采取激进的“快速壮大”（Get big fast）策略[102]，并通过提供补贴或者技术资源等策略吸引用户和互补者，促进这类对等行动者在平台生态系统中的互动。

由于平台生态系统的互补性，行动者间的竞争和合作关系同时存在于生态系统中。Adner（2016）[103]研究指出，平台生态系统有一套“多边合作伙伴，需要相互作用才能实现核心价值主张”，表明只有各行动者间的有效合作，才能实现价值共创。平台主作为生态系统的控制者和领导者，需要与互补者展开有效合作，鼓励互补者持续创新，满足用户需求，吸引更多用户，从而提升生态系统中各行动者的整体价值[104]。Gawer（2014）[87]发现，随着行业生态系统的出现，生态系统中的互补者希望建立自身的专有平台，获得更大的价值。可见，互补者可以与平台主合作共同创造价值，但也可以成为平台主参与竞争[105]。平台主也可进入互补者市场进行价值获取，对互补者产生直接竞争，为用户提供更大范围的产品选择。总之，平台生态系统将不同的行动者聚集在一起，通过内部的交互共同创造价值，也可能通过竞争维护自身利益[106]。接下来将回顾基于平台生态系统中各行动者视角的研究，进一步探索各行动者在平台生态系统中的作用。

2.1.3 行动者视角下平台生态系统研究

2.1.3.1 基于平台主视角的相关研究

平台主在平台生态系统中处于核心地位，对平台生态系统的形成和发展起着至关重要的作用。因而，早期平台生态系统的相关研究集中于从平台主这一主导者视角分析其战略选择和策略。具体而言，早期的平台生态系统的研究也可分为产业经济、技术管理和战略管理三个学派。产业经济学派的学者主要关注平台竞争行为、平台定价机制和网络效应等问题。如 Rochet 和 Tirole（2003）[84]构建基于双边市场的平台竞争模型，研究平台差异化、平台兼容性、用户多归属属性和网络效应等因素如何影响定价结构，刻画了双边市场的特征，并强调平台主在双边市场中作为协调者，同时掌握双边用户信息，具有信息上的绝对优势，该优势将使平台行为直接影响双边用户交易。Shankar 和 Bayus（2003）[107]通过结构计量经济模型，基于博弈理论，发现平台企业的用户基础是其重要的战略资产，网络效应是平台已有用户基础和强度的函数。

技术管理学派的研究主要是基于技术视角，研究平台生态系统的演化和创新[87]，如：Gawer（2014）[87]认为，平台是由核心和外围模块化组成的技术架构，也是一个通过创新、竞争和利用范围经济不断发展的组织，其演化路径主要是从内部产品平台向外部供应链平台，以及具有生态系统特性的产业平台发展，其演化的重要驱动力是平台创新和竞争地不断交互。与产业经济学派所强调的平台间的竞争不同，技术管理学派也强调平台生态系统内部行动者间的竞争行为[87]。创新方面的研究则包括平台架构[10]、平台开放性[109]、如何吸引和鼓励互补者创新等。如 S. Scholten 和 U. Scholten（2012）[111]提出了基于平台的创新管理的控制机制，包括市场调节、共同调节、限制性、局部性、激励性和信息性控制，并建议平台主通过间接网络效应来促进创新。Gawer 和 Cusumano（2014）[31]认为，平台主倾向于促进和提高互补产品的创新程度，以提升获取更大价值，该研究认为平台主应构建充分开放或模块化的架构，培养充满活力的联盟，管理生态系统关系以确保其他行动者互惠互利，不断发展平台生态系统。

战略管理学派的研究主要关于生态系统的价值共创[112]、平台主治理、平台领导力构建、平台价值创造[96]等方面。如 Helfat 和 Raubitschek（2018）[96]研究了平台主价值创造和价值获取的能力构成，基于 Teece（2018）[115]的研究，他们指出动态能力有助于平台主通过构建生态系统和创造新的商业模式进行价值创造和获取，并将平台生态系统中平台主的动态能力划分为创新能力、环境感知和整合协调能力，且强调生态系统的整合协调能力在平台主价值获取方面起着更为关键的作用。罗珉和杜华勇（2018）[114]等以阿里巴巴集团为例分析了平台领导实质性选择权的内在运行机制，并指出平台是生态系统的创建者和协调者，平台领导力的获得有利于制定平台互动规则，提高平台市场有效性，促进平台双边或多边用户交易，引导平台生态系统持续成长。

综合上述分析，可见以往大多研究主要基于平台主的视角分析其战略选择和策略，将平台生态中其他行动者视为同质性的、被动接受平台安排的主体，实际上其他行动者（如互补者）是异质性且能动的主体，现有研究逐渐开始从其他行动者视角出发，关注平台生态系统中其他行动者的战略。

2.5.3.2 基于其他行动者视角的相关研究

平台生态系统中其他行动者视角的研究主要基于互补者和用户两个层面，首先，现有研究主要关注互补者的多归属行为、贡献意愿[118,119]、战略定位、与平台战略交互对其创新和绩效影响等方面的问题。如 Hyrynsalmi 等（2016）[117]研究了开发者多归属行为（即参与多个平台生态系统）对平台生态系统间竞争的影响。研究发现 3%的开发者创造了超过 80%的应用下载量，这些开发者大多采用多归属行为，因而对于平台主而言，维护和吸引关键开发者比提升开发者数量更能有利于其生存和获取竞争优势。Hurni 等（2021）[119]认为平台生态系统的中的互补者贡献意愿具有差异性，并从平台主治理的角度，发现平台的规则充分性能够有效地促进互补者对生态系统的贡献意愿。基于平台生态系统中互补者的战略能动性，通过多个嵌入式案例研究，分析互补者如何处理好与平台主的互补和依赖关系，进而提升自身绩效的机理研究，研究发现互补者提升绩效的关键是降低对生态中平台主的依赖，同时增强与平台主的互补性，并归纳了多身份、多栖和平台镶嵌等提升绩效的策略。Roma 和 Vasi（2019）[122]指出平台生态系统的开放性会影响开发者产品多元化策略对其绩效的影响，封闭的平台生态系统中，相对于实施产品专一化策略的开发者，多元化策略开发者的绩效要更低，然而在开放的平台生态系统中，则多元化策略开发者的绩效要高于产品专一化策略的开发者，开发者应根据平台特性优化产品战略。Lee 和 Hwang（2018）[120]采用模拟方法，表明互补产品内容的多样性影响平台生态系统的创新能力。上述研究表明现有文献开始强调平台生态系统中互补者的能动性和异质性[33]，但整体上基于互补者角度，探索其在平台生态系统中的创新和绩效问题的研究较少，有待进一步研究。

其次，现有关于用户视角的研究，主要基于价值共创理论，强调用户是平台生态系统价值的共同创造者，聚焦于价值共创影响因素[123]、价值共创的过程和价值共创的结果[125,126]。该视角下的研究认为，平台生态系统中，用户信息反馈能够为系统中的产品创新和开发提供资源与信息[127]，用户与开发者间资源与信息的流动为创新实践提供决策根据[26,28]。如 Xu 等（2015）[121] 指出用户通常通过评论机制，影响平台绩效和生态中的创新，因为现有用户的积极意见可以帮助平台和开发者吸引用户。Hodac（2020）[126] 研究了在线用户生成内容对开发者创新影响，指出在线用户生成内容对新产品开发的构思阶段和开发阶段均有积极影响，并且产品下载量会放大在线用户生成内容与开发者创新的积极关系。虽然上述研究开始关注平台生态系统中用户对于互补创新的影响，用户对创新的影响机制，以及其对绩效的作用机制的研究仍存在局限，有待进一步研究。

综上，平台生态系统主要由平台主、互补者以及用户三个关键行动者构成，且通过三个行动者间的互动实现价值共创。基于平台主在生态系统中的领导地位，其在生态系统设计、构建和协调方面面临着较大的挑战，以往研究给予平台主较多的关注，主要从平台主这一主导视角关注竞争行为、定价机制和网络效应、平台生态系统的演化和创新[87]、平台主治理、平台领导力构建和平台价值创造[96] 等问题。然而对平台主过多的关注，导致对生态系统互补者和用户等其他行动者的研究受到限制，目前，虽然已有研究强调生态系统中其他行动者的能动性和异质性，且开始关注平台生态系统中互补者的战略行为和动机[33,119]，以及用户的多归属行为和反馈信息，但整体上，从互补者和用户视角出发，其在平台生态系统中的创新和绩效等问题仍然是现有研究的重要缺口。为此本书主要从用户和开发者视角，探索 APP 迭代创新的影响因素，并基于平台主治理的情境作用，分析不同行动者间的交互对 APP 迭代创新的影响机制，以期从互补者和用户的角度，补充现有平台生态系统的创新相关研究。

2.2 APP 迭代创新相关研究

2.2.1 迭代创新的内涵

“迭代”一词来源于数学中的迭代算法，分析的是从初始估计出发寻找一系列近似解来逐渐解决复杂问题的过程，迭代是一个重复反馈的过程，每一次迭代的结果都会作为下一次迭代的初始值。将迭代的理念引入创新之中，主要是创新的过程同迭代算法的过程类似，也是从初始的创意出发，在一次迭代中添加或改进一部分功能和业务，通过试错，不断地调整和修正想法，并进入新一轮迭代，不断获取用户需求，持续创新[53]。目前，迭代创新作为创新领域的研究主题，汲取了快速创新和用户创新等相关研究观点，被视为是基于新型技术范式下的一种重要的产品开发方法和模式。与以往持续性的渐进式创新，以及具有颠覆性的突破式创新不同，迭代创新强调小而快的创新工作，是一个基于用户体验，不断试错、学习、累积和改进的过程，能为组织带来不同于传统技术创新的发展动力[53]。

迭代创新具有开放性、快速性、持续性和及时性等特征，在每个迭代周期内只关注几个最为重要的问题和需求，不拘泥于在技术上或商业模式上取得重大突破，可以只是对技术或服务等方面的微小改进，但强调在短时间内迅速完成一次创新，且需要持续不断地寻找用户的关注点，总结经验，提升认知，然后持续快速地响应用户反馈。每次迭代都是在上一次迭代结果的基础上进行的，经过多个迭代周期逐渐实现阶段性目标，最终实现创新和超越的过程，因此对用户反馈信息总结和经验的学习是迭代创新过程中的重点。围绕迭代创新模式，现有研究从迭代创新的影响因素、形成与发展演化机制，以及绩效等方面进行了讨论，学者们指出动态性、复杂性、模糊性和不确定性环境中的组织可能更适合采取迭代创新模式，而 APP 面临高度不确定性和竞争性的市场环境，其创新具有明显的动态性、再塑造性，以及不断试错的特征，与迭代创新情境高度吻合，现有研究普遍将 APP 创新视为迭代创新的一种重要表现形式。因而基于本书的研究对象，本书主要针对 APP 迭代创新的相关研究进行回顾与述评。

2.2.2 APP 迭代创新的内涵

APP 是指安装到移动设备上、可供用户实施某些活动的软件[58]。APP 迭代创新则是在当前软件版本基础上增加或改进其性能和功能，为用户提供新的移动应用服务[55]。现有研究使用了许多不同的术语来表示 APP 迭代创新，如 APP 更新、升级、维护和进化等。Tian 等（2020）[1]认为 APP 迭代创新是对现有版本的更新，强调创新的类型，并指出 APP 更新通常以下多种内容，如：（1）功能更新或主要更新，该类更新引入新的特性或功能；（2）技术非功能更新，如修复一些漏洞；（3）增量更新，侧重对现有特征或功能的改进；（4）商业更新，即引入降价、促销活动，或增加服务的规模。这些具体更新内容的数量和多样性的增加，反映了 APP 质量的实质性进步，是 APP 在竞争激烈的市场上发挥优势的重要源泉。Tiwana（2015）[9] 以及 Saffarizadeh 等（2018）[25] 认为 APP 迭代创新包含迭代内容和迭代速度两方面。迭代内容强调升级的质量和功能，因为 APP 的每个更新版本包含多个更新内容，如新功能和新内容的上线、修复漏洞等，迭代内容类型则指代新版本中特定的内容更新和改进。迭代速度指给定时间段内发布的新版本的数量，反映 APP 迭代创新的频率。Ye 和 Kankanhalli（2020）[26] 基于服务创新的概念，认为资源整合的广度和深度会影响服务创新的结果，并将 APP 迭代创新划分创新新颖性和创新强度两个维度。APP 迭代新颖性强调了资源整合的宽度，反映了新服务创新价值的程度；而 APP 迭代强度强调资源整合的深度，体现开发者提供新服务的频率。

参考上述研究，且考虑到创新的多维度属性，本书将 APP 迭代创新分为新颖性和敏捷性两个维度。新颖性维度是指新服务不连续或偏离现有服务的程度，反映 APP 迭代创新的质量；敏捷性维度是指创新的速度，反映了 APP 迭代创新的频率。随着 APP 行业的繁荣，APP 迭代创新已经成为重要的研究话题，以往关于 APP 迭代创新的研究主要探讨 APP 绩效的问题。

2.2.3　APP 迭代创新与绩效关系的研究

APP 的存活率和用户的留存率较低，如何通过 APP 迭代创新提升 APP 绩效，维持竞争优势，已经成为 APP 迭代创新影响研究的重要话题。已有研究指出，不同维度或类型的 APP 迭代创新的有效性是不确定的。虽然 APP 通过快速创新引入新的功能或服务，可以提升质量，从而满足更多用户的异质需求，促进用户的下载和使用，但过快且价值较低的创新可能对用户体验造成负面影响。整体上，现有关于 APP 迭代创新影响的研究聚焦于以下两方面：

第一，APP 迭代速度与创新绩效。APP 迭代速度反映 APP 版本升级的频率，该类研究强调创新速度，而不是创新内容。大部分研究结论表明 APP 迭代创新速度促进 APP 的质量，吸引用户关注，增加用户使用价值。Tiwana（2015）[9] 认为创新速度促进绩效的理论基础主要基于 Simon（2002）[20] 的观点，即组织快速地适应外部环境的变化，将提高其生存概率。数字经济下，用户需求具有模糊性、多样性和不确定性等特征，这些需求需要通过反复试验和实验来推断。快速地迭代创新帮助开发者更快地满足用户的已知需求，并且通过反复试验，挖掘未知的用户需求和外部创新机会。因此，APP 迭代创新的越快，其功能和服务改进越容易匹配不断变化的用户需求，进而提高APP在平台生态系统内的竞争优势，有效促进其市场绩效。Mcilroy等(2016)[5]指出APP快速迭代创新不仅有助于降低消极的用户评论，还有助于维持APP的下载量，提升用户留存率。Ye等（2017）[28]基于资源整合的视角，认为高的迭代频率意味着开发者对现有资源的快速且深入的整合，有利于开发者产生获得市场青睐的创新，使APP质量得到持续改善，进而促进绩效。而Zhou等（2018）[61]在探索APP迭代速度与APP绩效的关系时，发现基于用户需求的快速迭代与APP绩效存在倒U型的关系，即快速迭代创新有助于及时满足用户需求，显著增加用户的购买意愿，从而带来卓越的市场绩效。然而部分用户的需求是不精确和模糊的，对这些需求的回应徒劳无益，且过高的迭代速度增加了创新的成本，可能损害APP质量和现有用户体验，造成绩效下降。

上述研究有利于理解APP迭代速度和绩效之间的关系，但仍存在一些不足。一方面，少有研究探讨APP迭代创新的类型。如一些APP更新包含漏洞修复或新功能和内容的增加，有的更新内容多，有的更新与用户的即时需求无关。另一方面，开发者可能通过不断更新APP表明APP的活跃度，但并未提供任何有价值的创新。因此，进一步考虑APP迭代创新内容的类型和丰富度，能够更好地理解APP迭代创新与APP绩效的关系。

第二，APP迭代内容与创新绩效。APP迭代创新内容尚未有统一分类和测量标准，有些研究采用APP更新版本号（如：1.0.0和1.1.0）来区分是创新价值大的功能变动，还是创新小的技术修改。通常版本号的前两位意味着较大的改进，而版本号的第三位表示较小的修改。另有些研究通过统计或分类APP新版本发布的具体更新内容来衡量APP迭代创新的价值。APP迭代创新改进的实质内容较多，APP新颖性和差异化程度越高，越容易吸引新客户，提高竞争力，形成竞争优势。如Wang等（2021）[21]认为APP迭代创新的丰富度体现了开发者对用户需求的满足程度，并通过实证研究发现APP迭代创新所包含的新功能和新服务的数量越多，APP获得绩效越高。但不断增加的新功能也可能导致产品臃肿和过于复杂，最终导致用户放弃产品。如：Foerderer和Heinzl（2017）[22]以APP是否添加新功能来衡量迭代创新。实证研究发现，APP更新后提供的新功能吸引了更多的新用户下载和使用，但降低了现有用户对APP产品的体验价值，主要原因在于APP功能更新后所带来的交易成本和学习成本的增加，使得现有用户获得的整体效用下降，从而对

APP迭代创新做出负面评价。类似地，Ye和Kankanhalli（2020）[26]指出APP迭代创新内容的新颖性与APP绩效呈现例U型关系，一旦迭代新颖性超过一定的程度，创新的风险和不确定性便会增加，导致其对绩效的积极作用将递减。Tian等（2020）[1]则聚焦于APP迭代创新内容的具体类型，通过对APP更新日志进行筛选，将APP迭代创新分为添加新商业功能的核心类创新和添加新服务支持的支持类创新，并验证了两种创新对用户价值的积极作用。

APP迭代创新对APP绩效的影响分析，主要从APP迭代速度和迭代内容两方面探讨APP迭代敏捷性和新颖性对绩效的影响。上述研究结果表明APP迭代新颖性和迭代敏捷性对APP可持续发展的影响是不一致的，APP的快速更新能及时抢占市场，吸引用户的注意，从而获得卓越的市场表现，而过快的、无实质性内容的更新则会引起用户的负面反馈，降低绩效；且过多的功能或服务的新增和改进，可能增加用户的学习成本，减少APP绩效[25,26]。基于此，进行APP迭代创新影响的相关研究时，分别探讨迭代敏捷性和迭代新颖性两个维度，以及两个维度的交互作用是有必要的。此外，APP市场动态性高，外部环境变化快，APP迭代创新的形成路径多样。那么不同条件下形成的不同类型的APP迭代创新对绩效的影响有何差异，有待进一步研究。

2.3 平台生态系统行动者和APP迭代创新

2.3.1 用户参与和APP迭代创新

2.3.1.1 用户参与的内涵和模式

用户参与（User involvement）是指用户通过参与企业的创新过程，为企业提供产品创新的资源和知识，强调用户对新产品成功起着至关重要的作用[43]。由于创新的不确定性和复杂性，企业仅依靠内部资源开展创新活动，难以维持和增强竞争地位，逐渐意识到用户的需求和满意度对企业创新的重要性，开始关注用户并采取合作创新。因此，以用户参与为主的创新模式长期以来受到学术界和实践界的广泛关注，用户参与也从早期“倾听用户声音”逐渐发展到企业主动将用户纳入产品开发的全过程，探索新的用户需求和创新解决方案[137]。Morgan等（2018）[138]指出用户参与将用户整合到企业创新活动中，并在其中分享需求，以补充企业内部在新产品创新中所缺少的资源。Foss 等（2011）[139]以英国制造业为研究对象，发现样本中 66%的英国企业认为用户是企业创新过程中重要知识和信息的来源，并将 P&G 和 Unilever 等企业让用户参与其产品开发过程的行为定义为用户参与。Fang 等（2008）[140]，以及 Blazevic 和 Lievens（2008）[141]将用户参与定义为用户和企业通过持续交互创造新产品价值的程度。该定义与用户逐步参与新产品开发理念相一致[142]，强调用户参与不是简单倾听用户需求的市场导向理念[143]，而是接近于一种合作关系，在这种合作关系中，用户被整合到部分或所有新产品开发活动中，包括产品设计、业务评估、团队组建和概念筛选[140]。用户参与程度高的产品创新将比单纯依靠企业内部资源产生的创新更能满足用户需求[144]。更进一步地，有学者依据产品创新过程，将用户参与产品创新的过程分为三个阶段，即产品构思阶段、产品研发阶段和产品测试与发布阶段，并发现用户将对不同阶段的产品开发产生积极的影响[43,145]。上述研究普遍集中于对具有一定能力和参与意愿的特定用户（如领先用户和创新者）参与价值的分析，因为以往受企业能力的制约，企业难以将广大普通用户纳入新产品开发当中。普通用户数量广，信息量大，但不少普通用户不具备创新所需要的专业知识和能力，企业需要掌握和处理普通用户的信息成本极高[146]，且其非专业的需求和建议可能增加企业创新的不确定性和风险性[147]。同时，大部分用户不会主动参与到企业创新的全过程或者各个阶段[148]。因此，早期用户参与的研究被限定在具有一定创新能力和意愿的特定用户群体中。

然而，数字经济时代，互联网技术的应用正在改变以往企业难以有效利用普通用户参与产品创新，以及限制普通用户参与产品创新的约束条件[149]。首先，互联网技术催生了大量新的商业模式，挑战了传统的企业经营和研发结构，广大普通用户的需求对企业新产品的开发和维护变得十分重要，对用户需求的精准分析和预测与产品创新的成功紧密相连。其次，互联网技术的应用提升可普通用户消费行为的可数据化程度，普通用户信息生成的数据具有更高的以获得性和商业价值[150]，极大地降低了企业大范围获取普通用户信息的成本。此外，普通用户不需要具有主动意愿和专业的技术知识，就能通过在线行为和反馈生成的数据，影响企业创新和价值的产生[151]。

现阶段不少研究开始探讨普通用户对企业新产品开发的价值和影响，将用户参与的概念从以往的特定用户拓展到普通用户，并将用户参与的方式研究从线下拓展到线上。一方面，现有研究关注普通用户的数字化参与。如肖静华等（2018）[15]基于两家互联网企业的案例分析，发现普通用户可通过数字化方式参与企业研发，而企业可通过各种交易渠道、评论渠道和在线交流社区获取用户大量的交易信息和评论数据，通过对这些数据的利用分析，企业形成细分用户和精准定位用户需求的能力，从而驱动和支持企业研发创新，实现企业和用户的价值共创。Ye 和 Kankanhalli（2018）[55]以移动应用软件行业为研究对象，探索了 APP 市场上的用户参与的影响，他们认为用户在线评论作为用户反馈的重要渠道，是 APP 用户参与产品开发的一种重要形式。用户可通过在线评论为 APP 开发者提供需求、偏好和解决方案等具有价值的信息资源，影响 APP 迭代创新。Ye 和 Kankanhalli（2020）[26]认为用户可以通过直接和间接的方式参与创新，用户反馈的在线评论等数据，增加了开发者资源密度，可以有效提升资源整合对绩效的有效性，进而促进创新成果转化为市场绩效，提高创新产品的商业价值。另一方面，不少研究关注普通用户与企业交互的在线社区参与模式。在线用户参与的研究普遍认为大众智慧已经成为企业创新的重要战略资源，用户主要通过在线社区的方式，成为企业关键的市场合作伙伴，与企业共同创造价值。解学梅和王丽君（2019）[35]聚焦于在线用户参与新产品创新的模式，强调了在线用户参与线下用户参与的区别，认为在线用户参与为企业创新提供资源和信息，包括心理、实体和情感等方面的付出。该研究通过一手数据挖掘了在线用户参与对新产品创新绩效的作用机制，研究发现在线用户参与通过在线社区归属感和在线社区包容性向企业传递更多的用户需求和经验等资源，促进了新产品对市场的适应性，进而提高新产品创新绩效。且用户知识贡献度增强了企业的知识管理能力，正向调节了在线用户参与对创新绩效的作用机制。上述两类研究结合数字经济和互联网技术的发展情境，将用户参与的概念和形式做了进一步的拓展，用户参与的概念和形式变得更加广泛。

用户参与主要是以个体形式参与，主动或被动地贡献自己的知识和能力。现有研究主要从不同的角度探讨了企业利用用户促进创新的模式，主要有以下几种方式：第一，采用聘用的方式，将用户直接纳入企业创新过程中，作为内部的创新提供者[154]；第二，采用开放式创新模式，通过机制设计让用户参与产品创新，如众包、建设在线社区和交流群等方式，并设置悬赏、销售分成和荣誉等奖励机制，鼓励用户参与企业产品创新；第三，通过直接访谈的方式，与一些领先用户、挑剔用户和意见领袖型用户进行交流，通过采访获取他们对产品改进的代表性和专业性的反馈和建议[155]；第四，数据化参与，即企业通过互联网技术直接获取用户的消费信息，并设置在线评论系统接受用户即时的产品体验反馈，通过对海量用户信息的处理和分析，获取广大用户对产品的意见和建议，促进以用户需求为基础的有价值的创新。

2.3.1.2 用户参与的角色和作用

用户主要作为信息提供者（Information source）、合作开发者（Co-developers）和创新者（Innovators）影响企业创新。用户参与的本质是为企业创新提供需求和知识等信息。作为信息的提供者，在企业产品构思和启动阶段，用户可以提供需求、市场偏好和有价值的创新想法[140]，为企业在产品构思阶段提供多样化的创新视角和解决方案，帮助企业创造符合市场广大用户需求的独特产品。在产品发布阶段，用户提供了他们关于产品可用性、产品性能、定位和营销问题的一手反馈资料，这些信息有助于开发者在市场上更好地定位自身产品，进一步改善产品功能和服务。因此，用户参与作为信息提供者能提高企业创新的数量、创新性和创新绩效[140, 157]。用户在企业中扮演信息提供者的角色，在数字经济时代显得更为突出和重要。因为市场供给日益丰富，用户需求的异质性、动态性和不确定性的特点更加突出，即时获取用户信息，全面了解用户成为企业新的关注点和竞争优势的来源，用户参与的概念也变得更加广泛。其次，用户作为合作开发者，直接参与企业创新研发阶段，与内部研发人员共同确定产品功能或界面设计等，帮助企业提高新产品创新绩效[140, 158]。产品开发阶段，用户需要参与创新的整个过程，对用户的专业性设计和生产知识的要求较高，有些学者研究指出，应减少用户作为合作开发者在产品研发阶段的参与度[43]，因为用户服务和技术等专业知识的缺少，反而会增加产品创新周期，提高产品创新不确定性，并且与内部专业研发人员存在一定的挤出效应[159]，不利于企业资源的有效整合。最后，用户作为创新者，能够在企业设置的技术支持和创新平台下亲自开展产品创新，并由企业进行产品的整合发布[160]。这中通过间接过去用户需求和信息的方式，可能更有利于开发者有效地开发满足用户需求的产品。

总体上，现有研究将用户视为企业创新的重要外部资源，根据资源依赖理论或信号理论，用户在新产品创新中无论担任哪种角色，都将自身需求和知识转化为了新产品创新的资源，或者传递了与创新相关的信号，从而影响企业创新绩效。具体而言，资源依赖理论通常被用于解释用户对组织创新的作用，其本质源于用户和组织之间的信息不对称，即用户对需求和相关产品的理解可能优于组织。因此，组织创新较强地依赖于外部用户[161]。用户可以为组织创新提供偏好、需求和技术支持等信息和知识，根据资源依赖理论，来自用户的信息被组织视为创新成功所依赖的关键外部资源，这些资源有利于组织理解用户需求、整合用户知识、降低组织创新的不确定性和风险，进而提升创新速度和绩效[10][13]，影响组织的长期生存和竞争优势。同时，信号理论强调，用户反馈信息，能够作为一种信号，不仅减少潜在用户在产品购买过程中的信息不对称，增强其决策能力[163]，亦能通过信号中所包含用户需求和满意度等信息，降低开发者在创新过程中的信息不对称，进而影响开发者的创新绩效[28]。以上两种理论共同反映出，用户反馈是组织或开发者创新的重要外部资源，能够影响其产品创新。

2.3.1.3　用户参与对 APP 迭代创新的影响

基于用户参与视角，用户被认为是组织创新的重要来源，能为组织研发提供有价值的信息和创意设计[158]。以往关于传统软件开发的研究中，开发者主要通过焦点小组、访谈和问卷调查等方法，询问用户以获得用户反馈信息。而 APP 软件市场上，开发者可通过平台生态系统中的评论机制直接获取用户的反馈信息，尽管这些反馈信息的结构不够严密，但数量巨大，获取及时。Iacob 等（2013）[164]认为用户评论是开发者获取 APP 使用信息的关键途径，用户使用 APP 的过程中，可随时反馈问题和需求，这些反馈信息能有效支持开发者在产品设计、使用和维护阶段的持续更新迭代。Chen 等（2014）[165]发现，35%的评论提供关于 APP 需要改进的方面的信息，例如，功能缺陷、内容缺陷、添加或删除某些功能的需求，这些信息促进了开发者对 APP 改进的关注度，提升开发者迭代创新的意愿。Ye 等（2017）[28]通过对安卓平台上 APP 数据的实证分析发现，评论数量的增加，传递了更多用户对 APP 的需求和期望信息资源，会有利于开发者促进该 APP 的迭代创新。此外，用户在线评分的提升也会鼓励开发者持续地迭代创新。

2.3.1.4　小结

综上，由于创新的不确定性和复杂性，企业仅依靠内部资源开展创新活动，难以维持和增强竞争地位，将用户纳入企业创新过程中，有效地降低了创新的风险性。因而用户参与长期以来受到学者较多的关注和研究，对用户在创新过程中的定位、参与模式，以及对创新的作用机制等方面的研究成果丰富。随着互联网技术和商业模式的转变，用户在企业创新中的作用更加突出，且用户参与的创新主体和模式发生改变，由特定用户拓展到普通用户，由线下为主发展到线上的数据化参与。因而以往基于特定用户的研究，并不能全部适用于解释大量普通用户的参与。大数据环境下，需要进一步拓展普通用户在创新过程中的定位、参与模式，以及对创新的作用机制等方面研究。为此，结合 APP 产品特性和市场特征，现有研究已将用户在线评论视为其参与创新的重要渠道，开始分析用户在线评论对 APP 迭代创新的影响，但是整体上，尚缺乏深入的研究探索用户在线评论对 APP 迭代创新的影响机制，本书将基于已有研究，进一步丰富 APP 市场上用户参与创新的影响研究。

2.3.2 开发者经验和 APP 迭代创新

2.3.2.1 组织学习的内涵

组织的发展是一个动态的学习和改进过程，现有研究以不同的视角定义了组织学习（Organizational learning），但大多定义认为，组织学习是组织通过先前的经验分享及积累产生新的知识，促使组织行为发生系统性变革的过程[166, 167]。例如，Levitt 和 March（1988）[166]将组织学习视为基于过去习惯和历史经验，引导企业实现未来目标的组织行为。Jiménez-Jiménez 和 Sanz-Valle（2011）[168]认为组织学习是组织利用个人多样化的经验，创造新的知识和观点，并将新的知识和观点整合，以提升企业的能力或影响企业的行为。Muehlfeld 等（2012）[169]认为组织学习本质上知识的获得，创造和处理的经验学习过程，这种经验学习能促进企业绩效，引发组织实践，战略和结果的变化。上述定义的核心在于组织学习是基于经验的组织变化过程。组织学习的关键在于对个体到团队，组织内部到组织外部的新旧知识和观点的整合和运用，具有持续、复杂和动态的特征[170, 171]。基于组织学习的定义，现有关于组织学习的研究多围绕以下主题展开，组织如何从多种经验中进行学习，如何构建概念框架解释经验对组织作用的过程，且基于经验的组织学习对组织发展的影响机制，即主要阐述组织如何学习、记忆和应用其过去的经验，探索组织学习的效果[166]。经验学习（Learning by doing）通常被用来解释组织学习的效果。经验学习强调个体或团队生产经验的增加会降低生产成本，进而提高制造效率。随着个体或团队在生产过程中经验的不断增加，其专业知识和技术水平得到提升，组织可以利用这些经验更好地优化流程和资源分配。但也有研究提出经验适度开发的原则，认为组织过度地利用自身经验，可能会约束组织对新的知识的探索，导致积极学习效果降低[172]。基于此，组织的学习能力受到自身先前经验的约束[166]。

2.3.2.2 组织学习的影响

组织学习是为了以更好的方式改变和促进发展，组织学习的目标是产生有用的结果[173]。基于战略管理视角，组织期望通过学习提高对外部环境变化的适应能力，以在不确定性程度高的市场和技术环境中，增强组织竞争力、生产力和创新能力。且外部环境不确定程度越高，对学习的需求就越大。因而，组织学习是否能为组织带来积极的变化，已经成为创业管理、企业国际化和创新管理等多个研究领域学者关注的重点。接下来本节将梳理组织学习对组织绩效和创新两方面文献，以明确组织学习的作用机制和效果。

组织学习和绩效。组织学习是获取可持续竞争优势的基础和实现组织绩效增长的关键变量[174]。组织能够通过学习增强对市场中敏感事件和趋势的捕捉，在应对外部环境变化的过程中，更加灵活和快速地应对新的挑战，从而促进组织形成长期的竞争优势[175]。现有研究大多对组织学习和绩效之间的积极关系提供了证据。例如，Baker 和 Sinkula（1999）[176]发现学习导向对组织绩效有直接影响。其他的研究也发现了类似的结果[177]。Bontis 等（2002）[178]从个人、团体和组织三个层面，验证了组织学习与绩效之间的积极关系。部分研究关注了组织学习过程。如 Tippins 和 Sohi（2003）[179]将组织学习区分了五个阶段（信息获取、信息传播、共享解释、陈述性记忆和程序记忆），并验证了各阶段对企业绩效有积极影响。但也有研究强调了组织学习对绩效的影响是多方面的。例如，殷华方等（2011）[180]指出组织学习中经验学习是影响跨国企业绩效的主要因素，合资企业对当地政府、企业和消费者的沟通经验的丰富性，有利于后续合作的外资企业通过学习，降低与当地政府和企业的协调成本，增强对当地消费者需求的了解，进而促进自身绩效，但是合资企业过度的沟通经验，会使得外资企业陷入能力陷阱，过分依赖合资企业经验而不开发新的能力，从而对绩效产生负面影响。类似地，汤淑琴等（2015）[181]基于企业发展的动态视角，认为在企业早期成长阶段，经验学习对企业绩效存在倒 U 型影响，且两者关系在不同的行业背景下呈现出差异性。

组织学习和创新。现有研究主要从两方面分析了组织学习对创新的作用。一方面，研究关注经验学习和借鉴学习[182]、战略学习[183]、探索式学习和利用式学习[184]等不同的组织学习方式对创新的影响。例如，魏江等（2014）[182]通过纵向比较案例研究，分析了两家企业的组织学习过程，研究强调不同的组织学习顺序，即基于内部知识积累的经验学习和外部知识搜索的借鉴学习的有效匹配，能够显著促进组织在不同发展阶段的创新效益。Kim 等（2012）

[184]以全球制药行业为研究对象，分析了探索式学习和利用式学习与创新之间的关系，研究发现探索式学习和利用式学习对创新效率的影响是不同的，利用式学习与创新效率正相关时，探索式学习则呈现出相反的关系。另一方面，研究关注组织学习所积累的创业经验[185]、技术经验[186]、市场经验、国际化经验和联盟经验等不同经验对创新的影响。如：Hsu 等（2015）[189]认为在组织国际化进程中的创新产出取决于企业处理国际业务中固有的复杂性和不确定性的能力，组织先前的国际化经验能够有效降低其海外扩张的成本，进而对研发国际化和创新绩效之间的关系产生积极的调节作用。Fan（2006）[186]通过对华为和中兴等电信设备企业的案例分析，发现企业已积累的技术经验能够显著提升当前创新的速度，创新能力和自主技术已经成为国内企业赶超跨国企业的关键，因而企业注重内部创新能力建设，并辅以外部联盟。Arranz 等（2021）[187]指出企业在生态创新方面的先前技术经验比市场运营经验更能有效促进生态创新绩效。上述研究表明组织可以通过积累经验进行学习，强调了组织学习对创新的重要性，以及不同类型的组织学习对创新影响的差异化。

2.3.2.3 开发者经验对 APP 迭代创新的影响

基于组织理论中的经验学习视角，已有研究指出，APP 开发者先前的创新经验以代码的形式存入数据库，这些数据能在升级和开发新产品中被修改和重新利用[16]，有利于迅速解决当前所面临的创新问题。例如，有经验的开发者可以重复使用代码，以快速实现登录界面搭建和权限访问许可等通用的功能。其次，开发不同类型的 APP 需要更广泛且异质性的技术能力、市场需求，以及文化、艺术等知识储备[191]，创新问题和解决方案的匹配取决于开发者所积累的设计资源和知识的丰富性[17]。但是过于广泛的产品经验，也可能导致开发者形成资源和能力约束。Chen 等（2021）[23]将产品组合的多样性视为开发者在为不同的 APP 市场类别服务时积累的核心能力经验。基于此，他们采用 iOS 平台上 APP 的月度数据，实证研究发现开发者已开发产品的多元化对 APP 迭代创新绩效存在着倒 U 型影响。具体而言，随着经验储备范围的增加，开发者形成高阶能力，可以部署、组合和重新配置多种现有设计组件，用于生成新产品。当产品多元化水平较低时，上述能力有助于将某类型 APP 经验转移到另一类 APP 的开发和运营中，以促进创新绩效。然而产品多样性水平过高时，核心刚性会限制组织对多元化产品市场的适应性，且由于资源约束，开发者面临内部资源整合的重大挑战，最终可能导致产品多元化的经验抑制新产品的开发，进而降低创新绩效。先前研究强调了开发者自身经验对APP迭代创新绩效的重要作用，但整体上从开发者层面考虑，检验开发者自身特征对APP迭代创新成果作用机制的研究较少，尚处于起步阶段，有待进一步的探索。

2.3.2.4　小结

组织学习是组织通过先前的经验分享及积累产生新的知识，促使组织行为发生系统性变革的过程[166, 167]。已有创业管理、企业国际化和创新管理等多个领域的研究表明组织可以通过积累经验进行学习，对绩效和创新的成果产生影响。基于已有的研究成果和理论基础，现有研究开始针对移动应用程这类动态市场，从组织学习的视角，探讨开发者经验异质性的影响，如Kapoor和Agarwal（2017）[45]指出开发者生态经验对绩效的积极影响。Chen等（2021）[23]则将产品组合的多样性视为开发者在服务不同产品市场类别的经验，认为该类经验能够提升开发者资源整合和利用的能力，促进其创新的市场表现，而过高的经验会造成资源和能力约束，产生不利影响。上述研究聚焦于开发者经验对其绩效的影响，虽强调开发者的经验是其创新的关键资源，但尚未从实证数据上验证开发者经验对创新产出的作用机制，因此，本书将开发者生态经验和开发经验多元化视为影响APP迭代创新的前因，以期从组织学习的视角，补充APP迭代创新形成机制的研究。

2.3.3　平台主治理和APP迭代创新

2.3.3.1　平台主治理的内涵

平台主作为生态系统的主导者，承担着协调平台生态系统功能的控制角色[104]。平台主治理则是平台主进行价值创造和分配，明确其他行动者的权利与义务，实现平台生态系统可持续发展的一系列的规则和措施[46]。现有研究主要基于产业经济视角，技术管理视角和战略管理视角分别对平台主治理方式或机制展开分析。产业经济视角重点关注平台主治理如何刺激直接和间接网络效应的产生，且主要采用经济学模型探讨平台企业定价策略，分析不同边的补贴或收费对用户获取和平台获利的影响[192, 193]。技术管理视角下的研究将平台视为一个能够添加和删除功能的模块化系统，在该系统中，通过标准化接口平台与开发者之间可以进行有效交互，从而促进创新[31]。因此，该类研究围绕平台开放度的问题，探讨平台开放性，决定权分配和平台接入控制政策对开发者创新行为或创新绩效的影响。战略管理视角下的研究则关注竞争优势的获取，以及平台价值创造和价值获取活动的平衡[196]，重点探讨平台主治理和互补者之间的关系。其中，主要涉及平台主进入互补者市场对生态创新的影响[12]、互补者的防御机制，以及平台主推荐对生态价值的作用。

2.3.3.2 平台主治理对APP迭代创新的影响

依据战略管理视角，平台主的活动不仅仅是设计、开发和分发产品，还包括有目的地协调生态系统中的互补创新。即平台主治理的核心问题是既要保持对平台整体性的足够控制，又要适当放松控制以激励平台内开发者的创新，促进平台生态系统价值增值。因而本书主要基于战略管理视角，从竞争和合作关系，探讨平台主进入和平台主推荐在APP迭代创新过程中的治理作用。接下来，本书将着重梳理现有文献关于平台主进入、平台主推荐与平台生态系统中创新成果和绩效的关系。

1. 平台主进入

平台主进入（Platform owner' s entry）指许多平台主模仿生态中的提供互补创新的互补者，以类似的产品进入他们的产品空间。这些举措使平台主成为生态中互补者的直接竞争对手[49]。例如，苹果iOS商店中提供了谷歌地图，也提供了自己开发的地图服务；亚马逊经常选择第三方卖家中销量高的商品，进行直接售卖，挤压第三方卖家的利润市场[198]。

现有研究认为平台主进入互补者市场的行为是在平台主治理方面的权衡，其进入动机包括价值获取、生态治理、创新激励和价值创造等多方面。Jiang等（2011）[198]以及Zhu和Liu（2018）[199]研究了亚马逊进入第三方卖家产品空间的模式。这两项研究发现亚马逊通过平台数据资源的优势，会更多地选择进入第三方卖家具有高销量和高评价的成功产品市场。而另一些研究发现了价值获取之外的平台主进入互补者市场的动机。Gawer和Cusumano（2002）[113]指出，英特尔因对互补者产品质量的不满意，会选择通过进入其市场，引入竞争以激励平台中互补者的创新，提升产品质量。Wang等（2018）[200]以及Wen和Zhu（2019）[14]以谷歌在其安卓市场推出自己的移动应用软件为研究对象，发现大量的APP应用软件提供了相似的功能和服务，谷歌的进入会进一步降低这些市场对APP开发者的吸引力，促使这些APP开发者将创新注意力和努力转向其他产品领域，进而减少在某一领域的重复开发和资源浪费。此外，他们还发现平台主进入开发者市场是为进行质量控制提供更好的产品体验。基于动机的差异性，平台主进入对互补者创新存在着不同影响。

关于平台主进入与互补者创新绩效的关系，现有文献大致呈现出两种不同的观点：线性负向关系和正向关系。第一种观点认为，通过进入互补者市场、平台主会占用互补者的收入和利润空间，这将降低互补者的创新激励[13,201]。通常，平台主的资源和声誉优势高于互补者，有利于平台主对互补者市场的挤压[201]。为应对平台主进入带来的竞争压力，互补者可能将资源更多的投入对现有产品和创新的保护中，并减少在平台生态持续的创新贡献。此外，有研究指出平台主进入会降低开发者的价值捕获能力，并增加开发者创新被盗用的风险，从而影响开发者对平台主的信任，降低通过创新为平台生态系统创造价值的意愿。因此，进入可能会抑制开发者创新。第二种观点则指出，平台主进入通过竞赛效应（Racing effect）和关注度溢出效应（Attention spillover effect），会刺激互补者的创新。竞赛效应强调，平台主进入给互补者造成直接竞争的压力，这种压力可能敦促他们创新以维持竞争优势[202,203]。另外，关注度溢出指平台主进入对相同类别的应用产生了积极的溢出效应，增加该类市场的用户总量[204]，如谷歌进入摄影应用市场后创造了额外的消费者关注和新的摄影应用需求。该效应表明，平台主进入通过为该类市场吸引用户，创造更大的市场需求和用户反馈信息，有利于同领域开发者进一步改善自身APP迭代创新[204,205]。

2. 平台主推荐

平台主推荐（Platform recommendations）指平台面向用户推荐有价值的产品[50]。具体而言，为了促进产品增长和多样性，许多平台提供编辑策划的建议，以帮助用户克服发现和评估新产品的困难。例如，APP市场上，苹果的应用商店积极维护精品推荐等列表，并在商店主页的显著位置突出显示该列表，以吸引用户注意。

现有研究主要基于平台主视角，探索平台主的推荐机制是否能够有效治理生态系统，帮助生态中用户降低搜索成本和扩大产品范围，实现价值增值。学者们具体分析了平台主推荐对推荐产品的直接影响，对用户行为[206]和市场结果[207]的间接影响。然而少量研究探讨了APP市场上，平台主推荐对用户行为和被推荐产品市场结果的影响。Liang等（2019）[50]主要利用从APP Store上收集的数据，系统地研究了平台提供的编辑推荐对相关APP市场表现的影响。研究发现，平台主推荐主要通过提高APP关注度和质量认证两方面影响用户购买决策，促进被推荐APP的绩效。一方面，平台主推荐将被推荐APP提升到平台界面的突出位置，降低了被推荐产品的搜索成本，并增加了新用户发现该APP的可能性。另一方面，当用户在选择阶段对APP质量存在不确定性，平台主推荐使用户更容易获得 APP 的详细信息，形成对 APP 质量的期望，并根据期望做出购买决策。上述研究较多的关注平台主推荐对用户和产品的影响，明确了平台主推荐的作用机制，但是基于产品开发者的角度，尚未由研究涉及平台主推荐对开发者创新过程机制的影响，该方面的研究有待进一步探索。

2.3.3.3 小结

平台主治理对平台生态系统的可持续发展起着至关重要的作用[46]。基于战略管理视角，平台主治理关注平台价值创造和价值获取活动的平衡[196]，重点探讨平台主和互补者之间的关系。考虑到平台主与开发者间竞争和合作共存的关系，现有不少研究分析了平台主进入[12]和平台主推荐[50]等治理措施所带来的竞争和合作模式，对生态系统中用户和开发者行为，以及市场表现的影响，并取得了较为丰富的研究成果。但是这些研究仍然存在一些值得进一步深入分析的研究缺口。具体而言，第一，平台主进入的研究更多关注其对开发者创新和市场表现的直接影响，研究较为单一。平台主进入作为平台生态重要的治理手段，其影响创新过程的情境价值需要通过实证研究进一步探索。平台主进入影响 APP 的生存环境，改变了开发者的创新环境，并增加了用户产品消费的选择范围。那么，平台主进入作为影响生态环境的重要活动，是否会影响用户信息资源和开发者经验对 APP 迭代创新的作用机制，是否会影响 APP 迭代创新的市场表现，亦缺乏研究证据。其次，现有关于平台主进入的研究多关注进入与否的问题，而实际中，平台主通常在一个领域开发了多个 APP，其进入程度存在差异性。因此，考虑平台主进入程度，进一步分析其对 APP 迭代创新形成机制，以及 APP 迭代创新对绩效作用机制的影响，有利于拓展平台主进入对生态治理的研究，深化对平台主进入这一治理方式的理解。

第二，与平台主进入的相关研究类似，APP 市场上，平台主推荐的研究尚处于起步阶段，研究结果过多集中于对用户行为和被推荐 APP 市场表现的直接影响，对其影响生态中其他行动者活动的情境价值尚缺乏研究。具体而言，平台主推荐即平台上所提供的编辑推荐，与以往的专家推荐类似[50]。先前关于这类推荐的研究主要探讨推荐对用户在产品选择和产品认知的影响，并发现专家推荐能有效刺激产品的需求[208]，且作为重要的情境变量影响用户评论的作用[209]。然而，平台生态系统中，平台主推荐作为帮助开发者运营 APP 的重要渠道，对生态中价值创造活动的情境价值仍未可知。因此，有必要进一步探索平台主推荐对 APP 迭代创新形成机制，以及 APP 迭代创新对绩效作用机制的影响，从情境价值层面深入理解平台主推荐的治理作用。

2.4　研究述评

随着 APP 产业的繁荣发展，以及同时存在的激烈行业竞争，学者们极为关注如何高效创新 APP，以获取可持续的竞争优势。尽管现有研究探索了 APP 迭代创新影响因素，以及对绩效的影响，但 APP 迭代创新的研究尚处于起步阶段，相对碎片化，且还未建立比较成型的理论体系，针对迭代创新影响因素以及绩效的研究仍存在较多的不足，值得进一步探讨。

第一，平台生态系统其他行动者具有异质性和能动性，从互补者和用户角度分析 APP 迭代创新，有助于从多视角理解平台生态系统中互补创新的形成机制。

Chen 等（2021）[23]认为平台生态系统的环境具有较高的复杂性，而生态系统互补者可以通过建设内部能力或搜索外部能力，来提升自身对生态环境的适应性，表明生态系统互补者在经验上的异质性和行为的能动性。Kapoor 和 Agarwal（2017）[45]指出互补者的生态经验在维持其可持续绩效中起着关键作用，对生态系统环境的了解能促进关于新产品开发和市场能力相关知识的积累，有效缓解生态复杂性对其绩效的不利影响。另外，用户是平台生态系统价值的共同创造者，其信息反馈能够为系统中的产品创新和开发提供资源与信息[127]，用户与开发者间资源与信息的流动为创新实践提供决策根据[26, 28]。可见现有研究逐渐强调生态系统中其他行动者的能动性和异质性，表明了从不同视角开展平台生态系统相关研究的必要性，但 APP 迭代创新的相关研究中，仍是较多围绕平台主这一主导视角开展，针对其他行动者，尤其是开发者的研究较少，缺乏开发者异质性和能动性对创新影响的机制探索和实证数据检验。为此，本书从用户和开发者视角，探索 APP 迭代创新的影响因素，以补充现有 APP 迭代创新和平台生态系统的相关研究。

第二，APP 迭代创新的驱动机制及其对绩效影响的情境因素，有待进一步挖掘。

平台主作为生态系统的领导者，承担着协调平台生态系统功能的控制角色[104]。因此，平台主治理成为现有研究关注的重点[46]，且已有关于平台生态系统中其他行动者研究，也主要将平台主治理设置为情境，探索平台主与其他行动者行为的交互如何影响生态中的价值获取和价值创造。如 Song 等(2018)[27]基于平台主治理的视角，探索了平台应用审查机制和平台系统更新等治理行为对网络效应的影响。Ceccagnoli 等（2012）[112]研究发现，平台主的知识产权保护和下游整合能力能显著增强软件开发者加入平台后的绩效表现。然而，目前 APP 迭代创新的研究处于早期阶段，大多聚焦于对 APP 迭代创新影响因素及其作用的直接效应探索，较为忽略情境因素，尤其是平台主行为的情境价值。为弥补上述研究不足，本书结合平台生态系统的特征，基于生态中的竞合关系，引入平台主治理活动，包括平台主进入和平台主推荐，检验在其调节效应影响下 APP 迭代创新对绩效的关系形态，同时将平台主治理作为 APP 迭代创新前因分析的调节因素，明确了平台主治理对生态系统中创新形成过程和作用的情境价值。

第三，APP 迭代创新前因分析的研究比较分散，集中于验证单个因素对 APP 迭代创新的影响，还未基于整体的视角对 APP 迭代创新进行系统的研究，也未考虑各影响因素之间的互补和协调关系。

平台生态系统由平台主、用户和互补者三个关键行动者构成，其竞争优势强烈依赖于平台主、用户和互补者之间的价值共创能力。现有平台生态系统价值共创的过程机制研究离不开对生态系统中各主体间的互动作用机制的关注[28, 210]。然而，现有 APP 迭代创新研究虽然围绕平台主、用户和开发者的视角展开，但仅分别探讨三个生态系统行动者对 APP 迭代创新的影响，且对 APP 迭代创新影响因素的探讨还不够完整，从理论视角和研究方法上存在一定的局限性。已有研究集中于验证单个因素对 APP 迭代创新的影响，因而限制了从宏观和系统上认识平台生态系统中的创新活动。为此本书基于平台生态系统行动者视角，采用组态研究的方法，从整体上研究平台主、用户和开发者三个行动者的条件对 APP 迭代创新的影响机制，及其对绩效的影响，以整合平台主、用户和开发者视角下的 APP 迭代创新研究。

第 3 章 用户在线评论与 APP 迭代创新：平台主治理的情境价值

本章将围绕子问题一"APP 迭代创新的驱动因素及其作用机制?"基于用户参与视角，探索用户在线评论对 APP 迭代创新的作用机制。具体地讲，这部分将用户在线评论划分为在线评论数量和在线评论效价，并从平台主治理视角引入情境变量——平台主进入和平台主推荐，分析用户反馈信息对 APP 迭代创新的影响。运用多元回归分析模型，检验在线评论数量、在线评论效价与 APP 迭代创新的关系，以及平台主进入和平台主推荐对上述关系的调节效应。

3.1 导言

随着互联网发展和智能手机普及，移动平台生态系统不断强大，移动 APP 的开发和应用呈现爆发式增长。例如，苹果公司 iOS 平台在 2008 年 7 月推出 APP 商店，当时 APP 仅有 500 款；2018 年则已超过 200 万款；其中，中国区 APP 总量约 181 万款。APP 繁荣的背后，其发展面临着巨大挑战：一方面，移动平台的供给边——APP，其海量供给的同业竞争异常激烈；另一方面，移动平台的需求边——用户，其注意力稀缺、需求异质性高，话语权大，且用户转换成本低廉[7]。为应对这些挑战，开发者必须以用户导向为主，进行持续且高质量的 APP 迭代创新。基于此，从用户视角，分析用户对 APP 迭代创新的影响变得十分重要[28]。

但是，现有研究 APP 迭代创新影响因素的文献主要基于平台视角，通过实证分析检验了网络效应[27, 110]、治理机制[9, 10]和平台边界资源[8]对 APP 迭代创新的影响。而从用户角度，探讨用户行为或数据对 APP 迭代创新的研究较为缺乏。根据资源依赖理论，用户是影响组织创新成功、获取竞争优势的关键外部角色[35]。同时，信号理论也强调用户需求和满意度等信息，作为一种信号，可减少用户和开发者创新之间的信息不对称，进而影响开发者创新绩效[28]。基于这两种理论可见，用户信息是影响组织或开发者创新的重要外部资源。对 APP 而言，已有研究指出用户在线评论是一种有价值的外部创新资源[9]，但目前在线评论对 APP 迭代创新的影响机制并不明确，且两者关系的理论研究仍有待深入。

具体而言，在线评论对 APP 迭代创新影响的研究尚处于起步阶段，仍存在以下两点研究局限可深入拓展。第一，APP 迭代创新包含迭代新颖性和迭代敏捷性，在线评论对 APP 迭代创新不同维度的影响机制研究不足。已有研究指出，新颖性和敏捷性作为创新的两个重要维度，分别反映了 APP 迭代创新的质量和速度。APP 迭代创新的两种不同维度在内涵和影响上存在差异。因此，进行 APP 迭代创新的相关研究时，同时考虑迭代创新的新颖性和敏捷性两方面是很有必要的[26]。但目前在线评论对 APP 迭代创新影响的研究中，仅关注了 APP 迭代敏捷性这一单一维度，忽略了对 APP 迭代新颖性的影响。由此，本书将从敏捷性和新颖性两方面，进一步研究在线评论对 APP 迭代创新的影响。

第二，在线评论对 APP 迭代创新影响的情境价值研究较为缺乏。已有研究表明平台主作为平台生态系统中的控制者和主导者，其治理活动，如平台主进入和平台主推荐，会影响平台生态系统中的创新。然而平台主进入和平台主推荐作为影响平台生态系统创新的重要机制，是否会影响在线评论转化为 APP 迭代创新成果的过程？目前尚无相关理论和实证研究探讨该问题。基于此，本书进一步提出平台主进入和平台主推荐这两个情境变量，验证平台主进入和平台主推荐作为情境变量，如何调节在线评论对 APP 迭代创新的影响。

与以往研究相比，本书的贡献主要表现为：（1）基于用户参与视角，结合资源依赖理论和信号理论，验证了在线评论对 APP 迭代创新的战略价值，揭示用户在线评论数量和在线评论效价对不同维度 APP 迭代创新的影响，从数据化参与的角度，补充了用户参与的相关研究。研究发现，在线评论数量促进 APP 迭代新颖性和 APP 迭代敏捷性，而在线评论效价对 APP 迭代新颖性和 APP 迭代敏捷性均存在显著的倒 U 影响，这些结论拓展了在线评论对 APP 迭代创新的研究成果，丰富了 APP 迭代创新的相关文献。（2）探索了平台主进入和平台主推荐，对用户在线评论与 APP 迭代创新的调节作用，挖掘

APP迭代创新过程中的情境机制，从而深化了用户在线评论对APP迭代创新作用机制的研究。

3.2　研究假设

本书依据资源依赖理论和信号理论，将在线评论视为APP迭代创新过程中的关键外部资源，这些资源通过向开发者传递用户需求、偏好和满意度的信号，影响其迭代创新能力和迭代创新意愿。在此基础上，研究在线评论——即在线评论数量、在线评论效价，对APP迭代创新不同维度的直接效应及其情境价值。

3.2.1　在线评论数量与APP迭代创新

3.2.1.1　在线评论数量与APP迭代新颖性

APP在线评论数量代表了文本式评论的多少，评论通常包含了用户对APP的体验反馈和创新建议[211]。已有研究表明，APP市场上，平均35%的在线评论提供了关于用户需求，APP功能缺陷和性能不足等改进信息[165]。因而大量评论意味着用户传递的需求和改进信息量大，且APP需要改进的信号强，易增加开发者对该APP，及相关用户需求和改进信息的关注度[28]，进而提升迭代新颖性的意愿和能力。本书认为在线评论数量会促进APP迭代新颖性。具体理由如下：

第一，在线评论数量越多，APP需要改进的信号越强[28]，这些信号会增强开发者对该APP改进需求的关注，进而提升其迭代新颖性意愿。如前所述，平均35%的在线评论提供了APP功能缺陷和性能不足等需要改进的信息[165]，因而在线评论数量越多，开发者接收到的APP需要改进的信号越强，这些信号增强开发者提升APP迭代新颖性的意愿，以满足更多用户的需求[165]。此外，用户需求往往具有高动态性，创新者需要花费极高成本，才能有效获取用户需求信息[212]，且依然难以做出匹配市场需求的精准预测。在APP市场上，大量用户评论所包含较完备的用户需求信息，使得开发者能快速有效地把握用户动态需求，大大降低APP迭代新颖性的风险和不确定性[7]，增强APP开发者迭代新颖性的意愿。

第二，APP 在线评论数量越多，用户传递的需求和改进信息越多，越有利于开发者获取和识别具有新颖性的创新灵感与创新机会，进而增强其迭代新颖性能力。一方面，APP 作为数字化服务，需要以用户需求为导向，进行可持续的迭代创新[136]，数量丰富的在线评论传递了海量的用户需求信息，为开发者匹配用户“千人千面”的多样化需求，获取和识别具有新颖性的创新灵感与机会提供了有利条件[15]。而更多创意的开发和积累能够提升开发者迭代新颖性的能力[213]，并促进创新成果的多样性和丰富性[214]。另一方面，在线评论数量越多，用户传递的有效用户需求和改进信息越多，有利于 APP 开发者更为准确地了解用户所需，且依据资源依赖理论，对外部用户需求的深刻理解和感知，有助于提高创新的差异化和创新的程度[35]。综上所述，本书提出如下假设：

H3-1a 在线评论数量促进 APP 迭代新颖性。

3.2.1.2 在线评论数量与 APP 迭代敏捷性

本书认为在线评论数量越多，越有利于 APP 开发者及时捕捉用户需求和改进信息，并不断提升快速迭代的意愿和能力来快速响应需求，从而促进了 APP 迭代敏捷性。

第一，在线评论数量越多，APP 开发者接收到的改进信号越强，越能刺激开发者进行快速迭代，进而提升了其迭代敏捷性意愿。数字经济下，用户的消费需求具有极强时效性，如果不能及时获得需求信息并对 APP 做出快速调整，APP 就随时会失去用户黏性[7]。APP 市场上，在线评论数量的增加，传递了大量的用户需求和改进信息，这些信息作为 APP 需要改进的市场信号，刺激开发者快速迭代，并主动保持 APP 持续的、高频次的迭代创新。

第二，在线评论数量越多，越能及时地为 APP 开发者提供用户反馈信息，减少开发者通过其他途径探索用户需求的活动，提高创新效率，进而提升其迭代敏捷性能力。用户在线评论嵌入在 APP 产品购买和下载过程中，且能通过评论系统对现有 APP 版本进行及时反馈[28]。APP 在线评论数量的增长，意味着大量用户反馈信息的即时生成，这为开发者更快、更早、更准确地发现用户需求，及时推出创新成果提供有利条件[7]。可见在线评论数量的增长，有助于 APP 开发者对用户反馈信息的实时获取，缩短 APP 迭代创新周期，形成快速迭代的能力，从而提高 APP 迭代敏捷性。综上所述，本书提出如下假设：

H3-1b 在线评论数量促进 APP 迭代敏捷性。

3.2.2　在线评论效价与 APP 迭代创新

在线评论效价体现用户使用 APP 后的满意程度，一般用评分或星级表示。本书认为，在线评论效价对 APP 迭代创新的影响具有两面性：一方面，适度的评论效价促进 APP 迭代创新；另一方面，过高的评论效价阻碍 APP 迭代创新。

3.2.2.1　在线评论效价与 APP 迭代新颖性

适度的在线评论效价促进 APP 迭代新颖性，适度的在线评论效价传递出较高的 APP 质量和用户满意度水平等信息。依据信号理论，这些信息作为 APP 迭代创新的价值创造成效的积极信号，增强了开发者提高 APP 迭代新颖性的意愿[28]。具体而言，这些积极的用户反馈信号，减少了开发者与用户间的信息不对称，提升了开发者对现有 APP 迭代创新方向和内容的信心。同时，能够鼓励开发者投入更多创新资源，尝试更多创新[215]，进一步开发和完善现有 APP 的功能和服务，以满足更多用户的需求，从而提升了 APP 迭代新颖性。

然而，过高的在线评论效价抑制 APP 迭代新颖性。首先，过高的在线评论效价，易导致开发者满足于 APP 迭代创新价值创造成效的积极信号，降低开发者迭代新颖性的意愿。在线评论效价对用户具有说服效应：即评分越高，越容易黏住老用户、吸引新用户作用该产品[216]。基于此，APP 的评分越高，价值创造成效的积极信号越强，黏住老用户、吸引新用户的能力越强，抑制了 APP 开发者通过迭代新颖性吸引用户关注的必要性，进而降低开发者提高迭代新颖性的意愿。其次，过高的在线评论效价阻碍 APP 开发者获取有效的用户反馈信息，降低其对 APP 迭代新颖性机会的识别与灵感的获取，削弱迭代新颖性能力。研究发现，积极评论传递出来的信息真实性弱于消极评论，积极评论的有用性低于消极评论[217]。在线评论效价过高时，其包含的信息真实性和深入度较低，开发者获取的有用信息有限，会阻碍 APP 开发者对迭代新颖性机会的识别与灵感的获取。综上所述，本书提出如下假设：

H3-2a 在线评论效价对 APP 迭代新颖性有倒 U 型作用。

3.2.2.2　在线评论效价与 APP 迭代敏捷性

适度的在线评论效价能促进 APP 迭代敏捷性。具体而言，适度的在线评论效价，能提升 APP 开发者的迭代积极性，增强其快速创新的意愿。如前所述，适度的在线评论效价传递了用户反馈的积极信号，来自用户的鼓励将激励 APP 开发者投入更多的时间和精力，对 APP 进行迭代[211]，从而缩短 APP 迭代周期，提升迭代速度。

但是，过高的在线评论效价会阻碍 APP 迭代敏捷性。首先，过高的评论效价所展现的强说服效应，易导致开发者在 APP 迭代创新的价值创造成效的积极信号中故步自封，降低了开发者持续在现有版本上创新的积极性，更多选择依赖现有的高评分吸引潜在用户，从而削弱 APP 迭代敏捷性意愿。其次，过高的在线评论效价意味着有大量的积极评论，积极评论所传递的信息深入度低，或真实性较弱[217]，增加了开发者搜寻和获取有效用户信息的成本，降低了开发者对用户真实需求的获取和及时反馈的速度，进而削弱开发者迭代敏捷性能力。综上所述，本书提出如下假设：

H3-2b 在线评论效价对 APP 迭代敏捷性有倒 U 型影响。

3.2.3 平台主进入的调节作用

平台主进入互补市场是指平台企业提供与开发者类似，之间存在替代关系的产品，从而进入开发者的产品空间。已有研究指出，平台主进入主要通过两种不同的机制对互补创新产生影响：竞争和关注度溢出[12]。首先，研究竞争动态的文献表明，平台主进入可能会引发竞赛效应。根据这个机制，平台主进入使开发者处于直接的竞争压力之下，进而影响其创新意愿[202]。其次，针对用户关注度的研究表明，平台主进入可能引发用户关注度溢出效应。根据这一机制，平台主进入通过吸引用户，提供新用户需求和反馈来刺激创新[218, 219]。本书将基于这两种机制，分析平台主进入对在线评论和 APP 迭代创新的影响机制。

3.2.3.1 平台主进入：对在线评论数量和 APP 迭代创新的调节作用

本书认为平台主进入会削弱在线评论数量对 APP 迭代创新的促进作用。首先，平台主进入导致竞争程度的加强，会弱化开发者利用自身在线评论信息进行 APP 迭代创新的意愿。由于平台主自身的声誉和资源优势，用户会倾向于选择平台企业提供的互补品，导致平台主进入向开发者发出负面信号，并可能阻碍开发者的创新动力。此外，开发者完全依靠平台接触他们的用户，创新存在被盗用的风险，进而降低开发者利用在线评论，挖掘用户信息，为平台做贡献的意愿。

其次，平台主进入所带来的用户关注度和知识溢出，减少了开发者通过更多用户在线评论获取创新机会和灵感的需求，开发者更倾向于利用平台主进入所带来的资源进行创新。一方面，如前所述，平台主进入该 APP 领域，会增加用户对同类型 APP 的关注度，这种关注度，有利于开发者从平台处获取更广泛的用户资源[12]，从而降低开发者对自身在线评论中蕴含的用户需求和信息的挖掘利用。另一方面，平台主掌握更大范围和群体的用户信息，用户资源更加丰富，更能精准地洞察用户多样化的需求[220]，一旦平台主推出新的产品，这些产品知识容易被开发者迅速吸收和转化。因此，平台主进入所带来的丰富的创新机会和创新资源会替代在线评论对 APP 迭代创新的作用，进而弱化了在线评论数量对 APP 迭代创新的积极影响。

综上所述，本书提出如下假设：

H3-3a 平台主进入削弱在线评论数量对 APP 迭代新颖性的促进作用。

H3-3b 平台主进入削弱在线评论数量对 APP 迭代敏捷性的促进作用。

3.2.3.2 平台主进入：对在线评论效价和 APP 迭代创新的调节作用

本书认为平台主进入会增强在线评论效价对 APP 迭代创新的促进作用和抑制作用。平台主进入程度的加深会增强适度在线评论效价对 APP 迭代创新的促进作用。首先，当在线评论效价较低时，意味着该 APP 仍存在较大的改进空间。随着平台主进入程度的增加，该类 APP 所面临的竞争压力越大，增强了 APP 快速迭代创新，提供新的内容和功能的迫切性，促使开发者投入更多创新资源，尝试更多创新。其次，平台主进入程度的增加，用户关注和知识溢出增多，当在线评论效价相对较低时，用户对 APP 的改进需求更加重视，更加积极地捕捉创新方向，并及时将平台主带来的产品知识吸收和转化，提高开发效率。因此，当在线评论效价处于较低水平时，平台主进入程度的加深会增强在线评论效价对 APP 迭代创新的促进作用。

另外，平台主进入的加深会增强过高的在线评论效价对 APP 迭代创新的阻碍作用。首先，平台主通常选择模仿高质量 APP，进入绩效好的产品市场空间，进行价值捕获[198]。当 APP 在线评论效价过高时，意味着用户的满意度较高，APP 需要改进的空间有限，随着平台主进入的增加，市场竞争更加激烈，开发者创新被模仿和盗用的风险更大，APP 迭代创新的成本和不确定性增加，进一步降低开发者对高评论效价 APP 进行迭代创新的意愿。其次，当在线评论效价过高时，意味着 APP 在该领域处于竞争优势地位，黏住老用户、吸引新用户的能力越强[216]，随着平台主进入程度的增加，用户关注度的溢出水平不断提升，高评论效价的 APP 能获取更多新用户的购买和使用，进一步抑制了开发者通过快速迭代创新，提高迭代创新吸引用户关注的必要性，从而强化在线评论效价对APP迭代创新的负面影响。综上所述，本书提出如下假设：

H3-4a 平台主进入增强在线评论效价对APP迭代新颖性的倒U型作用。

H3-4b 平台主进入增强在线评论效价对APP迭代敏捷性的倒U型作用。

3.2.4 平台主推荐的调节作用

许多平台会提供编辑推荐，帮助用户评估产品和降低搜索成本。如：为了帮助苹果用户发现更多优秀的应用，苹果设置编辑工作人员筛选优秀且具有特点的APP，并将其推荐至苹果商店首页。因而平台主推荐对APP具有一定的质量认证作用，能驱动大量的用户下载和曝光[50]。本书将进一步分析，平台主推荐对在线评论与APP迭代创新关系的影响。

3.2.4.1 平台主推荐：对在线评论数量与APP迭代创新的调节作用

平台主推荐会增强在线评论数量对APP迭代创新的促进作用。一方面，平台主推荐高时，在线评论数量更能提升APP迭代的新颖性意愿和敏捷性意愿。随着平台主推荐的增强，APP曝光程度加深，即APP高可见性增强，导致APP迭代创新被用户观察到的可能性高。高可见性增强在线评论数量所传递的APP需要改进的信号，这将进一步提高开发者对改进需求的关注，提升其进行APP迭代的新颖性和敏捷性意愿，通过对在线评论信息的挖掘和利用，加快创新，即时满足更多用户的需求。此外，平台主推荐高，表明APP质量高且优势突出，平台主的质量认证增强了开发者对自身创新能力和创新方向的认可。因此，相对于低水平的平台主推荐，高水平的平台主推荐对开发者迭代意愿的促进，会增强在线评论数量对APP迭代新颖性和敏捷性的积极作用。

另一方面，平台主推荐水平较高时，在线评论数量更能提升APP迭代的新颖性能力和敏捷性能力。具体而言，创新的本质是开发者利用自身资源和能力识别、吸收和整合外部知识而进行的管理过程。因而开发者自身资源和能力的差异会影响用户信息被转化为有效创新资源的程度[43]。平台主推荐高，意味着长期的推荐，这将增强开发者对用户需求的把握能力和资源整合能力，进而有利于开发者对在线评论中的用户信息进行更好的选择性萃取，以快速识别并获取更有价值的创新资源，并能将这些信息快速地转换为满足用户异质性需求的创新成果，从而促进了APP迭代新颖性和迭代敏捷性。综上所述，本书提出如下假设：

H3-5a 平台主推荐增强在线评论数量对 APP 迭代新颖性的促进作用。

H3-5b 平台主推荐增强在线评论数量对 APP 迭代敏捷性的促进作用。

3.2.4.2　平台主推荐：对在线评论效价与 APP 迭代创新的调节作用

平台主推荐会削弱在线评论效价与 APP 迭代创新的倒 U 型关系。

一方面，平台主推荐水平高时，会削弱适度在线评论效价对 APP 迭代创新的促进作用。具体而言，当平台主推荐水平高时，表明 APP 质量高且优势突出，开发者对现有 APP 的创新努力和创新方向得到平台编辑的持续认可，这种认可替代适度在线评论效价所传递的积极的价值创造成效信号，替代了适度在线评论效价增长对开发者提升 APP 迭代新颖性和敏捷性意愿的促进作用，进而削弱了适度在线评论效价对 APP 迭代创新的积极影响。

另一方面，相对于平台主推荐水平较低的情境，平台主推荐水平高会削弱过度在线评论效价对 APP 迭代创新的阻碍作用。首先，平台主推荐水平高时，APP 所获得的用户关注度高，促使开发者将创新资源和精力集中在现有 APP 的迭代更新上，弱化了开发者对高在线评论效价所传递的信息依赖，进而弱化了高在线评论效价对开发者迭代创新意愿和努力减少的程度。其次，当在线评论效价水平高时，表明用户体验好，增大了开发者对提升用户体验为导向的 APP 迭代创新难度，随着平台主推荐水平的提高，用户下载和使用 APP 的可能性增强，APP 开发者能获取更多的新的用户信息和资源，缓解了高在线评论效价 APP 的创新难度和风险，进而弱化高在线评论效价对 APP 迭代新颖性和迭代敏捷性的消极作用。综上所述，本书提出如下假设：

H3-6a 平台主推荐削弱在线评论效价对 APP 迭代新颖性的倒 U 型作用。

H3-6b 平台主推荐削弱在线评论效价对 APP 迭代敏捷性的倒 U 型作用。

根据以上假设，本研究概念模型如图 3-1 所示。

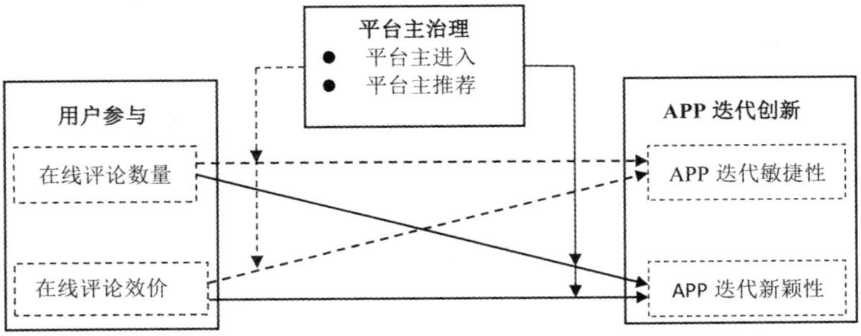

图 3-1　本研究的概念模型

表 3-1 假设汇总

假设编号	假设内容	假设符号
H3-1a	在线评论数量促进 APP 迭代新颖性。	+
H3-1b	在线评论数量促进 APP 迭代敏捷性。	+
H3-2a	在线评论效价对 APP 迭代新颖性有倒 U 型作用。	+/-
H3-2b	在线评论效价对 APP 迭代敏捷性有倒 U 型作用。	+/-
H3-3a	平台主进入削弱在线评论数量对 APP 迭代新颖性的促进作用。	-
H3-3b	平台主进入削弱在线评论数量对 APP 迭代敏捷性的促进作用。	-
H3-4a	平台主进入增强在线评论效价对 APP 迭代新颖性的倒 U 型作用。	-
H3-4b	平台主进入增强在线评论效价对 APP 迭代敏捷性的倒 U 型作用。	-
H3-5a	平台主推荐增强在线评论数量对 APP 迭代新颖性的促进作用。	+
H3-5b	平台主推荐增强在线评论数量对 APP 迭代敏捷性的促进作用。	+
H3-6a	平台主推荐削弱在线评论效价对 APP 迭代新颖性的倒 U 型作用。	+
H3-6b	平台主推荐削弱在线评论效价对 APP 迭代敏捷性的倒 U 型作用。	+

3.3 研究设计

3.3.1 数据来源和样本

本书数据来自第三方移动数据监测机构七麦数据。七麦数据是国内专业的移动推广数据分析平台之一，其本身并不产生数据，而是收录 iOS 和 Android 上移动 APP 的实时数据，并构建了历史数据库。目前，该平台已收录 APP 数量超 700 万款，且包含 APP 实时排名，评论及迭代更新等多重数据维度[66]。根据第一次数据收集的样本，针对本部分研究问题，本书获取了 APP 的发布日期和分类等应用信息，以及 2018 年 12 月-2019 年 12 月期间的历史数据：(1) 新版本发布时间及更新内容；(2) 用户在线评论数量和评分、开发者评论回复数量；(3) 畅销榜和免费榜等各类榜单排名；(4) iOS 平台推荐记录；(5) Apple 在样本期间已开发 APP 及其应用信息；(6) 平台系统更新信息。样本选择时，首先，本书删除研究期间下架、相关变量信息和数据缺失的样本；其次，对所有连续变量进行 1%缩尾处理。最后，获得由 379 个 APP 的月度数据构成的平衡面板数据。数据平台的具体介绍以及数据收集过程见 1.4.2.2 小节。

3.3.2　变量测量

3.3.2.1　因变量

迭代新颖性。参考已有文献 Ye 和 Kankanhalli（2020）[26]，本书采用 APP 每月不同版本具体内容更新数量来测量 APP 迭代新颖性。APP 的每个新版本都会有新的优化、新功能或新内容等更改。删除漏洞修复、问题修复和错误修正等创新性较弱的更改，本书计算了每个 APP 新版本中更新新功能、新内容和优化的数量，更改数量越多，则迭代新颖性越强。具体而言，根据 1.4.2.2 小节所示的数据收集过程和内容，本书获取了样本期间每个 APP 每次更新日志的内容描述，通过更新日志内容中的关键词描述，如"新增""添加""新加""增加""改进""功能更新""修复""修改""修正""错误""漏洞"和"Bug"等，详细区分和整理出创新性较强的更新，并计算其数量。

迭代敏捷性。迭代敏捷性体现了迭代创新的速度和频率[221]。借鉴现有文献[26]，本书采用 APP 每月版本更新次数来测量 APP 迭代敏捷性，每一次版本更新都反映了 APP 一定程度上的创新，且版本更新次数越多，迭代敏捷性越高。考虑到可能存在内生性问题，本书采用滞后一期，即 t+1 期的 APP 迭代新颖性和迭代敏捷性作为因变量。

3.3.2.2　自变量

在线评论数量。采用每月新增的具有文本信息的用户在线评论总量来测量在线评论数量。为减少数据本身差异较大对结果产生的影响，将获取数据进行取对数处理。在线评论效价。借鉴现有文献，本书采用 APP 累计平均评分来测量在线评论效价，整体上反映用户对 APP 满意度水平[44]。七麦数据平台仅展示 APP 实时的评分结果，本书通过分类收集不同星级的在线评论数量，利用加权平均的方法计算出 APP 当月的累计评分。

3.3.2.3　调节变量

平台主进入。本书采用平台当月还在运营的同类型 APP 数量，衡量平台主进入该类型 APP 的程度。该测量反映了开发者面临的平台竞争压力程度。

平台主推荐。借鉴已有研究，本书使用平台主当月推荐该 APP 的天数来衡量平台主推荐程度。平台主推荐不仅可以帮助用户克服应用发现和评估的困难，还可以帮助开发者识别不同 APP 的潜在用户，从而实现个体层面的定向营销。七麦数据展示了每个 APP 被推荐的具体推荐位、开始时间、结束时间，以及持续时长，一个 APP 每月可能没有被推荐，也可能被推荐一次或在不同的推荐位被推荐多次。据此，本书计算每月 APP 在精品推荐中被推荐的总天数来反映其被推荐的程度。

3.3.2.4 控制变量

借鉴已有研究，本书从 APP、开发者和平台三个层面[42]，控制了以下可能影响 APP 迭代创新的因素。APP 特征层面，控制了 APP 年龄，APP 从首次在平台发布，截至样本研究期间的月份数，如果一款 APP 已经在平台运营很长时间，仍能出现在榜单前列，说明该 APP 具有较高的存活率和用户留存率[42]，其质量和价值受到用户认可，因而可能会更容易产生较高的创新成果或绩效[63]；APP 绩效，即 APP 在畅销榜的月平均排名来衡量；APP 先前的迭代创新，即先前的迭代敏捷性和迭代新颖性。开发者层面，控制了开发者回复，即 APP 开发者对用户在线评论的回复比率，采用开发者回复评论数量/在线评论总量进行测量，已有研究发现开发者对于用户评论的回复，体现了开发者对评论意见的关注度和重视程度，表明开发者注意到这些问题，并打算进行修改，在下次更新中进行改进，进而影响 APP 迭代创新[26]。平台层面，主要控制了平台迭代，即 iOS 平台系统更新次数。

3.4 实证检验

3.4.1 相关系数检验

表 3-2 是各变量均值、标准差及 Pearson 相关系数的统计分析结果。它表明，解释变量（在线评论数量和在线评论效价）分别与 APP 迭代敏捷性和 APP 迭代新颖性显著相关，表明本书变量选取合理。此外，所有变量间相关系数均未超过 0.7 的临界值，且方差膨胀因子（VIF）均低于 2.257，小于

10，这说明本书不存在多重共线性问题。

表 3-2　相关性分析

变量	均值	标准差	1	2	3	4	5
1. 迭代敏捷性$_{t+1}$	1.713	1.403	1.000				
2. 迭代新颖性$_{t+1}$	4.173	4.134	0.412***	1.000			
3. 在线评论数量	1026	5780	0.193***	0.144***	1.000		
4. 在线评论效价	4.508	0.517	0.078***	0.061***	0.240***	1.000	
5. 平台主进入	4.511	4.052	−0.007	0.049***	0.045***	−0.075***	1.000
6. 平台主推荐	4.047	9.636	0.068***	0.073***	0.140***	0.040***	−0.021
7. 平台迭代	1.846	1.231	0.041***	−0.002	−0.058***	0.009	0.001
8. 开发者回复	0.132	0.247	0.024*	0.033**	−0.126***	−0.021	0.041***
9. 迭代新颖性$_t$	4.184	4.134	0.148***	0.399***	0.152***	0.057***	0.047***
10. 迭代敏捷性$_t$	1.716	1.403	0.434***	0.130***	0.218***	0.078***	−0.002
11. APP 年龄	56.061	28.772	0.117***	0.031**	0.190***	0.032**	−0.011
12. APP 绩效	571.68	633.95	0.136***	0.154***	0.552***	0.174***	0.158***

变量	6	7	8	9	10	11
6. 平台主推荐	1.000					
7. 平台迭代	0.019	1.000				
8. 开发者回复	0.100***	−0.006	1.000			
9. 迭代新颖性$_t$	0.076***	0.026*	0.033**	1.000		
10. 迭代敏捷性$_t$	0.072***	0.054***	0.026*	0.413***	1.000	
11. APP 年龄	0.044***	0.060***	−0.051***	0.026*	0.111***	1.000
12. APP 绩效	0.133***	−0.008	−0.042***	0.158***	0.137***	0.181***

注：* $p < 0.1$；** $p < 0.05$；*** $p < 0.01$，N=379。

3.4.2　回归模型检验

首先，本书对在线评论影响 APP 迭代创新的基本模型进行 Chow 检验，判断是应该选择混合模型还是固定效应模型。根据 Chow 检验定义，采用无约束模型回归残差平方和，以及受约束模型回归残差平方和构造 Chow 检验的 F

统计量，对比 F 统计量的值和临界值的大小，若 F 统计量的值大，则拒绝原假设 H0：pool 模型，表示模型截距项应该随个体或时点变化，反之，则接受原假设 H0，建立 pool 模型，采用混合回归分析。表 3-3 展示了 Chow 检验的 F 统计量结果，将 pool 模型分别与个体时间双固定效应模型、个体固定效应模型和时点固定效应模型进行检验，发现因变量为 APP 迭代新颖性和迭代敏捷性的回归模型的 F 统计量值均大于临界值，因此，本书回归模型的截距项随个体和时点同时变化。其次，在 Chow 检验结果的基础上，本书进一步进行 Hausman 检验，判断应该采用固定效应模型还是随机效应模型。如表 3-4 和 3-5所示，模型 1-8 的结果显示解释变量和非观测的个体效应之间均是相关的（Prob>chi2=0.000），即固定效应模型优于随机效应模型。因此，本书采用双向固定效应模型对模型 1-8 进行回归分析，即同时控制个体固定效应和时间趋势的影响。

表 3-3　Chow 检验的 F 统计量

因变量	受约束模型	F 统计量的值	临界值	结果
迭代新颖性	时点固定	12.921	2.275	拒绝原假设 H0：pool 模型
	个体固定	5.051	1.186	拒绝原假设 H0：pool 模型
	个体和时点双固定	5.386	1.184	拒绝原假设 H0：pool 模型
迭代敏捷性	时点固定	16.534	2.274	拒绝原假设 H0：pool 模型
	个体固定	5.700	1.186	拒绝原假设 H0：pool 模型
	个体和时点双固定	6.152	1.183	拒绝原假设 H0：pool 模型

3.4.3　假设检验

3.4.3.1　在线评论数量、在线评论效价对 APP 迭代新颖性影响

表 3-4 展示了在线评论数量和在线评论效价对 APP 迭代新颖性影响的回归结果，其中模型 1 到模型 4 的被解释变量为 APP 迭代新颖性，调节变量为平台主进入和平台主推荐，控制变量包含平台迭代、开发者回复、先前 APP 迭代新颖性和迭代敏捷性、APP 年龄和 APP 绩效，所有模型中的回归系数为非标准化路径系数。模型 1 用来分析在线评论数量和在线评论效价对 APP 迭代新颖性的直接作用，在模型 1 所包含的解释变量和控制变量的基础上，模

型 2 加入两个解释变量与平台主进入的交互项（在线评论数量 * 平台主进入、在线评论效价 * 平台主进入、在线评论效价平方 * 平台主进入），模型 3 则加入两个解释变量与平台主推荐的交互项（在线评论数量 * 平台主推荐、在线评论效价 * 平台主推荐、在线评论效价平方 * 平台主推荐），分别用以检验平台主进入和平台主推荐，在在线评论数量和在线评论效价与 APP 迭代新颖性关系中的调节作用。模型 4 则包含了所有变量以及变量间的交互项，是检验在线评论数量和在线评论效价对 APP 迭代新颖性影响及情境价值的汇总模型，且与模型 1-3 比较，模型 4 的 R^2 值为 0.501，高于其他回归模型，表明全模型 4 中各解释变量对 APP 迭代新颖性具有更好的解释力度。

模型 1 中，在线评论数量对 APP 迭代新颖性的回归系数为 0.127，且显著（$p<0.05$），即在线评论数量对迭代新颖性有显著正向影响，假设 H3-1a 得到验证，且在模型 2-4 中，在线评论数量对 APP 迭代新颖性均存在显著的积极作用（$\beta=0.113$，$p<0.05$；$\beta=0.131$，$p<0.05$；$\beta=0.117$，$p<0.05$），进一步证明上述关系的稳健性。在线评论效价对 APP 迭代新颖性的回归系数为 8.656，且显著（$p<0.01$），同时，在线评论效价平方项的回归系数为 -1.115，且显著（$p<0.05$），上述结果表明在线评论效价与 APP 迭代新颖性间呈倒 U 型关系，即随着在线评论效价的不断提高，APP 迭代新颖性先上升后下降，假设 H3-2a 得到验证。进一步，模型 2-4 中回归结果表示，在线评论效价对 APP 迭代新颖性的回归系数为正且显著（$\beta=8.214$，$p<0.05$；$\beta=6.789$，$p<0.1$；$\beta=6.371$，$p<0.1$），在线评论效价对 APP 迭代新颖性的回归系数为负且显著（$\beta=-1.059$，$p<0.05$；$\beta=-0.896$，$p<0.1$；$\beta=-0.843$，$p<0.1$），在线评论效价对 APP 迭代新颖性的非线性影响一直存在，假设 H3-2a 具有稳健性。

模型 2 检验了平台主进入对在线评论数量、在线评论效价与 APP 迭代新颖性关系的情境价值，根据回归结果显示，在线评论数量与平台主进入交互项对 APP 迭代新颖性的作用为负且显著（$\beta=-0.162$，$p<0.1$），在全模型 4 中，上述关系同样的得到支持（$\beta=-0.164$，$p<0.1$），即平台主进入削弱在线评论数量对 APP 迭代新颖性的促进作用，假设 H3-3a 得到支持。为了更加直观地展示上述关系，本书绘制调节效应图，如图 3-2 所示，相对于低平台主进入，高平台主进入时，在线评论数量对 APP 迭代新颖性影响的斜率更低，该图示进一步表明，平台主进入对在线评论数量与迭代新颖性的积极关系起着负向调节作用，假设 H3-3a 得到支持。此外，模型 2 的回归结果还表明，

在线评论效价与平台主进入交互项，以及在线评论效价平方项与平台主进入交互项的回归系数分别为0.201和0.025，且都不显著，该结果表明平台主进入对在线评论效价与APP迭代新颖性的倒U型关系没有调节作用，全模型4中，上述结论同样未得到验证（$\beta=0.207$，$p>0.1$；$\beta=0.028$，$p>0.1$），即假设H3-4a没有得到支持。

模型3检验了平台主推荐对在线评论数量、在线评论效价与APP迭代新颖性关系的情境价值，根据回归结果显示，在线评论数量与平台主推荐交互项的回归系数为0.041，但不显著（$p>0.1$），即平台主推荐对在线评论数量与APP迭代新颖性的关系没有调节作用，假设H3-5a没有得到验证，在全模型4中，上述关系依然不成立（$\beta=0.040$，$p>0.1$）。在线评论效价与平台主推荐交互项，对APP迭代新颖性的回归系数为正且显著（$\beta=0.400$，$p<0.1$），同时，在线评论效价平方项与平台主推荐的交互项，对迭代新颖性的回归系数为正且显著（$\beta=0.227$，$p<0.05$），这表明在线评论效价与迭代新颖性的倒U型关系受平台主推荐的负向调节，假设H3-6a得到支持，在全模型4中，假设H3-6a仍然得到支持（$\beta=0.403$，$p<0.1$；$\beta=0.225$，$p<0.1$）。进一步分析调节效应图3-3得出，相对于高平台主推荐，低平台主推荐时，在线评论效价对迭代新颖性的倒U型作用更加明显，表明平台主推荐弱化了在线评论效价对迭代新颖性的倒U型作用。

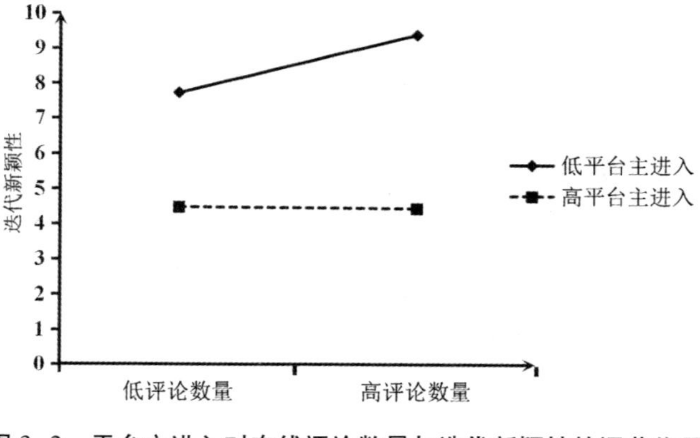

图3-2　平台主进入对在线评论数量与迭代新颖性的调节作用

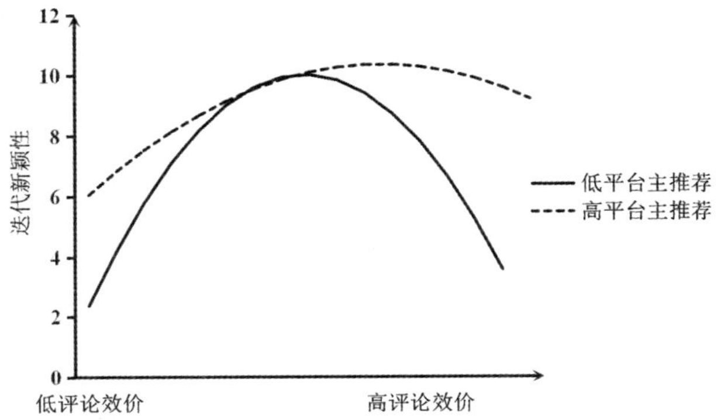

图 3-3　平台主推荐对在线评论效价与迭代新颖性的调节作用

表 3-4　在线评论对迭代新颖性的回归结果

变量	APP 迭代新颖性			
	模型 1	模型 2	模型 3	模型 4
自变量				
评论数量	0.127**	0.113**	0.131**	0.117**
评论效价	8.656***	8.214**	6.789*	6.371*
评论效价平方	-1.115**	-1.059**	-0.896*	-0.843*
交互项				
评论数量 * 进入		-0.162*		-0.164*
评论效价 * 进入		0.201		0.207
评论效价平方 * 进入		0.025		0.028
评论数量 * 推荐			0.041	0.040
评论效价 * 推荐			0.400*	0.403*
评论效价平方 * 推荐			0.227**	0.225*
调节变量				
平台主进入	-0.263	-0.286	-0.267	-0.291
平台主推荐	-0.023*	-0.023*	-0.042**	-0.042**
控制变量				
平台迭代	-4.601	-4.599	-4.690	-4.689

续表

变量	APP 迭代新颖性			
	模型 1	模型 2	模型 3	模型 4
开发者回复	0.277	0.277	0.272	0.273
迭代新颖性$_t$	0.019	0.019	0.019	0.019
迭代敏捷性$_t$	-0.333***	-0.333***	-0.334***	-0.334***
APP 年龄	9.248	9.218	9.592	9.56
APP 绩效	0.041	0.025	0.230	0.228
时间效应	Yes	Yes	Yes	Yes
常数项	-6.873	-5.994	-2.536	-1.714
R^2	0.447	0.449	0.449	0.501
F 统计值	3.251***	2.880***	2.915***	2.663***
Hausman_ Test	1359.520***	1358.220***	1356.250***	1353.780***

注：$^{*}p<0.1$；$^{**}p<0.05$；$^{***}p<0.01$，N=379，在线评论数量缩写为评论数量，在线评论效价缩写为评论效价，平台主进入缩写为进入，平台主推荐缩写为推荐。

3.4.3.2 在线评论数量、在线评论效价对 APP 迭代敏捷性影响

表 3-5 展示了在线评论数量和在线评论效价对 APP 迭代敏捷性影响的回归结果，其中模型 5 到模型 8 的被解释变量为 APP 迭代敏捷性，调节变量和控制变量同表 3-4 中的模型一样，此处不再赘述。另所有模型中的回归系数为非标准化路径系数。模型 5 分析了在线评论数量和在线评论效价对 APP 迭代敏捷性的直接作用，在模型 5 所包含的解释变量和控制变量的基础上，模型 6 加入在线评论数量和在线评论效价分别与平台主进入的 3 个交互项（在线评论数量 * 平台主进入、在线评论效价 * 平台主进入、在线评论效价平方 * 平台主进入），模型 7 则加入表征平台主推荐调节作用的 3 个交互项（在线评论数量 * 平台主推荐、在线评论效价 * 平台主推荐、在线评论效价平方 * 平台主推荐），分别用以检验平台主进入和平台主推荐，在在线评论数量和在线评论效价与 APP 迭代敏捷性关系中的调节作用。同样，模型 8 则包含了所有变量以及变量间的交互项，是检验在线评论数量和在线评论效价对 APP 迭代敏捷性影响及情境价值的汇总模型，且与模型 5-7 比较，模型 8 的 R^2 值为 0.455，高于其他回归模型，表明全模型 5 中各解释变量对 APP 迭代敏捷性具有更好

的解释力度。

模型5中，在线评论数量对APP迭代敏捷性的回归系数为0.038，且显著（$p<0.1$），即在线评论数量对迭代敏捷性有显著正向影响，假设H3-1b得到验证，且在模型6-8中，在线评论数量对APP迭代敏捷性均存在显著的积极作用（$\beta=0.034$，$p<0.1$；$\beta=0.044$，$p<0.05$；$\beta=0.041$，$p<0.05$），进一步证明了上述关系的稳健性。此外，在线评论效价对APP迭代敏捷性的回归系数为3.183，且显著（$p<0.01$），同时，在线评论效价平方项的回归系数为-0.443，且显著（$p<0.01$），上述结果表明在线评论效价与APP迭代敏捷性间呈倒U型关系，即随着在线评论效价的不断提高，APP迭代敏捷性先上升后下降，假设H2b得到验证。进一步，模型6-8中回归结果表示，在线评论效价对APP迭代敏捷性的回归系数为正且显著（$\beta=3.206$，$p<0.01$；$\beta=2.935$，$p<0.01$；$\beta=2.972$，$p<0.01$），在线评论效价对APP迭代敏捷性的回归系数为负且显著（$\beta=-0.445$，$p<0.01$；$\beta=-0.413$，$p<0.01$；$\beta=-0.417$，$p<0.1$），在线评论效价对APP迭代敏捷性的非线性影响一直存在，假设H3-2b具有稳健性。

模型6检验了平台主进入对在线评论数量、在线评论效价与APP迭代敏捷性关系的调节作用，根据回归结果显示，在线评论数量与平台主进入交互项对APP迭代敏捷性的回归系数为-0.042，但不显著（$p>0.1$），在全模型8中，上述关系也未得到支持（$\beta=-0.043$，$p>0.1$），即平台主进入对在线评论数量与APP迭代敏捷性的关系没有调节作用，假设H3-3b未得到支持。在线评论效价与平台主进入交互项对APP迭代敏捷性的回归系数为-0.121，且不显著（$p>0.1$），但在线评论效价平方与平台主进入的交互项对APP迭代敏捷性的回归系数为-0.040，且显著（$p<0.05$）。已有研究指出，当验证对非线性关系的调节作用时，一般先检验低次项对于因变量的作用，在其显著的情况下，进一步检查二次项构成的交互项对因变量的作用是否显著，但最终结果是否成立，取决于二次项构成的交互项在统计上是否显著。因此，由于在线评论效价平方项与平台主进入交互项对APP迭代敏捷性的回归系数为负且显著，假设H3-4b的得到支持，即平台主进入增强在线评论效价对APP迭代敏捷性的倒U型作用，在全模型8中，得到同样的回归结果（$\beta=-0.121$，$p>0.1$；$\beta=-0.039$，$p<0.1$）。进一步分析调节效应，图3-4得出，当在线评论效价水平较低时，相对于低平台主进入，较高平台主进入明显增强在线评论效价对迭代敏捷性的正向作用。当在线评论效价水平较高时，相对于低平台

主进入，较高平台主进入也明显强化在线评论效价对迭代敏捷性的负向作用。

表 3-5 在线评论对迭代敏捷性的回归结果

变量	APP 迭代敏捷性			
	模型 5	模型 6	模型 7	模型 8
自变量				
评论数量	0. 038 *	0. 034 *	0. 044 **	0. 041 **
评论效价	3. 183 ***	3. 206 ***	2. 935 ***	2. 972 ***
评论效价平方	−0. 443 ***	−0. 445 ***	−0. 413 ***	−0. 417 ***
交互项				
评论数量 * 进入		−0. 042		−0. 043
评论效价 * 进入		−0. 121		−0. 121
评论效价平方 * 进入		−0. 040 **		−0. 039 *
评论数量 * 推荐			0. 069 *	0. 070 *
评论效价 * 推荐			0. 097 *	0. 097 *
评论效价平方 * 推荐			0. 038 **	0. 037 **
调节变量				
平台主进入	−0. 173 **	−0. 163 **	−0. 176 **	−0. 166 **
平台主推荐	−0. 002	−0. 002	−0. 008	−0. 008
控制变量				
平台迭代	−1. 096	−1. 173	−1. 117	−1. 194
开发者回复	−0. 001	−0. 003	0. 003	0. 001
迭代新颖性$_t$	−0. 005	−0. 005	−0. 005	−0. 005
迭代敏捷性$_t$	−0. 055 **	−0. 057 **	−0. 056 **	−0. 058 **
APP 年龄	2. 997	3. 229	3. 085	3. 319
APP 绩效	0. 050	0. 039	0. 050	0. 040
时间效应	Yes	Yes	Yes	Yes
常数项	−0. 379	−0. 202	0. 251	0. 401
R^2	0. 399	0. 451	0. 443	0. 455
F 统计值	4. 237 ***	3. 542 ***	3. 564 ***	3. 101 ***
Hausman_ Test	1482. 660 ***	1483. 220 ***	1484. 770 ***	1485. 120 ***

注：* $p < 0.1$；** $p < 0.05$；*** $p < 0.01$，N=379，在线评论数量缩写为评论数量，在线评论效价缩写为评论效价，平台主进入缩写为进入，平台主推荐缩写为推荐。

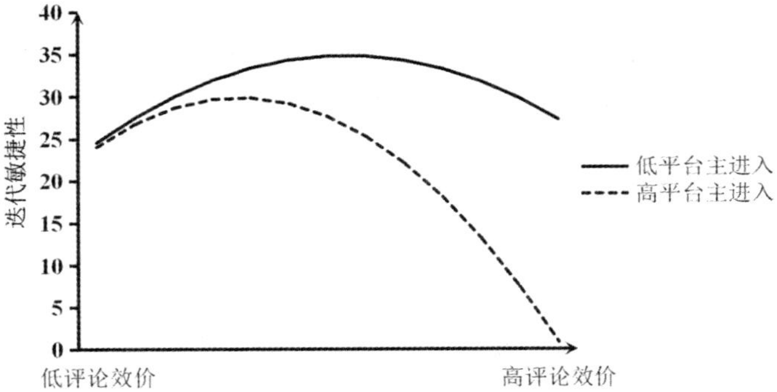

图 3-4　平台主进入对在线评论效价与迭代敏捷性的调节作用

模型 7 检验了平台主推荐对在线评论数量、在线评论效价与 APP 迭代敏捷性关系的情境价值，根据回归结果显示，在线评论数量与平台主推荐交互项的回归系数为正且显著（$\beta=0.069$，$p<0.1$），在全模型 8 中，得到同样回归结果（$\beta=0.070$，$p<0.1$），即平台主推荐增强在线评论数量与 APP 迭代敏捷性的促进作用，假设 H3-5b 得到验证。根据调节效应图 3-5 显示，相对于低平台主推荐，当平台主推荐水平高时，评论数量对 APP 迭代敏捷性的斜率更高，表明平台主推荐增强了评论数量对 APP 迭代敏捷性的促进作用。

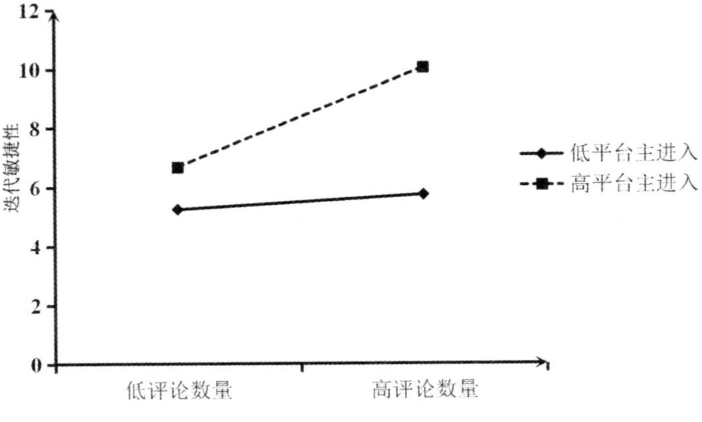

图 3-5　平台主推荐对在线评论数量对迭代敏捷性的调节作用

模型 7 的回归结果还表明，在线评论效价与平台主推荐交互项，对 APP 迭代敏捷性的回归系数为正且显著（$\beta=0.097$，$p<0.1$），同时，在线评论效价平方项与平台主推荐的交互项，对迭代敏捷性的回归系数为正且显著（$\beta=0.038$，$p<0.05$），这表明平台主推荐弱化了在线评论效价对迭代敏捷性的倒 U 型关系，假设 H3-6b 得到支持，在全模型 8 中，上述关系依然成立（$\beta=$

0.097，$p<0.1$；$\beta=0.037$，$p<0.1$）。进一步分析调节效应图 3-6 得出，相对于高平台主推荐，低平台主推荐时，在线评论效价对迭代敏捷性的倒 U 型作用更加明显，假设 H3-6b 得到进一步支持。

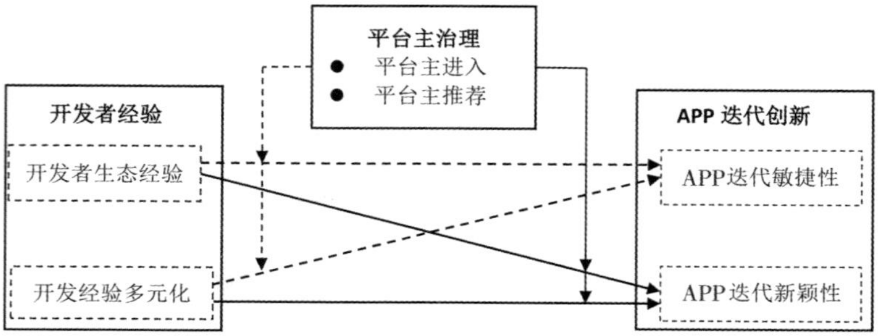

图 3-6　平台主推荐对在线评论效价与迭代敏捷性的调节作用

3.4.4　内生性问题与稳健性检验

本书用如下方法进行内生性检验。首先，关于自变量和因变量可能存在双向因果关系，本书测度的 APP 迭代创新指标均滞后一期，t+1 期 APP 迭代创新指标不会影响 t 期的在线评论数量和在线评论效价，因而可有效避免互为因果的情况。此外，本书进行了面板格兰杰因果关系检验，检验中根据 AIC 信息准则，将滞后阶数设置为 1。表 3-6 展示了格兰杰因果检验的卡方统计量及其对应的 P 值，检验结果表明，在线评论数量和在线评论效价均是 APP 迭代创新——迭代新颖性和迭代敏捷性的格兰杰原因，而迭代新颖性和迭代敏捷性并不是评论数量或评论效价的格兰杰原因，故本书研究模型不存在双向因果关系。

表 3-6　格兰杰因果检验

解释变量	解释变量				
	迭代新颖性	迭代敏捷性	评论数量	评论效价	评论效价平方
迭代新颖性	-	0.413	0.246	0.504	0.882
迭代敏捷性	4.736**	-	1.165	1.191	1.436
评论数量	2.571*	5.562**	-	0.139	0.288
评论效价	4.191**	4.566**	3.639*	-	1.886

续表

解释变量	解释变量				
	迭代新颖性	迭代敏捷性	评论数量	评论效价	评论效价平方
评论效价平方	3.646*	3.944***	3.195*	1.637	–

注：*$p<0.1$；**$p<0.05$；***$p<0.01$。格兰杰因果检验前，对各指标进行面板单位根检验，结果显示该组数据具有平稳性。

其次，面板数据虽然在一定程度上克服了遗漏变量（APP 个体差异）问题，但仍可能存在自变量与某些遗漏变量相关的问题。因此，按照，Ye、Kankanhalli（2020）[26]和杨洋等（2015）[224]提出的构造分组平均值作为工具变量的思路，本书使用同类型 APP 评论数量和评论效价的均值为工具变量，同时，借鉴陈强（2014）[67]所推荐的方法，采用 2SLS 回归进行内生性检验。根据表 3-7 结果显示，检验结果表明，2SLS 回归结果与固定效应回归结果基本一致，说明本书主要结论的稳健性。因此，排除了模型可能存在内生性的问题。

第三，内生性问题的产生还可能来自遗漏变量和测量误差等方面，本书采用了面板数据，在一定程度上克服了遗漏变量（APP 个体差异）问题。而且本书采用双向固定效应模型进行检验的同时，也进行了个体层面固定效应模型回归，回归结果如表 3-7 和 3-8 所示，结果与双向固定效应模型的回归结果一致，并没有明显变化。为进一步检验研究结论的稳健性，本书仅选择排名前 300 的 APP 数据进行回归检验，根据表 3-7 和 3-8 所示，回归结果与本书研究结论基本一致。

最后，为了检验在线评论效价与 APP 迭代新颖性和 APP 迭代敏捷性之间倒 U 型关系稳健性，本书采用国内外普遍接受的方法，将在线评论效价的三次项加入基本回归模型中[225]，验证在线评论效价与 APP 迭代新颖性和 APP 迭代敏捷性之间的倒 U 型关系是否严格存在。表 3-7 和 3-8 的回归结果显示，在线评论效价的三次项对 APP 迭代新颖性，以及 APP 迭代敏捷性的影响不显著（$\beta=0.002$，$p>0.1$；$\beta=-0.019$，$p>0.1$），而在线评论效价的一次项对 APP 迭代新颖性，以及 APP 迭代敏捷性的影响均显著为正（$\beta=7.843$，$p<0.05$；$\beta=6.009$，$p<0.1$），在线评论效价的二次项对 APP 迭代新颖性，以及 APP 迭代敏捷性的影响均显著为负（$\beta=-1.030$，$p<0.05$；$\beta=-0.765$，$p<0.1$）。上述结论说明在线评论效价与 APP 迭代新颖性和 APP 迭代敏捷性之间

存在严格的倒 U 型关系，模型具有稳健性。

表 3-7　APP 迭代新颖性的内生性和稳健性检验结果

变量	APP 迭代新颖性			
	非线性关系检验	个体固定效应	排名前 300	2SLS
自变量				
评论数量	0.127**	0.152***	0.221***	0.120**
评论效价	7.843**	6.236*	10.020**	6.367*
评论效价平方	-1.030**	-0.838*	-1.308**	-0.844*
评论效价三次方	0.002			
交互项				
评论数量 * 进入		-0.147*	-0.187*	-0.162*
评论效价 * 进入		0.229	0.197	0.208
评论效价平方 * 进入		0.045	0.037	0.029
评论数量 * 推荐		0.068	0.046	0.039
评论效价 * 推荐		0.398	0.465*	0.404**
评论效价平方 * 推荐		0.213*	0.286*	0.228*
调节变量				
平台主进入	-0.212	-0.257	-0.347	-0.289
平台主推荐	-0.023*	-0.040**	-0.046**	-0.042**
控制变量				
平台迭代	-4.775	-0.025	-1.932	0.181
开发者回复	0.255	0.320	0.259	0.273
迭代新颖性$_t$	0.019	0.016	0.035	0.019
迭代敏捷性$_t$	-0.332***	-0.339***	-0.356***	-0.334***
APP 年龄	-0.063	-0.403	0.991	9.542
APP 绩效	0.061	-0.025	0.062	0.042
时间效应	Yes		Yes	Yes
常数项	-17.591	-13.740	-15.440	——

续表

变量	APP 迭代新颖性			
	非线性关系检验	个体固定效应	排名前 300	2SLS
R^2	0.454	0.382	0.401	0.150
F 统计值	5.070***	4.391***	7.473***	8.014***
样本观测值	4458	4458	2869	4458

注：* $p < 0.1$；** $p < 0.05$；*** $p < 0.01$，在线评论数量缩写为评论数量，在线评论效价缩写为评论效价，平台主进入缩写为进入，平台主推荐缩写为推荐。

表 3-8　APP 迭代敏捷性的内生性和稳健性检验结果

变量	APP 迭代敏捷性			
	非线性关系检验	个体固定效应	排名前 300	2SLS
自变量				
评论数量	0.041**	0.054***	0.100***	0.044**
评论效价	6.009*	2.908***	3.472**	2.969**
评论效价平方	-0.765*	-0.414***	-0.490**	-0.418***
评论效价三次方	-0.019			
交互项				
评论数量 * 进入		-0.035	-0.054*	-0.041*
评论效价 * 进入		-0.113*	-0.077	-0.120*
评论效价平方 * 进入		-0.033**	-0.031*	-0.039*
评论数量 * 推荐		0.078*	0.089**	0.069*
评论效价 * 推荐		0.095	0.123*	0.098*
评论效价平方 * 推荐		0.034*	0.020	0.040
调节变量				
平台主进入	-0.143	-0.135*	-0.084	-0.164**

续表

变量	APP 迭代敏捷性			
	非线性关系检验	个体固定效应	排名前 300	2SLS
平台主推荐	-0.002	-0.008	-0.007	-0.008*
控制变量				
平台迭代	1.058	0.001	0.110	0.118
开发者回复	-0.004	0.017	0.015	-0.001
迭代新颖性$_t$	-0.005	-0.006	0.006	-0.005
迭代敏捷性$_t$	-0.055***	-0.063**	-0.082***	-0.058**
APP 年龄	2.902	0.913	-1.482	3.290
APP 绩效	0.048	0.029	0.077*	0.048*
时间效应	Yes		Yes	Yes
常数项	-8.772	-2.742	-6.066	——
R^2	0.449	0.429	0.441	0.162
F 统计值	5.671***	5.520***	8.771***	9.457***
样本观测值	4458	4458	2869	4458

注：$^{*}p<0.1$；$^{**}p<0.05$；$^{***}p<0.01$，在线评论数量缩写为评论数量，在线评论效价缩写为评论效价，平台主进入缩写为进入，平台主推荐缩写为推荐。

3.5 研究结论与讨论

本节基于用户参与视角，将用户在线评论数量和在线评论效价作为 APP 迭代创新的前因，从用户层面，结合资源依赖理论和信号理论，阐述用户反馈信息对于 APP 迭代创新的影响机制，并探讨了平台主进入和平台主推荐，对在线评论数量和在线评论效价与 APP 迭代创新之间关系的影响，通过实证研究，得出以下三要结论：

第一，在线评论数量对APP迭代创新的直接影响。本书研究结论表明在线评论数量会促进APP迭代新颖性和迭代敏捷性。Chen等（2014）[165]研究指出，APP市场上，大部分在线评论通常包含关于用户需求，APP功能缺陷和性能不足等改进信息。因而在线评论数量的增加，意味着用户传递的需求和改进信息量增多，且APP需要改进的信号强。一方面，基于资源依赖理论，增加的用户需求和改进信息，增强了开发者对外部用户需求的深刻理解和感知，降低信息不对称，有助于提高APP迭代创新的差异化和程度[35]，并减少开发者通过其他途径探索用户需求的活动，提高创新效率。另一方面，依据信号理论，APP需要改进的信号的增强，增加开发者对该APP，及相关用户需求和改进信息的关注度[28]，进而提升对APP快速改进的意愿。Gruner和Homburg（2000）[226]，Chang和Taylor（2016）[43]，Carbonell等（2009）[56]，肖静华等（2018）[15]，解学梅和王丽君（2019）[35]和陶晓波等（2019）[227]的研究也表明，用户作为组织创新的重要外部资源，其提供的反馈信息和相关产品数据，能够有效促进组织产品创新。特别地，本书的部分研究结论同Ye等（2017）[28]一致，即在线评论数量对APP迭代创新具有积极的作用，不同的是，上述研究聚焦单一维度APP迭代创新，而本书细化了APP迭代创新，分别验证在线评论数量对APP迭代新颖性和迭代敏捷性的影响，补充了Ye等（2017）[28]的研究。

第二，在线评论效价对APP迭代创新的直接影响。本书研究发现在线评论效价对APP迭代新颖性和迭代敏捷性均存在倒U型影响。在线评论效价反映了用户对产品的整体满意度，以往研究多强调在线评论效价对吸引潜在用户和产品创新的积极影响，特别地，Ye等（2017）[28]聚焦于APP市场，发现用户在线评论效价显著促进了APP迭代创新。不同的是，本书研究结论表明了在线评论效价对APP迭代创新的非线性影响，揭示了在线评论效价过高的负面作用。主要的原因是，在线评论效价的增加会传递出APP质量高，和用户满意度水平提升等信息。这些信息作为APP迭代创新的价值创造成效的积极信号，增强了开发者提高APP迭代创新的意愿[28]，鼓励开发者持续创新[215]，但随着在线评论效价进一步的提升，易导致开发者满足于APP迭代创新的价值创造成效的积极信号，依靠高评分吸引新用户，减少对现有APP的创新投入，同时，过高评分意味着用户反馈的需要改进信息减少，开发者依靠评论所获取的用户需求信息受到限制[217]，阻碍APP迭代创新的提升。上述结论补充了在线评论效价对APP迭代创新影响的相关研究。

第三，验证了平台主进入对在线评论数量、在线评论效价与APP迭代创新间关系的调节作用。首先，实证研究结果表明，平台主进入削弱在线评论数量对APP迭代新颖性的促进作用，但对在线评论数量对APP迭代敏捷性的关系没有显著作用。可能的原因在于，平台主进入所导致的竞争压力加强和创新被盗用的风险增大，降低开发者提供更具新颖性创新的动力，弱化开发者利用自身在线评论信息提升APP迭代新颖性的意愿，但为保持APP的活跃度，APP仍需要保持一定的更新频率，因而，平台主进入对在线评论数量与APP迭代敏捷性关系没有作用。其次，平台主进入增强了在线评论效价对APP迭代敏捷性的倒U型作用，但对在线评论效价与APP迭代新颖性的关系没有显著作用。

第四，验证了平台主进推荐对在线评论数量、在线评论效价与APP迭代创新间关系的调节作用。平台主推荐增强在线评论数量对APP迭代敏捷性的促进作用，但对在线评论数量与APP迭代新颖性的关系没有显著影响。可能原因是随着平台主推荐水平的提升，高可见性增强在线评论数量所传递的APP需要改进的信号，这将进一步提高开发者对改进需求的关注，加快创新，即时满足更多用户的需求。但平台主推荐高，表明APP质量高且优势突出，进一步提升迭代新颖性的空间有限，因而平台主推荐所带来的APP可见性的提升，并不能促进在线评论向APP迭代新颖性的转化。此外，研究还发现，平台主推荐削弱在线评论效价对APP迭代新颖性，以及APP迭代敏捷性的倒U型作用。当平台主推荐水平高时，开发者对现有APP的创新努力和创新方向得到平台编辑的持续认可，这种认可替代适度在线评论效价增长的积极信号，弱化了适度在线评论效价增长对APP迭代创新的促进作用，随着平台主推荐水平的进一步提升，高用户关注度弱化了开发者对高在线评论效价所传递的信息依赖，减少了其对APP迭代创新的负面影响。

3.6 本章小结

本研究基于APP月度平衡面板数据，运用双向固定效应回归模型，实证分析得出在线评论对APP迭代创新的影响：在线评论数量促进APP的迭代新颖性和迭代敏捷性，且平台主进入削弱了在线评论数量对迭代新颖性的促进作用，平台主推荐增强了在线评论数量对迭代敏捷性的促进作用。此外，在线评论效价与 APP 的迭代新颖性和迭代敏捷性均存在倒 U 型关系，即适度在线评论效价促进迭代新颖性和迭代敏捷性；但过高的在线评论效价抑制迭代新颖性和迭代敏捷性。此外，平台主推荐削弱了在线评论效价对 APP 迭代新颖性和敏捷性的倒 U 型关系，而平台主进入增强了在线评论效价对 APP 迭代敏捷性的倒 U 型作用，但对在线评论效价与 APP 迭代新颖性的倒 U 型关系没有调节作用。

第4章 开发者经验与APP迭代创新：平台主治理的情境价值

第3章基于用户参与角度分析了APP迭代创新的形成机制，本章将转换视角，从组织学习角度，继续围绕子问题一“APP迭代创新的驱动因素及其作用机制”探索开发者经验对APP迭代创新的影响。具体地讲，现有研究强调了平台生态系统中互补者经验的异质性和行为的能动性，本章将开发者经验分为生态经验和开发经验多元化，并从平台主治理视角引入情境变量——平台主进入和平台主推荐，分析开发者经验对APP迭代创新的作用机制。运用多元回归分析模型，检验开发者生态经验、开发经验多元化与APP迭代创新的关系，以及平台主进入和平台主推荐对上述关系的调节效应。

4.1 导言

近年来，APP产业迅猛发展的同时，市场竞争也越发激烈。在这样高度不确定的环境中，持续迭代创新成为APP存活和维持竞争优势的必然选择，如何整合资源，有效提升APP迭代创新，以吸引消费者的持续关注和参与，是APP开发者面临的重要战略性问题。从经验学习角度看，产品创新的成功通常受到企业先前经验基础的影响[18]，因为丰富的先前经验，能够形成可持续的创新知识储备，增强创新能力[228]。已有研究指出，产品开发经验越丰富的企业，越能创造出质量更高、创新性更强的新产品；但现有研究的对象主要是传统行业，对于数字产业背景下，APP这类数字产品，开发者的先前运营和开发经验如何影响现有APP迭代创新仍然不清楚。

实际上，APP的产品特性不同于一般消费品。成长特性使得APP需要根据用户需求变化实现实时联动，即时对功能和形态做出调整，开发者必须了解如何设计APP，以不断发布其现有应用程序的更新版本[14]。APP发展处于一种创业环境中，这种创业环境使得APP开发更加依赖于事前的战略规划，因而其竞争和学习的优势不仅来自用户的反馈[32]，还要受到开发者已有产品开发和运营经验影响[23]。此外，APP行业包含多个应用程序类别，创新障碍的减少使得开发者可以尝试更多类型APP的开发和运营。这些丰富的产品经验是否能促进开发者对现有APP的创新，尚需进一步研究。

APP迭代创新相关研究中，现有文献从平台边界资源、平台主治理机制和用户信息等方面探索了APP迭代创新的影响因素，对于开发者自身运营和开发经验影响APP迭代创新的作用机制，还缺乏较深入的研究和明确的实证结论。首先，开发者经验包含不同类型，即生态经验和开发经验多元化，前者聚焦于开发者在平台生态系统中获取的经验，后者表征了开发者已开发APP类型的多样化程度[23]，二者可以给开发者带来不同特质的创新知识。这两个维度能否都显著影响APP迭代创新，不同维度对APP迭代创新的影响又是否存在差异，从现有文献中尚难得出上述问题的准确结论，其次，作为平台生态系统的关键行动者，开发者与平台主共同为用户创造价值。一方面，为满足异质性的用户需求并刺激间接网络效应，平台主通常会利用内外部资源，鼓励开发者创新[112]，如平台主推荐。另一方面，开发者也面临着平台企业的竞争风险。为获取更大的利润和价值，平台主会提供与开发者相同的产品，侵占开发者的市场，即平台主进入[14]。平台主进入会给开发者带来直接的竞争[199]。已有研究指出，平台主进入和平台主推荐所创造的竞争或合作关系，会改变开发者的创新环境，进而影响开发者将现有知识和能力转化为创新成果的进程和积极性[229]。然而，平台主进入和平台主推荐在开发者生态经验和开发经验多元化与APP迭代创新的关系之间，具体发挥了怎样的效应？现有研究亦没有提供明确的实证研究结论。

针对现有研究的不足，本书试图揭示开发者生态经验和开发经验多元化与APP迭代创新（迭代新颖性和迭代敏捷性）的影响关系，并从平台主治理的视角，探索平台主进入和平台主推荐，对于经验与APP迭代创新的调节效应，以期阐明APP迭代创新的影响机理。与以往研究相比，本书的贡献主要表现为：（1）从开发者角度，基于组织学习理论，从经验学习的视角，将开发者经验作为影响因素引入对APP迭代创新的研究中，拓展了APP迭代创新的影响因素，研究结果验证了开发者生态经验和开发经验多元化对APP迭代创新的影响；（2）本书深化了开发者经验对APP迭代创新的驱动机理，揭示了平台主进入和平台主推荐，在开发者经验与APP迭代创新关系中的情境价值，促进了平台主治理与开发者之间关系的研究，丰富了影响 APP 迭代创新的作用机制。

4.2 研究假设

4.2.1 开发者生态经验与 APP 迭代创新

生态经验是指开发者在平台生态系统生存的时长，反映开发者在平台生态系统中获得经验的程度[45]。已有研究指出，经验和知识的积累是组织创新的必备资源。依据经验学习视角，开发者通过在平台生态中的学习，积累多种知识资源，促进创新能力，形成竞争优势，进而影响 APP 迭代创新[45]。

4.2.1.1 开发者生态经验与 APP 迭代新颖性

开发者生态经验能够促进 APP 迭代新颖性，主要表现在以下方面：第一，生态经验多的开发者容易获取更多平台系统的相关知识，减少开发者创新障碍，促进新灵感的开发与创新实现。平台生态系统具有一定的复杂性，如其技术架构的快速升级与更新，使 APP 不断有新的要求和条件需要适应。开发者为使 APP 适配新的系统，投入较多的精力和资源调整 APP，给开发者探索新的创新机会和实现创新灵感造成一定的障碍[230]。而从经验学习的角度来看，随着生态经验的增加，开发者对平台生态系统的适应性增强，将提升开发者的资源整合和创新能力，降低平台生态系统复杂性多带来的不利影响，进而促进开发者推出更丰富，多样且具有新颖性的创新成果。

第二，生态经验多的开发者更容易积累大量的用户资源，掌握用户需求，形成竞争优势，有利于开发者根据用户信息，获取和识别具有新颖性的创新灵感与创新机会，进而增强其迭代新颖性能力。具体而言，一方面，生态经验多的开发者，意味着其进入平台生态系统进行产品开发和运营的时间较早，而早进入市场使开发者先接触并抢占用户资源，依据网络效应形成一定的用户规模，进一步随着运营时长的增加，早期的用户规模优势比较容易积累到后期[65]。在创新过程中，用户被认为可以为组织创新提供有价值的信息资源和创意设计，是具有创新性的个体或群体[231,232]。因此，随着生态经验增加，丰富的用户资源使开发者能够对用户的异质性需求进行精准的分析和预测，并为其获取和识别具有新颖性的创新灵感与机会提供有利条件[15]。另一方面，生态经验的积累，有利于开发者在运营过程中摸清用户消费心理和习惯。而对用户需求的深刻理解和感知，有助于提高创新的差异化和创新的程度[35]。综上所述，本书提出如下假设：

H4-1a 开发者生态经验促进 APP 迭代新颖性。

4.2.1.2　开发者生态经验与 APP 迭代敏捷性

本书认为开发者生态经验促进了 APP 迭代敏捷性，主要通过以下两种方式：

第一，生态经验多的开发者容易获取更多平台系统的相关知识，提高开发者创新效率，缩短 APP 迭代创新周期，降低开发者创新成本。一方面，随着生态经验的增多，开发者应对平台复杂性，消化平台系统知识的能力逐渐提升，使得开发者能加快问题解决的速率，快速调整 APP，适应平台系统，进而缩短 APP 迭代创新周期，提高创新频率。另一方面，平台生态系统中，维持高的创新绩效需要开发者在生态中持续搜寻创新资源和识别创新机会，以促进自身产品的快速迭代[45]。而生态经验的增加意味着对生态系统的熟悉程度加深，能提升开发者创新搜寻过程的效率，并降低开发者持续创新的成本[233]，进而加快 APP 迭代创新，提升其迭代敏捷性。

第二，生态经验多的开发者越容易积累大量用户及用户反馈信息，这为开发者更快、更早、更准确地发现用户需求，及时推出创新成果提供有利条件[7]。平台的生态系统中，存在着大量的技术相互依赖性，且用户需求存在高度的动态性，使得开发者面临着较大的创新不确定性。而随着生态经历的增加，开发者所积累的大量用户使用和体验信息将有助于提升其创新意愿，加快创新成果产出速率，从而提高 APP 迭代敏捷性。综上所述，本书提出如下假设：

H4-1b 开发者生态经验促进 APP 迭代敏捷性。

4.2.2　开发经验多元化与 APP 迭代创新

4.2.2.1　开发经验多元化与 APP 迭代新颖性

本书认为，开发经验多元化对 APP 迭代创新的影响具有两面性：一方面，低水平的开发经验多元化阻碍 APP 迭代新颖性；另一方面，高水平的开发经验多元化促进了 APP 迭代新颖性。

开发经验多元化的增加意味着开发者精力分散，易形成资源和能力约束，进而阻碍APP迭代新颖性。第一，开发经验多元化的增加反映了开发者在不同类型和领域的APP开发经验的增长，较低水平的经验多元化，表明开发者在实施多元化战略的初期，异质性经验的增长有限，且这些不同领域的开发经验难以直接用于特定类型APP的迭代创新，进而产生能力约束，限制了开发者对现有APP迭代的质量。第二，开发经验多元化的增加，反映了开发者将创新精力和资源分散在多个不同类型的APP中，易形成资源约束[234]，导致现有APP难以得到充足的关注和创新资源的支持，信息和资源的减少，抑制了多样化创新成果的产生，进而不利于现有APP迭代新颖性的提升。

然而，高水平的开发经验多元化为开发者带来更多的异质性的资源，有助于开发者提升迭代新颖性的能力，并快速获取创新灵感和识别创新机会，进而促进了APP迭代新颖性。具体而言，首先，开发经验多元化水平高的开发者通常在创新资源和创新能力上具有较强的优势，且资源整合和利用能力强。因而，当开发经验多元化水平很高时，开发者能积累更多不同类型产品的资源，获取不同用户群体的需求信息，并有效整合和吸收不同类型的资源和信息，利用探索式学习，形成以完全不同的方式解决现有产品问题的能力，从而促进更有价值且多样化的创新的产生[235]，有利于APP迭代新颖性的提升；其次，异质性资源和信息的获取，增强了开发者横向思维能力，能帮助开发者识别更多新的机会，及时发现未被满足的用户需求，以及新的商业模式，或是技术架构[236]，从而有利于开发者创造出更具创新力的功能和服务。综上所述，本书提出如下假设：

H4-2a 开发经验多元化对APP迭代新颖性有U型作用。

4.2.2.2 开发经验多元化与APP迭代敏捷性

本书认为，开发者开发经验多元化对APP迭代敏捷性的影响具有两面性：一方面，低水平的开发经验多元化阻碍APP迭代敏捷性；另一方面，高水平的开发经验多元化促进了APP迭代敏捷性。

低水平的开发经验多元化阻碍APP迭代敏捷性。如前所述，开发经验多元化的增加易导致开发者精力分散，且在不同领域积累的经验难以被迅速转化和投入特定APP的创新迭代中，对开发者的创新资源和能力造成一定的约束，因而，阻碍了开发者对现有APP迭代创新效率，降低了开发者对用户真实需求及时反馈的速度，不利于APP迭代敏捷性的提升。

高水平的开发经验多元化促进了APP迭代敏捷性。开发经验多元化过高时，开发者所获取的不同领域的APP的经验，包含了更丰富的异质性的资源和用户信息，有利于开发者及时获取更广泛的用户需求，快速捕捉创新机会和创新灵感，并将其迅速转化为创新成果，为加快APP迭代创新效率提供有利条件，进而促进APP快速迭代能力的形成，提高APP迭代敏捷性。综上所述，本书提出如下假设：

H4-2b 开发经验多元化对APP迭代敏捷性有U型作用。

4.2.3　平台主进入的调节作用

平台主进入指许多平台主会模仿现有互补者，以类似的产品进入互补者的产品空间，获取利润并维持平台主对生态系统的控制权[49]。APP市场上的平台主，如：苹果和谷歌，也会模仿现有APP，开发同类型APP，参与开发者市场，进行价值获取。这些举措使得平台主成为APP开发者的直接竞争对手，并威胁同类型APP的生存和发展，进而影响开发者的创新行为[12]。本书将探讨平台主进入对经验与APP迭代创新关系的影响。

4.2.3.1　平台主进入：对开发者生态经验与APP迭代创新的调节作用

平台主进入会削弱生态经验对APP迭代新颖性的促进作用。

其一，平台主进入所带来的关注和知识溢出效应，对开发者依靠生态经验获取创新资源起到一定的替代作用。一方面，关注溢出效应表明平台主进入该APP领域，会增加用户对同类型APP的关注度，增加同类型APP开发者获取更大范围的用户反馈信息的机会[12]，减少开发者对已积累用户资源的依赖，弱化了生态经验丰富所带来的用户资源优势，进而降低生态经验对APP迭代新颖性和敏捷性的促进作用。另一方面，平台主连接多方交易，掌握大量的技术资源和信息，且由于相似的技术基础，一旦平台推出新的功能或内容，这些知识很容易被开发者吸收利用[220]。因而，平台主进入程度较高时，产生较高的知识溢出，开发者可通过对平台产品的分析，获取相关产品开发经验，应对生态复杂性带来的创新障碍，进而降低对开发者自身生态经验的依赖，弱化了生态经验对APP迭代创新的积极作用。

其二，平台主进入增加APP迭代创新成果被模仿的风险，弱化了开发者利用生态经验的竞争优势，降低其加快APP迭代创新，提供更具价值创新的意愿。平台主通常选择模仿高绩效的互补者，进入与其相同的产品市场领域，进行价值捕获。随着平台主进入程度的加深，意味着平台对该类型APP关注度增加，生态经验丰富的开发者的创新存在更大的被模仿和盗用的风险。且由于平台主的声誉优势和资源优势，用户更倾向于选择和信任平台主提供的互补品，开发者创新不确定性增加，使得开发者利用自身生态经验和资源进行搜寻创新资源和实现创新灵感的成本增加，降低开发者提升 APP 迭代新颖性和迭代敏捷性的动力，进而弱化生态经验对 APP 迭代创新的积极作用。综上所述，本书提出如下假设：

H4-3a 平台主进入削弱开发者生态经验对 APP 迭代新颖性的促进作用。

H4-3b 平台主进入削弱开发者生态经验对 APP 迭代敏捷性的促进作用。

4.2.3.2 平台主进入：对开发经验多元化与 APP 迭代创新的调节作用

平台主进入会弱化开发经验多元化对 APP 迭代创新的阻碍作用。第一，平台主进入所带来的积极的用户关注和知识溢出，为开发者提供了更多的创新资源和创新机会，缓解了开发者扩展经验多元化所造成的资源和能力约束，提高了开发者对 APP 迭代创新的效率，进而弱化开发经验多元化对 APP 迭代创新的阻碍作用。第二，平台主进入会带来较强的竞争压力，迫使开发者增强对同类型 APP 的关注度，削弱开发者因经验多元化增加而造成的精力和资源分散，增强了开发者进行 APP 迭代创新的意愿，进而减少开发经验多元化对 APP 迭代创新的阻碍作用。

此外，平台主进入程度增强，会限制经验多元化对 APP 迭代创新的促进作用。第一，平台主进入所带来的积极的用户关注和知识溢出，降低了开发者通过经验多元化搜寻和获取创新资源的依赖。由于平台主和开发者所运营 APP 类型的同质性，用户需求和技术基础相似，平台主进入为该类型市场带来的创新资源和机会具有一定的特殊性，这些特定应用知识容易被开发者迅速吸收和转化，提高自身 APP 迭代创新的效率和质量。因此，平台主进入对开发者依靠提升开发经验多元化获取更多有效创新资源具有替代作用，从而弱化开发者开发经验多元化对 APP 迭代创新的积极影响。第二，平台主进入程度高，会挤压同类型 APP 开发者在该市场的利润空间，降低开发者的价值捕获能力。利润空间的缩小，弱化了拥有高开发经验多元化的开发者对同类型 APP 的创新动力。开发者更倾向于将资源投入其他类型 APP 的开发和运营中，拓展新的应用市场和利润空间，从而减少对竞争强度过大的 APP 迭代创新的投入。综上所述，本书提出如下假设：

H4-4a 平台主进入削弱开发经验多元化对 APP 迭代新颖性的 U 型作用。

H4-4b 平台主进入削弱开发经验多元化对 APP 迭代敏捷性的 U 型作用。

4. 2. 4　平台主推荐的调节作用

平台主推荐具有创造高用户关注度和质量认证的作用，这些作用改变了开发者所处的创新环境，影响开发者的创新资源获取和利用，因而可能影响开发者生态经验和开发经验多元化对 APP 迭代创新的关系。本书将探讨平台主推荐对开发者经验与 APP 迭代创新关系的影响。

4. 2. 4. 1　平台主推荐：对开发者生态经验与 APP 迭代创新的调节作用

平台主推荐会增强生态经验对 APP 迭代创新的促进作用。首先，平台主推荐增强该 APP 被用户关注的可能性，提高了 APP 可见性，进而增强了开发者对已有资源和知识的主动利用、挖掘和转化。开发者通过长期的生态经验积累丰富的信息和资源，但不必然产生创新，开发者还需要消化和处理信息的创新能力和努力的支持，才能将丰富生态经历的价值体现出来。而平台主推荐所带来的产品曝光度，导致 APP 可见性提升，使得 APP 迭代创新成果被更多用户观察到的可能性越高。高可见性增强开发者针对该 APP 的创新动力[50]，促进开发者对已有生态经验的学习和利用，加快了生态经验转化为创新知识和能力的过程，使开发者更加高效地推出创新成果。因此，平台主推荐所带来的高关注度可能提高开发者生态经验转化成创新成果的效率，进而影响生态经验与 APP 迭代新颖性和敏捷性的关系。

其次，随着平台主推荐天数的增加，意味着平台编辑对现有 APP 质量和创新设计的认可[23]，这种认可可能增强开发者创新信心，鼓励开发者持续改进 APP，从而影响生态经历转化为创新成果的效率。综上所述，本书提出如下假设：

H4-5a 平台主推荐增强开发者生态经验对 APP 迭代新颖性的促进作用。

H4-5b 平台主推荐增强开发者生态经验对 APP 迭代敏捷性的促进作用。

4. 2. 4. 2　平台主推荐：对开发经验多元化与 APP 迭代创新的调节作用

平台主推荐会增强较低水平开发经验多元化对 APP 迭代创新的消极作用。具体而言，开发经验多元化水平较低时，开发者难以获得丰富的异质性资源，且具有一定的能力和资源约束。随着平台主推荐的增高，APP 曝光度和关注度提升，APP 的运营和创新需求增大，而低水平开发经验多元化的开发者难以有效整合创新资源面对不断出现的新问题，其能力和资源约束将被放大，进而降低 APP 迭代创新的效率。因此，平台主推荐的增高，会增强较低水平下，开发经验多元化对 APP 迭代创新的阻碍作用。

平台主推荐会增强较高水平开发经验多元化对 APP 迭代创新的积极作用。一方面，平台主推荐所带来的高 APP 可见性，提升开发者对现有 APP 的关注度，增强开发者的对异质性资源的整合和利用。开发经验多元化高的开发者，可以触及更多丰富且具有差异化的创新资源和知识，但由于开发者资源的有限性和创新能力的限制，开发者不可能将所有异质性信息和资源加以应用[237]，投入现有 APP 迭代创新中。而平台主推荐水平高的情景下，持续的高用户关注度迫使开发者将创新资源和精力集中于现有 APP 的迭代创新，并从大量的异质性创新资源中快速甄别出对创新有价值的信息和新知识，提高创新效率，以满足更多用户的需求，提升用户留存率。可见，平台主推荐能促进经验多元化高的开发者对异质性资源的学习和利用，加快因多元化而积累的开发经验转化为创新成果的过程，从而增强开发经验多元化对 APP 迭代创新的影响。另一方面，如前所述，平台主推荐体现了平台编辑对 APP 质量的认可[23]，进而提升开发者对现有 APP 的创新信心和动力，提升较高开发经验多样化水平下，开发者将多元化经验转化为创新成果的效率。综上，本书做出如下假设：

H4-6a 平台主推荐增强开发经验多元化对 APP 迭代新颖性的 U 型作用。

H4-6b 平台主推荐增强开发经验多元化对 APP 迭代敏捷性的 U 型作用。

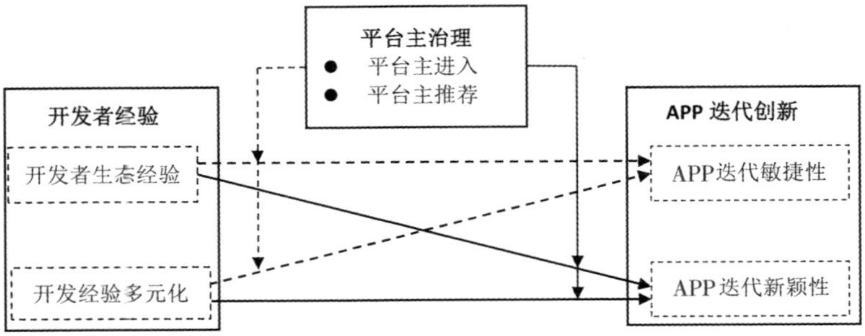

图 4-1 研究模型

表 4-1 假设汇总

假设编号	假设内容	假设符号
H4-1a	开发者生态经验促进 APP 迭代新颖性。	+
H4-1b	开发者生态经验促进 APP 迭代敏捷性。	+

续表

假设编号	假设内容	假设符号
H4-2a	开发经验多元化对 APP 迭代新颖性有 U 型作用。	-/+
H4-2b	开发经验多元化对 APP 迭代敏捷性有 U 型作用。	-/+
H4-3a	平台主进入削弱开发者生态经验对 APP 迭代新颖性的促进作用。	-
H4-3b	平台主进入削弱开发者生态经验对 APP 迭代敏捷性的促进作用。	-
H4-4a	平台主进入削弱开发经验多元化对 APP 迭代新颖性的 U 型作用。	-
H4-4b	平台主进入削弱开发经验多元化对 APP 迭代敏捷性的 U 型作用。	-
H4-5a	平台主推荐增强开发者生态经验对 APP 迭代新颖性的促进作用。	+
H4-5b	平台主推荐增强开发者生态经验对 APP 迭代敏捷性的促进作用。	+
H4-6a	平台主推荐增强开发经验多元化对 APP 迭代新颖性的 U 型作用。	+
H4-6b	平台主推荐增强开发经验多元化对 APP 迭代敏捷性的 U 型作用。	+

4.3 研究设计

4.3.1 数据来源和样本

本章通过 1.4.2.2 小节中，第一次从第三方移动数据监测机构七麦数据平台上收集的 2018 年 12 月-2019 年 12 月的 APP 数据，获取并整理了本章所需的 APP 应用信息以及 APP 开发者的相关信息，主要包含以下部分：(1) 截至样本研究期间，APP 开发者已开发产品数量和类型；(2) APP 开发者在平台上发布第一款应用的时间；(3) 新版本发布时间，版本号及更新内容；(4) 用户在线评论数量和评分、开发者评论回复数量；(5) iOS 平台推荐记录；(6) Apple 在样本期间已开发 APP 及其应用信息；(7) 平台系统更新信息。样本处理时，删除研究期间下架、相关变量信息和数据缺失的样本，并对所有连续变量进行 1%缩尾处理。最终，获得由 374 个 APP 的月度数据构成的平衡面板数据。数据平台的具体介绍以及数据收集过程可见 1.4.2.2 小节。

4.3.2 变量测量

4.3.2.1 因变量

迭代新颖性。参考已有文献 Ye 和 Kankanhalli（2020）[26]，本书采用 APP 每月不同版本具体内容更新数量来测量 APP 迭代新颖性。APP 的每个新版本都会有新的优化、新功能或新内容等更改。删除漏洞修复、问题修复和错误修正等创新性较弱的更改，本书计算了每个 APP 新版本中更新新功能、新内容和优化的数量，更改数量越多，则迭代新颖性越强。

迭代敏捷性。迭代敏捷性体现了迭代创新的速度和频率[221]。借鉴现有文献[26]，本书采用 APP 每月版本更新次数来测量 APP 迭代敏捷性，每一次版本更新都反映了 APP 一定程度上的创新，且版本更新次数越多，迭代敏捷性越高。考虑到可能存在内生性问题，本书采用滞后一期，即 t+1 期的 APP 迭代新颖性和迭代新颖性敏捷性作为因变量。

4.3.2.2 自变量

生态经验。开发者生态经验，采用开发者在平台生态系统中获取经验的总的时长来衡量。具体借鉴[45]的研究，以开发者在平台发布第一个 APP 的时间（进入月份）与观察月相差的实际月份数进行测量，时间越长，开发者的生态经验越丰富。

开发经验多元化。开发经验多元化体现了该 APP 开发者已开发产品的多元化程度，反映开发者已有的开发和运营经验基础。本书借鉴[239]的研究，采用 Herfi-ndahl index 公式计算开发者开发经验多元化的程度，这一度量既考虑了开发者已开发应用的数量，也考虑了每个类型应用占开发者总应用数的比重，具体计算如下：

$$PB = 1 - \sum_{j=1}^{n} \left(\frac{P_{ij}}{P_i}\right)^2 \tag{4-1}$$

其中，n 表示开发者截至当月已开发的 APP 类型数；j 表示第 j 种类型的 APP；P_{ij} 表示 i 开发者所开发的 j 类型 APP 的数量，P_i 表示 i 开发者已开发的 APP 总数。

4.3.2.3 调节变量

平台主进入。本书采用平台当月还在运营的同类型 APP 数量，衡量平台主进入该类型 APP 的程度。该测量反映了开发者面临的平台竞争压力程度。

平台主推荐。借鉴已有研究，本书使用平台主在一个月内推荐该 APP 的天数来衡量平台主推荐程度。平台主推荐不仅可以帮助用户克服应用发现和评估的困难，还可以帮助开发者识别不同 APP 的潜在用户，从而实现个体层面的定向营销。

4.3.2.4　控制变量

借鉴已有研究，本书从 APP、开发者和平台三个层面[42]，控制了以下可能影响 APP 迭代创新的因素。APP 特征层面，控制了 APP 年龄，即 APP 从首次在平台发布，截至样本研究期间的月份数；APP 在线评论数量和 APP 在线评论效价，以及 APP 先前的迭代创新，即先前的迭代敏捷性和迭代新颖性。开发者层面，包括开发者回复，即 APP 开发者对在线用户网络评论意见的回复比率；平台层面，主要控制了平台迭代，即 iOS 平台系统更新次数。

4.4　实证检验

4.4.1　相关系数检验

表 4-2　相关性分析

变量	均值	标准差	1	2	3	4	5
1. 迭代敏捷性$_{t+1}$	1.723	1.451	1.000				
2. 迭代新颖性$_{t+1}$	4.276	4.614	0.416***	1.000			
3. 生态经验	72.150	29.480	0.046***	0.009	1.000		
4. 开发经验多元化	0.267	0.323	0.005	0.014	0.446***	1.000	
5. 平台主进入	4.705	4.961	-0.015	0.053***	0.023*	0.101***	1.000
6. 平台主推荐	4.017	9.609	0.072***	0.078***	0.121***	0.040***	-0.030**
7. 在线评论数量	1022	5837	0.073***	0.046***	-0.016	0.019	0.041***
8. 在线评论效价	4.509	0.520	0.073***	0.062***	-0.054***	-0.004	-0.080***
9. 平台迭代	1.846	1.231	0.042***	-0.001	0.058***	-0.000	0.023*

续表

变量	均值	标准差	1	2	3	4	5
10. 开发者回复	0.134	0.253	0.023	0.035**	0.001	0.019	0.013
11. 迭代新颖性$_t$	4.293	4.631	0.286***	0.292***	−0.018	−0.039***	0.077***
12. 迭代敏捷性$_t$	1.725	1.449	0.444***	0.138***	0.040***	0.006	−0.013
13. APP 年龄	56.310	28.930	0.125***	0.033**	0.689***	0.109***	−0.041***
变量	6	7	8	9	10	11	12
6. 平台主推荐	1.000						
7. 在线评论数量	−0.019	1.000					
8. 在线评论效价	0.037***	0.024*	1.000				
9. 平台迭代	0.019	−0.033**	0.009	1.000			
10. 开发者回复	0.107***	−0.079***	−0.026*	−0.004	1.000		
11. 迭代新颖性$_t$	0.085***	0.029**	0.049***	0.040***	0.056***	1.000	
12. 迭代敏捷性$_t$	0.076***	0.074***	0.073***	0.054***	0.025*	0.703***	1.000
13. APP 年龄	0.057***	0.038***	0.039**	0.060***	−0.057***	0.047***	0.119***

注：* $p<0.1$；** $p<0.05$；** $p<0.01$，N=374。

表 4-2 是各变量均值、标准差及 Pearson 相关系数的统计分析结果。表 4-2表明，解释变量（生态经验和开发经验多元化）分别与 APP 迭代敏捷性和迭代新颖性显著相关，表明本书变量选取合理。此外，所有变量间相关系数均未超过 0.7 的临界值，且方差膨胀因子（VIF）均低于 2.581，小于 10，这说明本书不存在多重共线性问题。

4.4.2 回归模型检验

首先，对研究开发者经验与 APP 迭代创新关系的基本模型进行 Chow 检验，结果表明，F 统计量的值均大于临界值，因而模型的截距项随时间和个体而变化，固定效应模型优于混合效应模型（Prob>F=0.000），且个体和时间双向固定效应模型更优，检验结果见表 4-3；接下来依次对所有模型进行 Hausman 检验，根据表 4-3 和 4-4 中的结果显示，模型 1-8 的解释变量和非观测的个体效应之间是相关的（Prob>chi2=0.000），即固定效应模型优于随机效应模型。因此，本书采用双向固定效应模型对模型 1-8 进行回归分析，即同时控制个体固定效应和时间趋势的影响。

表 4-3　Chow 检验的 F 统计量

因变量	受约束模型	F 统计量的值	临界值	结果
迭代新颖性	时点固定	7.676	2.254	拒绝原假设 H0：pool 模型
	个体固定	4.060	1.188	拒绝原假设 H0：pool 模型
	个体和时点双固定	4.210	1.185	拒绝原假设 H0：pool 模型
迭代敏捷性	时点固定	14.244	2.254	拒绝原假设 H0：pool 模型
	个体固定	5.941	1.188	拒绝原假设 H0：pool 模型
	个体和时点双固定	6.310	1.185	拒绝原假设 H0：pool 模型

4.4.3　假设检验

4.4.3.1　开发者生态经验和开发经验多元化对 APP 迭代新颖性影响

表 4-4 展示了开发者生态经验和开发经验多元化对 APP 迭代新颖性的回归结果，模型 1 到模型 4 的被解释变量均为 APP 迭代新颖性，调节变量为平台主进入和平台主推荐，控制变量为在线评论数量、在线评论效价、平台迭代、开发者回复、先前 APP 迭代新颖性、先前 APP 迭代敏捷性和 APP 年龄，所有模型中的回归系数为非标准化路径系数。同样，本书采用多元层次回归，模型 1 用来分析开发者生态经验和开发经验多元化对 APP 迭代新颖性的直接影响，在模型 1 所包含的解释变量和控制变量的基础上，模型 2 和模型 3 分别加入两个自变量与平台主进入的 3 个交互项（生态经验 * 平台主进入、开发经验多元化 * 平台主进入、开发经验多元化平方 * 平台主进入），两个自变量与平台主推荐的 3 个交互项（生态经验 * 平台主推荐、开发经验多元化 * 平台主推荐、开发经验多元化平方 * 平台主推荐），用以检验平台主进入和平台主推荐，开发者生态经验、开发经验多元化对 APP 迭代新颖性关系中的情境价值。模型 4 则包含了所有变量以及变量间的交互项，是检验生态经验、开发经验多元化对 APP 迭代新颖性影响及情境价值的汇总模型，且相较于模型 1-3，模型 4 的 R^2 值为 0.352，高于其他回归模型，表明全模型 4 中各解释变量对 APP 迭代新颖性具有更好的解释力度。

根据模型 1 的回归结果，生态经验对 APP 迭代新颖性的回归系数为 0.422，且显著（$p<0.05$），即生态经验对 APP 迭代新颖性有着显著正向影响，假设 H4-1a 得到支持，且在模型 2-4 中，生态经验对 APP 迭代新颖性均

存在显著的正向作用（$\beta=0.417$，$p<0.1$；$\beta=0.440$，$p<0.1$；$\beta=0.436$，$p<0.1$），进一步证明上述关系的稳健性。此外，模型1的回归结果还表明，开发经验多元化对APP迭代新颖性的回归系数为-13.941，且显著（$p<0.05$），开发经验多元化平方项的回归系数为19.299，且显著（$p<0.05$），即开发经验多元化对APP迭代新颖性存在正U型影响，随着开发经验多元化的加深，APP迭代新颖性先下降后上升，假设H4-2a得到验证。进一步，模型2-4中的回归结果表示，开发经验多元化对APP迭代新颖性的回归系数为负且显著（$\beta=-14.437$，$p<0.05$；$\beta=-11.785$，$p<0.1$；$\beta=-12.213$，$p<0.1$），开发经验多元化平方项对APP迭代新颖性的回归系数为正且显著（$\beta=19.933$，$p<0.05$；$\beta=17.301$，$p<0.1$；$\beta=17.899$，$p<0.1$），开发经验多元化与APP迭代新颖性之间的U型关系具有一定的稳健性，假设H4-2a得到进一步支持。

模型2检验了平台主进入对生态经验、开发经验多元化与APP迭代新颖性关系的调节作用，根据回归结果显示，生态经验与平台主进入交互项的回归系数为0.307，但不显著（$P>0.1$），即平台主进入在生态经验与APP迭代新颖性之间没有调节作用，假设H4-3a未得到支持，在全模型4中，上述关系也未得到验证（$\beta=0.302$，$p>0.1$）。开发经验多元化与平台主进入交互项，对APP迭代新颖性的回归系数为正且显著（$\beta=1.257$，$p<0.01$），同时，开发经验多元化平方项与平台主推荐的交互项，对迭代新颖性的回归系数为负且显著（$\beta=-0.608$，$p<0.01$），上述回归结果表明平台主推荐弱化了开发经验多元化与APP迭代新颖性的U型关系，假设H4-4a得到支持，在全模型4中，上述关系同样得到验证（$\beta=1.286$，$p<0.01$；$\beta=-0.629$，$p<0.1$）。为了更加直观地展示上述关系，本书绘制调节效应图，如图4-2所示，当开发经验多元化水平较低时，相对于低平台主进入，较高平台主进入明显弱化了开发经验多元化对迭代新颖性的负向作用。类似地，当开发经验多元化水平较高时，相对于低平台主进入，较高平台主进入也明显弱化开发经验多元化对迭代新颖性的正向作用。

表4-4　开发者经验对APP迭代新颖性影响的回归结果

变量	APP迭代新颖性			
	模型1	模型2	模型3	模型4
自变量				
生态经验	0.422**	0.417*	0.440*	0.436*

续表

变量	APP 迭代新颖性			
	模型 1	模型 2	模型 3	模型 4
多元化	-13.941**	-14.437**	-11.785*	-12.213*
多元化平方	19.299**	19.933**	17.301*	17.899*
交互项				
生态经验 * 进入		0.307		0.302
多元化 * 进入		1.257***		1.286***
多元化平方 * 进入		-0.608**		-0.629*
生态经验 * 推荐			-0.039	-0.036
多元化 * 推荐			-0.894***	-0.919***
多元化平方 * 推荐			0.414*	0.430*
调节变量				
平台主进入	0.056	0.149*	0.0573	0.153*
平台主推荐	-0.028*	-0.027*	-0.041**	-0.042**
控制变量				
在线评论数量	0.122**	0.123**	0.119*	0.119*
在线评论效价	0.665	0.718	0.670	0.724
开发者回复	-0.089	-0.084	-0.052	-0.046
平台迭代	-2.835*	-3.229**	-2.661*	-3.062**
迭代新颖性$_t$	0.103***	0.098***	0.101***	0.096***
迭代敏捷性$_t$	-0.490***	-0.485***	-0.490***	-0.486***
APP 年龄	0.271*	0.311**	0.253*	0.294*
时间效应	Yes	Yes	Yes	Yes
常数项	-3.684	-4.957	-3.501	-4.806
R^2	0.347	0.349	0.348	0.352
F 统计值	6.394***	6.331***	5.687***	5.741***
Hausman_ Test	1152.180***	1154.020***	1149.330***	1150.980***

注：* $p<0.1$；** $p<0.05$；*** $p<0.01$，N=374。开发经验多元化缩写为多元化，平台主进入缩写为进入，平台主推荐缩写为推荐。

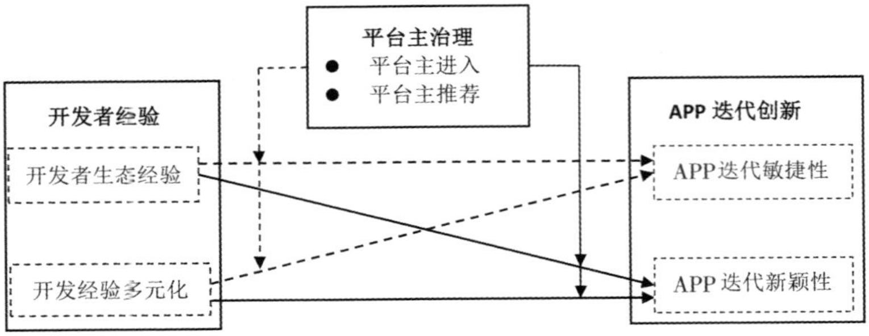

图 4-2　平台主进入对开发经验多元化与迭代新颖性的调节作用

模型 3 检验了平台主推荐对生态经验、开发经验多元化与 APP 迭代新颖性关系的调节作用，根据回归结果显示，开发者生态经验与平台主推荐交互项对 APP 迭代新颖性的作用为负，但不显著（$\beta=-0.039$，$p>0.1$），在全模型 4 中，得到同样的回归结果（$\beta=-0.036$，$p>0.1$），即平台主推荐对生态经验与 APP 迭代新颖性的关系没有调节作用，假设 H4-5a 未得到验证。开发经验多元化与平台主推荐交互项，对 APP 迭代新颖性的回归系数为负且显著（$\beta=-0.894$，$p<0.01$），同时，开发经验多元化平方项与平台主推荐的交互项，对 APP 迭代新颖性的回归系数为正且显著（$\beta=0.414$，$p<0.1$），这表明平台主推荐增强了开发经验多元化对 APP 迭代新颖性的正 U 型作用，假设 H4-6a 得到支持，在全模型 4 中，上述结论依然成立（$\beta=-0.919$，$p<0.01$；$\beta=0.430$，$p<0.1$）。分析调节效应，图 4-3 得出，当开发经验多元化水平较低时，相对于低平台主推荐，较高平台主推荐明显增强开发经验多元化对 APP 迭代新颖性的负向作用。而当开发经验多元化水平较高时，相对于低平台主推荐，较高平台主推荐明显强化开发经验多元化对 APP 迭代新颖性的正向作用。

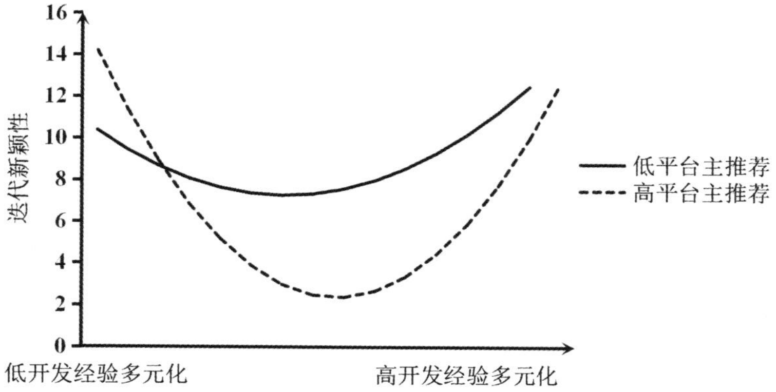

图 4-3　平台主推荐对开发经验多元化与迭代新颖性的调节作用

4.4.3.2　开发者生态经验和开发经验多元化对 APP 迭代敏捷性影响

表 4-5 展示了开发者生态经验和开发经验多元化对 APP 迭代敏捷性的回归结果，模型 5 到模型 8 的被解释变量均为 APP 迭代敏捷性，调节变量和控制变量同表 4-4 中的模型一致，所有模型中的回归系数为非标准化路径系数。模型 5 用来分析开发者生态经验和开发经验多元化对 APP 迭代敏捷性的直接影响，在模型 5 所包含的解释变量和控制变量的基础上，模型 6 加入了表征平台主进入调节作用的 3 个交互项（生态经验 * 平台主进入、开发经验多元化 * 平台主进入、开发经验多元化平方 * 平台主进入），模型 7 加入了表征平台主推荐调节作用的 3 个交互项（生态经验 * 平台主推荐、开发经验多元化 * 平台主推荐、开发经验多元化平方 * 平台主推荐），因此，两个模型分别用以检验平台主进入和平台主推荐，在开发者生态经验、开发经验多元化对 APP 迭代敏捷性关系中的情境价值。模型 8 则包含了所有变量以及变量间的交互项，是检验生态经验、开发经验多元化对 APP 迭代敏捷性及情境价值的汇总模型，且相较于模型 5-7，模型 8 的 R^2 值为 0.461，高于其他回归模型，表明全模型 8 中各解释变量对 APP 迭代敏捷性具有更好的解释力度。

根据模型 5 的回归结果，生态经验对 APP 迭代敏捷性的回归系数为 0.218，且显著（$p<0.01$），即生态经验对 APP 迭代敏捷性有着显著正向影响，假设 H4-1b 得到支持，且在模型 6-8 中，生态经验对 APP 迭代敏捷性均存在显著的正向作用（$\beta=0.204$，$p<0.01$；$\beta=0.214$，$p<0.01$；$\beta=0.199$，$p<0.01$），进一步证明上述关系的稳健性。此外，模型 5 的回归结果还表明，开发经验多元化对 APP 迭代敏捷性的回归系数为-5.479，且显著（$p<0.01$），开发经验多元化平方项的回归系数为 7.360，且显著（$p<0.01$），即开发经验

多元化对 APP 迭代敏捷性存在正 U 型影响，随着开发经验多元化的加深，APP 迭代敏捷性先下降后上升，假设 H4-2b 得到验证。模型 6-8 中的回归结果表示，开发经验多元化对 APP 迭代敏捷性的回归系数为负且显著（$\beta=-5.410$，$p<0.01$；$\beta=-5.233$，$p<0.05$；$\beta=-5.156$，$p<0.05$），开发经验多元化平方项对 APP 迭代敏捷性的回归系数为正且显著（$\beta=7.287$，$p<0.01$；$\beta=7.108$，$p<0.05$；$\beta=7.029$，$p<0.05$），开发经验多元化与 APP 迭代敏捷性之间的 U 型关系具有一定的稳健性，假设 H4-2b 得到进一步支持。

模型 6 检验了平台主进入对生态经验、开发经验多元化与 APP 迭代敏捷性关系的调节作用，根据回归结果显示，生态经验与平台主进入交互项的回归系数为-0.094，且显著（$p<0.1$），即平台主进入在生态经验对 APP 迭代敏捷性的关系中起着负向调节作用，假设 H4-3b 得到支持，在全模型 8 中，上述关系也得到验证（$\beta=-0.097$，$p<0.1$）。分析调节效应图 4-4 得出，相对于低平台主进入，平台主进入程度高时，生态经验对迭代敏捷性影响的斜率更小。综上表明，平台主进入削弱了生态经验对迭代敏捷性的促进作用。此外，开发经验多元化与平台主进入交互项，对 APP 迭代敏捷性的回归系数为正，但不显著（$\beta=0.060$，$p>0.1$），开发经验多元化平方项与平台主进入的交互项，对迭代敏捷性的回归系数为正且不显著（$\beta=0.118$，$p>0.1$），上述回归结果表明平台主进入对开发经验多元化与 APP 迭代敏捷性间关系没有调节作用，假设 H4-4b 未得到支持，在全模型 8 中，上述关系同样未得到验证（$\beta=0.065$，$p>0.1$；$\beta=0.116$，$p>0.1$）。

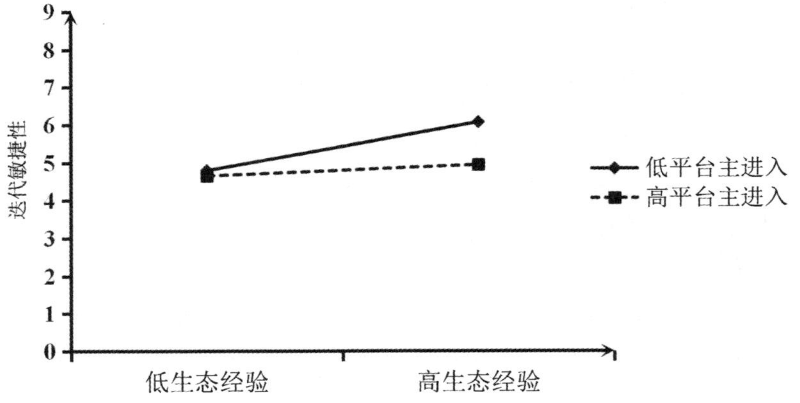

图 4-4　平台主进入对生态经验与迭代敏捷性的调节作用

模型 7 检验了平台主推荐对生态经验、开发经验多元化与 APP 迭代敏捷性关系的调节作用，根据回归结果显示，开发者生态经验与平台主推荐交互项对 APP 迭代敏捷性的作用为正，且显著（$\beta=0.053$，$p<0.05$），即平台主推荐增强了生态经验与 APP 迭代敏捷性的积极作用，假设 H4-5b 得到验证，在全模型 8 中，上述关系同样得到验证（$\beta=0.056$，$p<0.1$）。

表 4-5　开发者经验对 APP 迭代敏捷性影响的回归结果

变量	APP 迭代敏捷性			
	模型 5	模型 6	模型 7	模型 8
自变量				
生态经验	0.218***	0.204***	0.214***	0.199***
多元化	-5.479***	-5.410***	-5.233**	-5.156**
多元化平方	7.360***	7.287***	7.108**	7.029**
交互项				
生态经验 * 进入		-0.094*		-0.097*
多元化 * 进入		0.060		0.065
多元化平方 * 进入		0.118		0.116
生态经验 * 推荐			0.053**	0.056*
多元化 * 推荐			-0.087	-0.091
多元化平方 * 推荐			0.078*	0.079*
调节变量				
平台主进入	-0.001	-0.031*	-0.001	-0.031
平台主推荐	-0.004	-0.004	-0.007*	-0.007
控制变量				
在线评论数量	0.047**	0.047**	0.045**	0.046**
在线评论效价	-0.213*	-0.203*	-0.207*	-0.196*
开发者回复	0.026	0.025	0.027	0.027
平台迭代	-0.225	-0.178	-0.358	-0.316
迭代新颖性$_t$	-0.002	-0.002	-0.002	-0.002
迭代敏捷性$_t$	-0.062***	-0.063***	-0.062***	-0.063***
APP 年龄	0.033	0.029	0.046	0.042*
时间效应	Yes	Yes	Yes	Yes
常数项	2.491	2.778	2.088	2.359

续表

变量	APP 迭代敏捷性			
	模型 5	模型 6	模型 7	模型 8
R^2	0.411	0.427	0.458	0.461
F 统计值	3.112***	3.050***	2.758***	2.771***
Hausman_ Test	1509.960***	1510.630***	1510.270***	1508.420***

注：* $p<0.1$；** $p<0.05$；*** $p<0.01$，N=374。开发经验多元化缩写为多元化，平台主进入缩写为进入，平台主推荐缩写为推荐。

分析调节效应图 4-5 得出，相对于低平台主推荐，高平台主推荐下，生态经验对 APP 迭代敏捷性影响的斜率更高，即促进作用更强，符合假设 4-5b 的论述。此外，开发经验多元化与平台主推荐交互项，对 APP 迭代敏捷性的回归系数为负，且不显著（β=-0.087，p>0.1），但开发经验多元化平方项与平台主推荐的交互项，对 APP 迭代敏捷性的回归系数为正且显著（β=0.078，p<0.1），这表明平台主推荐增强了开发经验多元化对 APP 迭代敏捷性的正 U 型作用，假设 4-6b 得到支持，在全模型 8 中，上述结论依然成立（β=-0.091，p>0.1；β=0.079，p<0.1）。分析调节效应图 4-6 得出，当开发经验多元化水平较低时，相对于低平台主推荐，较高平台主推荐明显增强开发经验多元化对 APP 迭代敏捷性的负向作用。而当开发经验多元化水平较高时，相对于低平台主推荐，较高平台主推荐明显强化开发经验多元化对 APP 迭代敏捷性的正向作用。

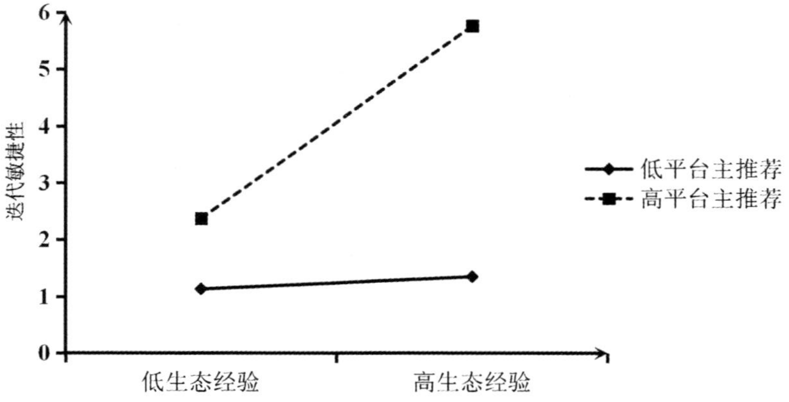

图 4-5　平台主推荐对生态经验与迭代敏捷性的调节作用

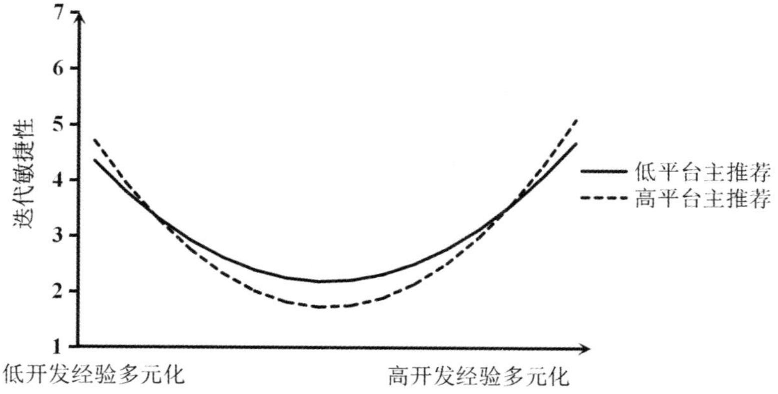

图 4-6　平台主推荐对开发经验多元化与迭代敏捷性的调节作用

4.4.4　内生性问题与稳健性检验

本书用如下方法进行内生性检验。首先，关于自变量和因变量可能存在双向因果关系，本书测度的 APP 迭代创新指标均滞后一期，t+1 期 APP 迭代创新指标不会影响 t 期的开发者生态经验和开发经验多元化，因而可有效避免互为因果的情况。此外，本书进行了面板格兰杰因果关系检验。表 4-6 展示了格兰杰因果检验的结果。

表 4-6　格兰杰因果检验

解释变量	解释变量				
	迭代新颖性	迭代敏捷性	生态经验	开发经验多元化	开发经验多元化平方
迭代新颖性	-	2.210	2.645	0.242	2.620
迭代敏捷性	0.035**	-	2.477	0.358	3.064
生态经验	5.714*	0.670**	-	8.715**	6.321**
开发经验多元化	0.011	1.265	0.566	-	0.849
开发经验多元化平方	0.229	0.405	0.610	1.165	-

注：* $p < 0.1$；** $p < 0.05$；*** $p < 0.01$。格兰杰因果检验前，对各指标进行面板单位根检验，结果显示该组数据具有平稳性。

根据表 4-6 所示，格兰杰因果检验的卡方统计量及其对应的 P 值的结果表明，迭代新颖性和迭代敏捷性并不是生态经验、开发经验多元化或开发经验多元化平方的格兰杰原因，而生态经验均是 APP 迭代创新——迭代新颖性和迭代敏捷性的格兰杰原因，但开发经验多元化和开发经验多元化平方不是单独的 APP 迭代创新的格兰杰原因，需要进一步的回归分析验证变量间的关系。特别地，生态经验是开发经验多元化的格兰杰原因，这可能源于大多生态经验丰富，运营时间长的开发者，都有足够的能力和资源开发更多其他类型的 APP，积累较多不同的产品开发经验。考虑到使用工具变量法的前提是存在内生解释变量，因此，本书进一步采用 DWH 方法（Durbin - Wu - Hausman）进行内生性检验，判断生态经验和开发经验多元化是否为内生解释变量，根据表 4-7 中 DWH 检验的结果显示，DWH 检验的显著性均大于 10%，即接受"所有解释变量均为外生、不存在内生变量"的原假设，因此排除了模型可能存在内生性的问题，可不用使用工具变量法，本书先前采用的固定效应模型的回归结果具有一定的参考性。本书进行了稳健性检验，一方面，采用双向固定效应模型进行检验的同时，进行了个体层面固定效应模型回归，回归结果如表 4-7 和表 4-8 所示，结果与双向固定效应模型的回归结果一致，回归系数的符号和显著性没有实质性变化。另一方面，将对所有连续变量进行的 1%缩尾扩大到 5%缩尾范围处理，回归结果见表 4-7 和表 4-8，与前文 4.4.2 的回归结果基本一致。

表 4-7　APP 迭代新颖性结果的稳健性和内生性

变量	APP 迭代新颖性			
	非线性关系检验	个体固定效应	变量缩尾	2SLS
自变量				
生态经验	0.395*	0.410**	0.395***	1.133*
多元化	-11.340**	-12.070*	-10.620*	-23.510
多元化平方	23.061**	17.690*	15.42**	37.500
多元化三次方	-9.508			
交互项				
生态经验 * 进入		0.284	0.293	0.150
多元化 * 进入		1.289***	0.833***	0.794**
多元化平方 * 进入		-0.633*	-0.044**	-0.142
生态经验 * 推荐		-0.068	-0.046	-0.015

续表

变量	APP 迭代新颖性			
	非线性关系检验	个体固定效应	变量缩尾	2SLS
多元化 * 推荐		-1.003***	-1.018***	-0.714
多元化平方 * 推荐		0.447*	0.467*	0.648**
调节变量				
平台主进入	0.056	0.153*	-0.251	-0.486
平台主推荐	-0.028*	-0.043**	-0.043**	-0.041**
控制变量				
在线评论数量	0.120*	0.141**	0.154**	0.315***
在线评论效价	0.674	0.570	0.624	0.522
开发者回复	-0.085	-0.098	-0.194	0.672
平台迭代	-2.744*	0.003	0.088	-0.266
迭代新颖性$_t$	0.102***	0.097***	0.095***	0.030
迭代敏捷性$_t$	-0.490***	-0.496***	-0.536***	-0.398***
APP 年龄	0.263***	0.076***	0.054***	-0.053
时间效应	Yes		Yes	Yes
常数项	-0.286	-0.286	2.502	
R^2	0.347	0.338	0.349	0.126
F 统计值	4.020***	5.690***	5.480***	5.330***
DWH_ test				0.342

注：* $p<0.1$；** $p<0.05$；*** $p<0.01$，N=374。开发经验多元化缩写为多元化，平台主进入缩写为进入，平台主推荐缩写为推荐。

此外，将开发经验多元化三次项加入基本回归模型中[225]，验证开发经验多元化与 APP 迭代创新之间的 U 型关系是否严格存在。表 4-7 和表 4-8 的回归结果显示，开发经验多元化的三次项对迭代新颖性和迭代敏捷性的影响不显著（$\beta=-9.508$，$p>0.1$；$\beta=-3.146$，$p>0.1$），而开发经验多元化一次项对迭代新颖性，以及迭代敏捷性的影响均显著为负（$\beta=-11.340$，$p<0.05$；$\beta=-5.180$，$p<0.1$），开发经验多元化二次项对迭代新颖性，以及迭代敏捷性的影响均显著为正（$\beta=23.061$，$p<0.05$；$\beta=9.285$，$p<0.05$）。上述结论说明

开发经验多元化与 APP 迭代新颖性和 APP 迭代敏捷性之间存在严格的 U 型关系。

表 4-8　APP 迭代敏捷性结果的稳健性和内生性

变量	APP 迭代敏捷性			
	非线性关系检验	个体固定效应	变量缩尾	2SLS
自变量				
生态经验	0.211*	0.200***	0.235***	0.261**
多元化	-5.180**	-5.082**	-3.628**	-12.260
多元化平方	9.285**	6.991**	4.892**	18.810
多元化三次方	-3.146			
交互项				
生态经验 * 进入		-0.093*	-0.070*	-0.027
多元化 * 进入		0.072	0.112	0.159*
多元化平方 * 进入		0.111*	0.043*	-0.041
生态经验 * 推荐		0.056*	0.049**	0.005**
多元化 * 推荐		-0.121*	-0.108	-0.099
多元化平方 * 推荐		0.088*	0.09*	0.126*
调节变量				
平台主进入	-0.001	-0.028	-0.175	-0.093
平台主推荐	-0.004	-0.007	-0.007	-0.007
控制变量				
在线评论数量	0.046***	0.052***	0.049***	0.130***
在线评论效价	-0.211	-0.227*	-0.194	-0.223**
开发者回复	0.027	0.018	-0.033	0.139
平台迭代	-0.201	0.001	0.022	-0.129
迭代新颖性$_t$	-0.001	-0.002	-0.002	-0.006
迭代敏捷性$_t$	-0062***	-0.068***	-0.067***	-0.045*
APP 年龄	-0.031	0.043***	0.033***	-0.008
时间效应	Yes		Yes	Yes

续表

变量	APP 迭代敏捷性			
	非线性关系检验	个体固定效应	变量缩尾	2SLS
常数项		1.391	2.148**	
R^2	0.461	0.423	0.444	0.148
F 统计值	5.890***	5.030***	2.480***	9.820***
DWH_ test				0.053

注：* $p < 0.1$；** $p < 0.05$；*** $p < 0.01$，N=374。开发经验多元化缩写为多元化，平台主进入缩写为进入，平台主推荐缩写为推荐。

4.5　研究结论与讨论

本章基于经验学习视角，将开发者生态经验和开发经验多元化作为 APP 迭代创新的前因，从开发者层面揭示其自身经验积累对于 APP 迭代创新的影响机理，并探讨了平台主进入和平台主推荐，对生态经验和开发经验多元化与 APP 迭代创新之间关系的影响，通过实证研究，得出以下主要结论：

（1）开发者生态经验对 APP 迭代创新的直接影响。本章验证了开发者生态经验对 APP 迭代新颖性和迭代敏捷性的积极作用。基于经验学习视角，一方面，生态经验多的开发者容易获取更多平台系统的相关知识，对平台生态系统的适应性增强，进而减少开发者创新障碍，促进创新灵感的获取和实现，并提高开发者创新效率，缩短 APP 迭代创新周期；另一方面，生态经验多的开发者更容易积累大量的用户资源[65]，从而有利于更快、更早、更准确地掌握用户需求[7]，并根据用户信息，迅速获取和识别具有新颖性的创新灵感与创新机会，进而增强其迭代新颖性和迭代敏捷性。上述积极关系同 Le 和 Kroll (2017)[240]，King 和 Tucci (2002)[19]，Kapoor 和 Agarwal (2017)[45]，Zott (2003)[233]和陈爽英等（2020）[241]的研究结论相似，他们指出先前经验大多有助于积累特殊的、有价值的资源，并发展应对外部环境动态复杂性的能力，这些资源和能力为个人或组织带来积极的影响。特别地，Kapoor 和 Agarwal (2017)[45]研究发现，丰富的生态经验提升开发者在平台生态系统中资源搜索的效率，降低其创新成本，进而获取可持续的绩效发展。不同的是他们的研究聚焦于探索开发者生态经验对其绩效的影响机制，而本章的研究结论验证了生态经验对 APP 迭代新颖性和迭代敏捷性的积极作用，进一步补充了 Kapoor 和 Agarwal（2017）[45]的研究结论。

（2）开发经验多元化对 APP 迭代创新的直接影响。本章验证了开发经验多元化对 APP 迭代新颖性和迭代敏捷性的 U 型关系，即较低水平的开发经验多元化，阻碍了 APP 迭代新颖性和迭代敏捷性，而较高水平的开发经验多元化，会促进 APP 迭代新颖性和迭代敏捷性。对于开发经验多元化处于较低水平的开发者而言，其积累的异质性产品开发和运营经验有限，且这些不同领域的经验难以直接用于特定类型 APP 的迭代创新，进而产生能力约束和资源约束[234]，导致对现有 APP 的关注和支持降低，抑制了多元化创新成果产生和实现效率。随着开发者在创新资源和创新能力上的发展，其开发经验多元化水平的不断提升，逐渐积累了更加丰富的不同产品的开发和运营经验，获取不同用户群体的需求信息，而此时开发者有能力整合和利用大量的异质性经验，及时发现未被满足的用户需求，促进现有 APP 的改进。有鉴于此，随着开发经验多元化的增强，开发者多元化战略的积极作用逐渐出现，能力约束和资源约束的消极作用逐渐被抵消。上述研究结论一定程度上同 Nerkar 和 Roberts（2004）[188]和 Eggers（2012）[18]等的研究结论相似，即产品开发经验的多元化对组织存在积极作用，越广泛的产品经验，越能有效提高组织的产品创新质量。本章研究结论还强调了低水平的开发经验多元化的消极作用，主要原因在于针对 APP 个体层面，其创新更多是内容和功能等服务的创新，对异质性的资源和用户信息的需求较高[28]，而较低开发经验多元化所积累的异质性资源有限，可能难以弥补资源分散对现有 APP 的迭代创新的不利影响。

（3）验证了平台主进入在开发者生态经验、开发经验多元化与 APP 迭代创新之间的情境价值。首先，实证研究结果表明，平台主进入削弱了生态经验对 APP 迭代敏捷性的促进作用，但对生态经验与 APP 迭代新颖性间关系作用不显著。可能的原因是生态经验丰富的开发者，意味着具有更大规模的用户基础和应对平台主进入的能力，且平台主进入对实力较强开发者创新投入的挤压并不明显[14]，该类开发者也更有可能积极应对平台主进入，因而平台主进入对生态经验与 APP 迭代新颖性间的积极关系影响不显著，但可能减缓开发者进行产品创新的周期。其次，平台主进入对经验多元化与 APP 迭代新颖性的 U 型关系起到弱化作用。该结果表明，多元化开发经验积累的初期，平台主进入所带来的积极用户关注和知识溢出，为开发者提供了更多的创新资源和创新机会，缓解了开发者因开发经验多元化所造成的资源和能力约束，但是随着开发经验多元化的扩大，开发者运营产品类型增多，平台主进入可能挤出开发者对被影响 APP 的创新投入和创新意愿。此外，平台主进入对于经验多元化与 APP 迭代敏捷性的关系作用不显著。

（4）验证了平台主推荐在开发者生态经验、开发经验多元化与 APP 迭代创新之间的情境价值。首先，实证研究结果表明，平台主推荐增强生态经验对 APP 迭代敏捷性的促进作用，但对生态经验与 APP 迭代新颖性的关系没有显著影响。可能的原因在于，平台主推荐所带来的用户关注度是短时间内的，且在 APP 新颖性已经得到平台编辑认可的情况下，开发者虽倾向于快速迭代创新，响应用户需求，但难以短期内提供更多的新的内容和功能。因而平台主推荐对生态经验与 APP 迭代新颖性间的关系影响不显著。其次，平台主推荐对开发经验多元化与 APP 迭代新颖性、迭代敏捷性的 U 型关系起到强化作用。开发者经验多元化水平较低时，会形成一定的能力和资源约束，平台主推荐所带来的 APP 曝光度和关注度可能放大能力和资源约束；随着经验多元化水平的提升，开发者积累了更丰富且具有差异化的创新资源和知识，资源整合和创新能力提升[18]，更能有效地应对平台主推荐多带来的高用户关注度，加快因多元化而积累的开发经验转化为创新成果的过程。因此，随着开发经验多元化水平的不断提升，平台主推荐的积极作用逐渐显现，即平台主推荐有利于促进开发者广泛利用和整合多元化的产品开发和运营经验，提升 APP 迭代创新。该结论与 Liang 等（2019）[50]和 Wang 等（2021）[21]等人的研究结果相似，进一步论证了平台主推荐对被影响 APP 的积极作用。

4.6　本章小结

研究结论得出开发者生态经验和开发经验多元化对 APP 迭代创新的影响：首先，生态经验将促进 APP 的迭代新颖性和迭代敏捷性，且平台主进入弱化了生态经验对迭代敏捷性的阻碍作用，但对生态经验与迭代新颖性的关系没有调节作用。另平台主推荐增强了生态经验对 APP 迭代敏捷性的促进作用，但对生态经验与迭代新颖性的关系没有调节作用。其次，开发者开发经验多元化对 APP 的迭代新颖性和迭代敏捷性均存在 U 型影响，即低水平的开发经验多元化降低迭代新颖性和迭代敏捷性，但较高的开发经验多元化能促进迭代新颖性和迭代敏捷性。进一步实证研究得出，平台主进入削弱开发经验多元化对APP迭代新颖性的U型作用，但对开发经验多元化与APP迭代敏捷性之间的U型关系没有调节作用。平台主推荐则增强了开发经验多元化对APP迭代新颖性和敏捷性的U型关系。

第 5 章　APP 迭代创新对绩效的作用机制研究

第 3 章和第 4 章分别从用户参与和组织学习视角，分析了 APP 迭代创新的前因，考虑到绩效是组织发展的根本，是创新研究的重中之重。本章将围绕子问题二“迭代创新对 APP 绩效的作用机制”分析迭代创新对 APP 绩效的影响。具体地讲，本章将验证迭代敏捷性和迭代新颖性，以及两者之间的交互对 APP 绩效的直接作用，并探索平台主进入和平台主推荐在不同迭代创新与 APP 绩效间的情境作用，以明确不同维度 APP 迭代创新对绩效影响的不同机制。

5.1　导言

数字经济时代，移动 APP 作为数字创新的一种重要形式推动了许多行业的变革。2020 年，全球移动 APP 收入达到 5810 亿美元，预计到 2023 年将超过 9350 亿美元[2]。此外仅苹果 APP Store 就有大约 438 万款应用，涵盖了商业、教育、娱乐等 20 多个类别[242]。虽然 APP 产业发展较为迅猛，但因激烈的竞争面临严重的绩效问题[4]。例如，近 50%的 iOS 应用每月收益低于 500 美元，且只有 0.1%的 Android 应用程序下载量超过 500 万次[1]。为应对激烈竞争，企业和开发者被迫每月甚至两周发布 APP 的新版本，来不断添加新内容或功能[5]，满足客户的异质性需求。虽然创新被视为获取竞争优势和持续发展绩效的基本战略，但在数字经济时代中，用户需求呈现出高度易变、不确定、模糊和复杂的特征，使得创新不确定性和风险性增加[7]。因而企业和开发者创新通常面临着战略困境，即何时创新以及实施何种类型的创新，才能有效提升 APP 绩效？

基于服务主导逻辑，创新的价值和有用性质依赖于用户的使用[99]，而用户如何评价创新所带来的新服务存在着较大的不确定性[243]。这些不确定性和挑战强调了研究 APP 迭代创新对其绩效影响的重要性。现有研究逐渐关注 APP 迭代创新对绩效的直接影响，但上述研究结果存在不一致，且 APP 迭代创新对其绩效影响的机制仍不清楚。一些研究表明，APP 迭代创新显著提高了 APP 的质量，即时满足用户动态且异质性的需求，从而提高了 APP 的绩效，如下载量和用户满意度，而另一些研究发现，用户对 APP 迭代创新的成果较为消极，从而降低了 APP 绩效[25]。这种消极反应的原因在于用户的学习成本超过了潜在收益[25]。

上述结论的不一致可能源于将创新概念化为单个维度，没有从多方面区分 APP 迭代创新的不同属性。而创新通常是多维度的，不仅包括创新的新颖性、独创性和突破性等内在属性维度，还包括创新的速度和数量等外在特征维度。以往大多数 APP 迭代创新研究沿着一个单一的创新维度，如迭代敏捷性或迭代新颖性，从创新速度或内容上来考查迭代创新对 APP 绩效的影响。但迭代敏捷性或迭代新颖性都只反映了创新的一方面，单独考察一个维度的创新作用是片面而不完整的。特别地，部分 APP 迭代速度快且包含新颖性高的创新，各创新维度之间可能存在替代和互补的关系，不同创新维度的内部匹配，如调节关系，将对组织的绩效产生积极或消极的影响。因此，分析不同维度 APP 迭代创新，以及相互间的交互对 APP 绩效的影响，有助于解决现有结论的不一致。此外，已有研究结论的不一致表明了 APP 迭代创新与绩效间的关系较为复杂，可能存在非线性关系或受其他情境影响。

APP 迭代创新嵌入在平台生态系统中，平台主作为平台生态系统的控制者和主导者，通过对生态系统的治理和协调，与开发者共同为用户创造价值。基于平台主治理的视角，平台主治理活动影响开发者迭代创新的外部环境，进而影响其创新绩效。但目前平台主治理活动影响 APP 迭代创新与其绩效关系的机制并不清楚。因此，结合第 3 章和第 4 章的研究，本节进一步探讨平台主进入和平台主推荐这两个变量对平台生态系统中创新的情境价值，具体检验平台主进入和平台主推荐作为情境变量，如何调节 APP 迭代创新对其绩效的影响。

综上，本章研究 APP 迭代新颖性和迭代敏捷性对其绩效的影响，以及平台主推荐和平台主进入的情境价值。与以往研究相比，本书的贡献主要有：首先，揭示了不同维度 APP 的迭代创新，及其之间的交互对绩效的影响。研究发现，迭代新颖性促进了 APP 绩效，而迭代敏捷性对 APP 绩效存在显著的倒 U 型影响，迭代新颖性弱化了迭代敏捷性对 APP 绩效间的倒 U 型关系，这些结论补充了 APP 迭代创新绩效的相关研究。其次，引入权变因素，基于平台主治理视角，揭示了平台主进入和平台主推荐，在迭代创新对 APP 绩效影响中的情境价值，深化了 APP 迭代创新的效能机理，明确迭代创新对 APP 绩效影响的作用机制。

5.2 研究假设

5.2.1 迭代新颖性与 APP 绩效

迭代新颖性指 APP 新服务不连续或偏离现有服务的程度[26]。开发者提高 APP 迭代新颖性即为用户提供更多新的增量服务，包括新的功能和新的内容。新服务的增加能提升用户价值体验，吸引新用户、提高用户黏性，进而促进开发者的价值创造能力和价值获利能力[248]，增加 APP 绩效。具体而言：第一，APP 迭代新颖性的提升，改善了现有 APP 的服务量，为用户提供多样化、个性化的产品体验。APP 的新服务多是根据用户的需求及环境的变化而产生的。基于此，APP 迭代新颖性的提升意味着开发者结合用户动态需求变化，在功能或形态上进行的即时调整。这种调整能有效匹配用户需求，为用户提供更好的价值体验，这有助于提高 APP 产品在市场中的认可度，开拓新用户，并增加用户黏性[249]，进而提升该 APP 的绩效。例如，微信优化 APP 的同时，陆续新增支付、内容订阅、群聊折叠和视频号新增星标等功能和服务，为用户创造多功能价值。腾讯视频则不断提供内容创新，刺激用户消费，提升自身收入。

第二，APP 迭代新颖性的提升提高了产品的差异化程度，增强了 APP 的竞争优势，为其获得市场份额和增值收入提供有利条件。新颖性的创新整合了更多的资源和需求，更容易创造出价值高且差异化程度高的服务。差异化的服务降低了 APP 竞争压力，且助于 APP 形成顾客转换成本和进入壁垒，获得较高的市场份额和经营绩效。综上所述，本书提出如下假设：

H5-1 迭代新颖性对 APP 绩效有促进作用。

5.2.2 迭代敏捷性与 APP 绩效

迭代敏捷性是指 APP 迭代创新的速度，反映了 APP 服务频繁创新的程度[26]。在竞争激烈的 APP 行业中，快速创新被认为是开发者获取竞争优势的来源之一。已有很多研究认为，频繁的更新可以提高 APP 的质量，吸引用户的注意，增加用户的价值，从而带来更好的市场表现。也有部分研究认为，快速迭代创新的积极作用是有限的，过快的创新会增加用户使用成本[251]。结合已有研究，本书认为迭代创新的敏捷性对 APP 绩效的提升的边际效应是递减的，即两者之间存在倒 U 型关系。一方面，适度的迭代敏捷性会增强 APP 绩效；但另一方面，过度的迭代敏捷性会阻碍 APP 绩效。

适度的迭代敏捷性会增强 APP 绩效，主要基于以下理由。第一，提升 APP 迭代敏捷性，加快创新速度有助于开发者缩短更新周期和抢占市场份额，从而提高 APP 的获利能力。更新周期的缩短意味着对用户需求的即时反馈，价值体验提升，容易获得市场的普遍认可并赢得更多用户的关注[252]，增强其持续消费的意愿，从而提升 APP 绩效。第二，提高 APP 迭代敏捷性能使 APP 获得先动优势，开发者可以利用先动优势，形成竞争壁垒，扩大 APP 市场份额。市场上先提供某种服务的 APP 会给用户留下更深刻的印象，这种先入为主的品牌效应，使得快速迭代有利于用户群体的留存和扩大，从而能够获得先动者或快速跟随者的高收益[65]。已有研究也表明，先动者在绩效方面表现优于后来者，并且销售额和市场份额的优势是可持续的[253]。

过高的创新敏捷性会降低 APP 绩效，主要原因在于：第一，APP 快速和频繁地迭代，意味着用户需要不断更新应用程序，且用户需要花费较多的时间适应新的产品界面和功能，改变使用习惯，大大提高了用户的使用成本。当 APP 更新过于频繁，但无实际内容或价值较弱时，用户未获得新的价值体验，使用体验反而变差，将降低用户继续使用该应用的意愿，阻碍 APP 绩效[251]。第二，随着 APP 迭代速度提升，开发者创新逐渐进入资源与能力的高负荷运行状态，此时继续频繁更新，将不利于创新成本收益比的保持。综上所述，本书做出如下假设：

H5-2 迭代敏捷性对 APP 绩效有倒 U 型作用。

5.2.3 迭代新颖性与迭代敏捷性的交互作用

如前所述，迭代敏捷性与 APP 绩效的关系强调的是创新速度，并非创新内容，单纯地研究创新速度对绩效的影响结果可能存在一定的片面性，如最近的一些研究发现，更新速度的积极作用并不适用于只修正漏洞的简单更新[251]，且过于频繁的迭代更新，又无实际内容或价值较弱时，反而会降低用户体验，减少 APP 绩效[251]，这表明开发者应该同时关注 APP 迭代新颖性和迭代敏捷性，尽量寻求两者之间的平衡。以往探讨不同创新维度的研究表示，组织过多地强调一类创新，可能导致短视，或使组织缺乏长期发展的活力[254]，各创新维度之间可能存在替代和互补的关系，如探索式创新和利用式创新，不同创新维度的内部匹配，如调节关系，将对组织的绩效产生积极或消极的影响[246]。结合以往研究，本书将检验迭代新颖性和迭代敏捷性之间的匹配，匹配可以体现为变量之间的调节关系[255]，意味着迭代新颖性和迭代敏捷性之间存在互补或替代的关系，即一种创新的实施将强化或者弱化另一种创新的效果[256]。本书认为迭代新颖性与迭代敏捷性的交互作用对 APP 绩效有负向影响，迭代新颖性会挤出迭代敏捷性对 APP 绩效的影响，即弱化迭代敏捷性对 APP 绩效的倒 U 型关系。

一方面，迭代新颖性会弱化迭代敏捷性对 APP 绩效的促进作用。迭代新颖性的提升意味着现有应用程序增加了更多的新功能，内容或服务类别。这些新增的实质性创新增加了 APP 的功能多样性，为 APP 创造了更大的差异化程度，有利于提高用户的效用，形成用户转换成本和进入壁垒，进而提升 APP 绩效。迭代新颖性的提升所带来的积极影响，降低了快速迭代的必要性，可能挤出迭代敏捷性对绩效的积极作用。另一方面，迭代新颖性会弱化迭代敏捷性对 APP 绩效的阻碍作用。如前所述，APP 迭代敏捷性过高，会提高用户的使用成本，无实际内容或价值较弱的快速迭代，会大大降低用户使用体验和效用。在产品创新和评价的背景下，如果一个产品与其他产品对比，具有一定的正向差异性，而不是相似，用户往往对该类产品具有更加积极的评价[258]。因而，随着迭代新颖性的提升，具有创新性和差异化的更新内容可能吸引用户，改善用户因过于频繁的更新而产生的较差的使用体验。提升用户更新并继续使用该 APP 的意愿，进而缓解快速迭代对 APP 绩效的负向影响。综上所述，本书提出如下假设：

H5-3 迭代新颖性弱化了迭代敏捷性对 APP 绩效的倒 U 型影响。

从权变视角来看，“创新—组织绩效”的关系受到组织外部因素影响而呈现出一定的动态性，探索外部因素与组织内部创新决策的交互匹配是研究组织绩效的重要路径，且外部因素变化常常被视为解释组织创新及绩效表现的重要变量[259]。平台生态系统中，平台主治理的决策影响整个生态系统的运营和发展，进而改变开发者所处的外部环境，造成开发者创新与运营绩效的不确定性。所以，对于开发者创新与APP绩效关系的讨论也不应脱离平台主治理活动的影响。本书接下来将分别探讨平台主进入和平台主推荐，对开发者进行的迭代创新和APP绩效关系的影响。

5.2.4 平台主进入的调节作用

平台主进入互补者市场、会占用互补者的收入和利润空间，这将降低互补者的创新激励[13, 201]。通常，平台主的资源和声誉优势高于互补者，有利于平台主对互补者市场的挤压[201]。为应对平台主进入带来的竞争压力，互补者可能将资源更多地投入对现有产品和创新的保护中，并减少在平台生态系统的创新贡献。同时，平台主进入所带来的竞争关系的加强，不可避免地存在创新模仿和机会主义行为风险等负面影响[260]，但这种竞争也可能会激励开发者积极且灵活地应对外部市场的变化[12]，对迭代创新和APP绩效产生积极的调节作用。因此，平台主进入对迭代创新和APP绩效之间的关系影响是错综复杂的。

5.2.4.1 平台主进入：对迭代新颖性和APP绩效的调节作用

首先，本书认为平台主进入会削弱迭代新颖性对APP绩效的促进作用。其一，平台主进入程度越高，导致市场竞争程度的加强，降低开发者价值捕获能力，挤压开发者的市场空间。具体而言，APP用户的转换成本较低，“同屏竞争”激烈[65]。随着平台主的进入，会促使用户选择声誉和资源优势更好的平台主的产品，导致开发者的用户资源被抢占，进而挤压了开发者的利润空间，降低APP迭代新颖性转化为高绩效的可能性。其二，平台主的进入会向开发者发出负面信号，降低开发者通过提升迭代新颖性促进绩效的动力。平台主进入增加了该类APP的受关注程度，使得开发者推出的差异化服务和创意存在更大的被盗用的风险。已有关于创新绩效的研究指出，竞争关系的存在，可能导致组织的关键知识和创新成果被合作伙伴所窃取，失去竞争优势[261]。因而，平台主进入使得开发者难以通过APP迭代新颖性的提升增强竞争优势，进而弱化APP迭代新颖性对绩效的积极作用。综上所述，本书提出如下假设：

H5-4 平台主进入削弱APP迭代新颖性对APP绩效的促进作用。

5.2.4.2　平台主进入：对迭代敏捷性和 APP 绩效的调节作用

其次，本书认为，平台主进入会削弱迭代敏捷性对 APP 绩效的倒 U 型作用，及平台主进入会分别弱化迭代敏捷性对 APP 绩效的促进作用和抑制作用。

平台主进入弱化迭代敏捷性对 APP 绩效的促进作用，主要基于以下理由：平台主进入会阻碍开发者利用快速迭代创新获取用户关注，进而不利于市场绩效提升。平台主进入程度的加深，意味着平台主在该领域的 APP 开发和运营经验更丰富，平台主能率先进行 APP 迭代或快速模仿已有 APP 的创新，这将增加开发者创新的不确定性和风险性，即便开发者通过提升创新速度缩短更新周期，但难以迅速抢占市场，获得先动优势。

平台主进入也会弱化迭代敏捷性对 APP 绩效的抑制作用，主要原因在于：平台主进入降低开发者的创新成本，缓解 APP 快速迭代导致的资源与能力的高负荷运行状态，进而减少迭代敏捷性对 APP 绩效的负向作用。平台主进入开发者市场，参与竞争获取市场利润的同时，也会造成自身有价值知识的流出，由于用户需求的一致性和产品技术基础的相似性，开发者可以利用平台主进入的知识溢出寻找解决方案，降低创新难度。且具有更高迭代敏捷性的开发者，其吸收能力也会更好，面对平台主的知识溢出，更容易吸收和转化，降低开发成本，进而保持创新成本收益比，弱化了迭代敏捷性对 APP 绩效的负向作用。综上所述，本书提出如下假设：

H5-5 平台主进入削弱 APP 迭代敏捷性对 APP 绩效的倒 U 型作用。

5.2.5　平台主推荐的调节作用

平台主推荐作为 APP 市场上常见的平台主治理机制，体现了平台主对生态中互补创新的激励和帮助，有助于开发者快速实现创新的市场价值，并提高生态中用户体验。已有研究发现，平台主推荐主要通过提高 APP 关注度和质量认证两方面影响用户购买决策，促进被推荐 APP 的绩效。一方面，平台主推荐将被推荐 APP 提升到平台界面的突出位置，降低了被推荐产品的搜索成本，并增加了新用户发现该 APP 的可能性。另一方面，当用户在选择阶段对 APP 质量存在不确定性，平台主推荐使用户更容易获得 APP 的详细信息，形成对 APP 质量的期望，并根据期望做出购买决策。基于平台主推荐所带来的高用户关注度和质量认证，本书将进一步探讨作为重要的情境因素，平台主推荐如何影响开发者的迭代创新与 APP 绩效之间的关系。

5.2.5.1 平台主推荐：对迭代新颖性和APP绩效的调节作用

本书认为平台主推荐会增强APP迭代新颖性对绩效的促进作用。主要基于以下原因，第一，平台主推荐增强该APP被用户关注的可能性，提高了APP可见性，增强了开发者的创新获利能力。服务主导逻辑下，服务创新的价值实现主要取决于用户的体验和使用[26]。而平台主推荐程度的增加，能为APP带来持续的曝光，进而驱动大量的用户下载[50]。此种情境下，开发者提升的APP迭代新颖性，将被更多用户所观察和使用，迭代新颖性将变得更有价值，开发者的创新获利能力由此得到提升，进而有利于新颖性的创新成果转化为高的市场绩效。第二，平台主推荐具质量认证的作用，意味着平台编辑对现有APP质量和创新设计的认可[23]，这种认可增强了APP迭代创新在市场中的认可度，进而促进APP迭代新颖性对绩效的积极作用。可见，在平台主推荐水平较高时，迭代新颖性较高的APP能够更加有效地吸引新用户和满足更多用户的需求，并促使用户购买相关产品和服务，进而提升自身绩效。综上所述，本书提出如下假设：

H5-6 平台主推荐增强APP迭代新颖性对APP绩效的促进作用。

5.2.5.2 平台主推荐：对迭代敏捷性和APP绩效的调节作用

迭代敏捷性对APP绩效的倒U型关系同样受到平台主推荐的影响。当平台主推荐水平较高时，迭代敏捷性对APP绩效的促进作用或抑制作用也会随之增加。一方面，平台主推荐通过提高APP可见性和对其创新质量的认可促进迭代敏捷性对APP绩效的积极作用。平台主推荐水平高，APP被潜在用户关注和下载的可能性高，适度的迭代敏捷性的提升将有效改善用户体验，更容易吸引并留住用户，从而提高APP的获利能力，开发者通过快速迭代创新在绩效方面的优势将被平台主推荐所强化。另一方面，平台主推荐也可能增强迭代敏捷性对APP绩效的消极作用，主要原因在于：APP过于快速且频繁地迭代，其所产生的具有新颖性的创新将会受到限制，更多的可能是无实质内容的改进，会大大提高用户的使用成本，降低用户体验[251]，此时高水平的平台主推荐所带来的高用户关注度，可能放大这种不利影响，使得消极评价在更广范围的用户中传播，导致APP流失更多潜在用户，进而降低了APP的获利能力，增强了迭代敏捷性对APP绩效的不利影响。据此，本书提出假设H5-7，即平台主推荐增强APP迭代敏捷性对APP绩效的倒U型影响。另表5-1汇总了迭代创新对APP绩效作用机制的所有假设，以及假设符号。

H5-7 平台主推荐增强APP迭代敏捷性对APP绩效的倒U型作用。

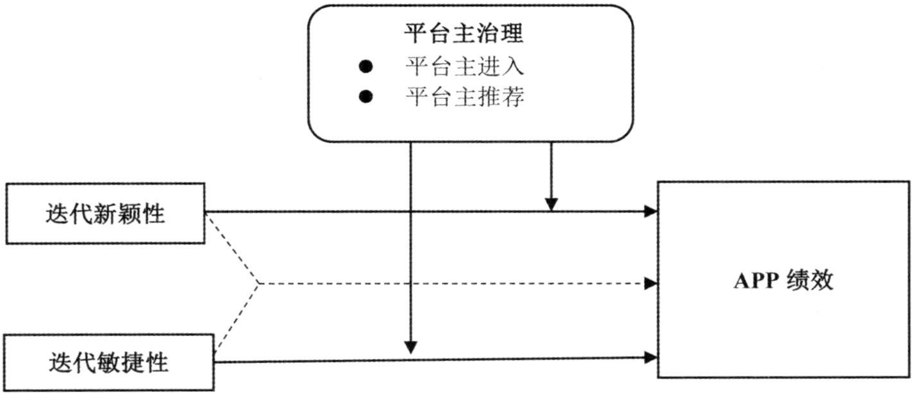

图 5-1　研究模型

表 5-1　假设汇总

假设编号	假设内容
H5-1	迭代新颖性对 APP 绩效有促进作用。
H5-2	迭代敏捷性对 APP 绩效有倒 U 型作用。
H5-3	迭代新颖性弱化了迭代敏捷性对 APP 绩效的倒 U 型影响
H5-4	平台主进入削弱迭代新颖性对 APP 绩效的促进作用。
H5-5	平台主进入削弱迭代敏捷性对 APP 绩效的倒 U 型作用。
H5-6	平台主推荐增强迭代新颖性对 APP 绩效的促进作用。
H5-7	平台主推荐增强迭代敏捷性对 APP 绩效的倒 U 型作用。

5.3　研究设计

5.3.1　数据来源和样本

通过 1.4.2.2 小节中的数据收集，本节整理了从第三方移动数据监测机构七麦数据平台上收集的 2018 年 12 月-2019 年 12 月间的 APP 数据，并获取本章所需的 APP 应用信息，更新以及 APP 绩效的相关信息，主要包含以下部分：（1）畅销榜和免费榜等各类榜单排名；（2）新版本发布时间、版本号及更新内容；（3）iOS 平台推荐记录；（6）Apple 在样本期间已开发 APP 及其应用信息；（7）平台系统更新信息；（8）开发者回复评论数量。同样，处理相关变量信息和数据缺失的样本，并对所有连续变量进行 1%缩尾处理。最终，获得由 382 个 APP 的月度数据构成的平衡面板数据。数据平台的具体介绍以及数据收集过程可见 1. 4. 2. 2 小节。

5. 3. 2 变量测量

5. 3. 2. 1 因变量

APP 绩效。因为 APP Store 没有公布应用的实际销售额，现有研究大多采用 APP 的排名来衡量其市场表现。Shen 等（2015）[263]研究发现销售排名是产品销售额的一个很好的代理变量。销售排名与销售额成负相关，即销售排名越低，销售额越大。据此，Zhou 等（2018）[61]采用 APP 在畅销榜单的排名衡量其绩效，并研究了用户需求响应速度对 APP 市场表现的影响。Kapoor 和 Agarwal（2017）[45]认为排名较高的 APP，如排名前 500 的 APP 会给开发者创造明显的经济收益，因此，采用 APP 持续出现在畅销榜单的天数来衡量开发者的可持续绩效。

借鉴上述研究，结合本书所探讨的问题，本书使用畅销总榜的排名来衡量 APP 绩效。具体地讲，通过收集 APP 每天的排名信息，采用加权平均的方法来计算 APP 每月的平均排名，并作为衡量其市场表现的代理测量。具体计算公式为［（排名在 1-300 出现天数）×5+（排名在 301-600 出现天数）×4+（排名在 601-900 出现天数）×3+（排名在 901-1200 出现天数）×2+（排名在 1201-1600 出现天数）×1］/30 由此计算出来的排名分值越高，代表 APP 绩效越好。另外，考虑到绩效的滞后性，减少可能存在的内生性问题。本书使用 T+1 期的绩效作为因变量。

5. 3. 2. 2 自变量

迭代新颖性。参考已有文献 Ye 和 Kankanhalli（2020）[26]，本书采用 APP 每月不同版本具体内容更新数量来测量 APP 迭代新颖性。APP 的每个新版本都会有新的优化、新功能或新内容等更改。删除漏洞修复、问题修复和错误修正等创新性较弱的更改，本书计算了每个 APP 新版本中更新新功能、新内容和优化的数量，更改数量越多，则迭代新颖性越强。

迭代敏捷性。迭代敏捷性体现了迭代创新的速度和频率[221]。借鉴现有文献[26]，本书采用 APP 每月版本更新次数来测量 APP 迭代敏捷性，每一次版本更新都反映了 APP 一定程度上的创新，且版本更新次数越多，迭代敏捷性越高。考虑到可能存在内生性问题，本书采用滞后一期，即 t+1 期的 APP 迭代新颖性和迭代新颖性敏捷性作为因变量

5.3.2.3　调节变量

平台主进入。本书采用平台当月还在运营的同类型 APP 数量，衡量平台主进入该类型 APP 的程度。该测量反映了开发者面临的平台竞争压力程度。

平台主推荐。借鉴已有研究，本书使用平台主在一个月内推荐该 APP 的天数来衡量平台主推荐程度。平台主推荐不仅可以帮助用户克服发现和评估应用的困难，还可以帮助开发者识别不同 APP 的潜在用户，从而实现个体层面的定向营销。此外，控制变量为平台迭代、开发者回复、APP 年龄和 APP 前期绩效。

5.4　实证检验

5.4.1　相关系数检验

表 5-2 是各变量 Pearson 相关系数的统计分析结果。表 5-2 表明，解释变量（迭代敏捷性和迭代新颖性）分别与 APP 绩效性显著相关，表明本书变量选取合理。此外，所有变量间相关系数均未超过 0.7 的临界值，且方差膨胀因子（VIF）均低于 1.253，小于 10，这说明本书模型基本不存在多重共线性问题。

表 5-2　相关性分析

变量	均值	标准差	1	2	3
1. APP 绩效$_{t+1}$	2.938	1.515	1.000		
2. 迭代新颖性	3.569	4.472	0.170***	1.000	
3. 迭代敏捷性	1.753	1.395	0.216***	0.413***	1.000
4. 平台主进入	4.455	4.038	−0.057***	0.047***	−0.002

续表

变量	均值	标准差	1	2	3
5. 平台主推荐	4.166	9.739	0.100***	0.076***	0.072***
6. 平台迭代	1.826	1.216	−0.041***	0.026*	0.054***
7. 开发者回复	0.132	0.248	0.006	0.033**	0.026*
9. APP 年龄	56.748	28.870	0.179***	0.026*	0.111***
10. APP 绩效$_t$	2.872	1.548	0.972***	0.174***	0.227***
变量	4	5	6	7	8
4. 平台主进入	1.000				
5. 平台主推荐	−0.021	1.000			
6. 平台迭代	0.001	0.019	1.000		
7. 开发者回复	0.041***	0.100***	−0.006	1.000	
8. APP 年龄	−0.011	0.044***	0.060***	−0.051***	1.000
9. APP 绩效$_t$	−0.057***	0.107***	−0.042***	0.013	0.179***

注：* $p < 0.1$；** $p < 0.05$；*** $p < 0.01$，N=382。

5.4.2 回归模型检验

首先，本书对迭代创新影响 APP 绩效的基本回归模型进行 Chow 检验，判断是应该选择混合模型还是固定效应模型。表 5-3 展示了 Chow 检验的 F 统计量结果，将混合模型分别与个体时间双固定效应模型、个体固定效应模型和时点固定效应模型进行检验，发现 F 统计量的值均大于临界值，因此，本书回归模型的截距项随个体和时点同时变化，不适合采用混合回归。其次，在 Chow 检验结果的基础上，本书进一步进行 Hausman 检验，判断应该采用固定效应模型还是随机效应模型。见表 5-4，Hausman 检验结果表明，固定效应模型优于随机效应模型。因此，综合上述检验的结果，本书采用个体时间双向固定效应模型进行回归分析，同时控制个体差异和时间趋势的影响。

表 5-3 Chow 检验的 F 统计量

受约束模型	F 统计量的值	临界值	结果
时点固定	3.308	1.792	拒绝原假设 H0：pool 模型

续表

受约束模型	F 统计量的值	临界值	结果
个体固定	97.595	1.128	拒绝原假设 H0：pool 模型
个体和时点双固定	95.625	1.127	拒绝原假设 H0：pool 模型

5.4.3　假设检验

表 5-4 展示了迭代新颖性和迭代敏捷性对 APP 绩效影响的回归结果，其中各模型的解释变量均为 APP 绩效，调节变量包含平台主进入和平台主推荐，控制变量为平台迭代、开发者回复、APP 年龄和 APP 先前绩效，所有模型中的回归系数为非标准化路径系数。模型 1 用来分析 APP 迭代新颖性和迭代敏捷性对 APP 绩效的直接影响，在模型 1 所包含的解释变量和控制变量的基础上，模型 2 增加了迭代新颖性和迭代敏捷性的交互项，用以检验两个自变量间的交互对绩效的影响。模型 3 和模型 4 则在模型 1 的基础上分别添加了表征平台主进入调节作用的 3 个交互项（迭代新颖性 * 平台主进入、迭代敏捷性 * 平台主进入、迭代敏捷性平方 * 平台主进入），表征平台主推荐调节作用的 3 个交互项（迭代新颖性 * 平台主推荐、迭代敏捷性 * 平台主推荐、迭代敏捷性平方 * 平台主推荐），用以分别检验平台主进入和平台主推荐，在迭代新颖性和迭代敏捷性与 APP 绩效关系中的调节作用。模型 5 包含了所有变量以及交互项，是个汇总模型，与模型 1-4 比较，模型 5 的 R^2 值为 0.468，高于其他模型，表明全模型 5 中各解释变量对 APP 绩效的影响具有更好的解释力度。

模型 1 中，迭代新颖性对 APP 绩效回归系数为 0.003，且显著（$p<0.05$），表明迭代新颖性对 APP 绩效有显著正向影响，即迭代新颖性促进了 APP 绩效，假设 H5-1 得到支持。且在模型 2-5 中，迭代新颖性对 APP 绩效的作用均为正且显著（$\beta=0.004$，$p<0.05$；$\beta=0.007$，$p<0.1$；$\beta=0.003$，$p<0.1$；$\beta=0.007$，$p<0.1$），进一步表明该结论的稳健性。迭代敏捷性与 APP 绩效回归系数为 0.047，且显著（$p<0.01$），但迭代敏捷性平方项与 APP 绩效回归系数为-0.007，且显著（$p<0.1$），表明迭代敏捷性对 APP 绩效有显著的非线性影响，即迭代敏捷性对 APP 绩效有倒 U 型影响，假设 H5-2 得到支持。且模型 2-5 中，迭代敏捷性与 APP 绩效回归系数均为正且显著（$\beta=0.026$，$p<0.01$；$\beta=0.046$，$p<0.01$；$\beta=0.050$，$p<0.01$；$\beta=0.029$，$p<0.01$）；迭代

敏捷性平方项与 *APP* 绩效回归系数均为负且显著（$\beta=-0.003$，$p<0.1$；$\beta=-0.007$，$p<0.1$；$\beta=-0.008$，$p<0.05$；$\beta=-0.004$，$p<0.05$），表明假设 H5-2 结论的稳健性，即随着 APP 迭代敏捷性水平的提升，APP 绩效先上升后下降。

模型 2 中，迭代新颖性与迭代敏捷性的交互项对 APP 绩效作用的回归系数为-0.020，且显著（$p<0.05$），迭代新颖性与迭代敏捷性平方项的交互项的回归系数为 0.008，且显著（$p<0.05$），上述回归结果表明迭代新颖性弱化了迭代敏捷性对 APP 绩效的倒 U 型关系，假设 H5-3 得到验证。在全模型 5 中，上述结论依然得到支持（$\beta=-0.020$，$p<0.1$；$\beta=0.007$，$p<0.05$）。

模型 3 回归结果表明，迭代新颖性与平台主进入的交互项对 APP 绩效的作用为负且显著（$\beta=-0.015$，$p<0.05$），在全模型 5 中，这种关系同样得到支持（$\beta=-0.015$，$p<0.05$），即平台主进入削弱了迭代新颖性对 APP 绩效的促进作用，假设 H5-4 得到验证。为了更加直观地展示上述关系，本书绘制调节效应图，如图 5-2 所示，相比于平台主进入程度低，当平台主进入程度较高时，迭代新颖性对 APP 绩效的促进作用明显更弱。

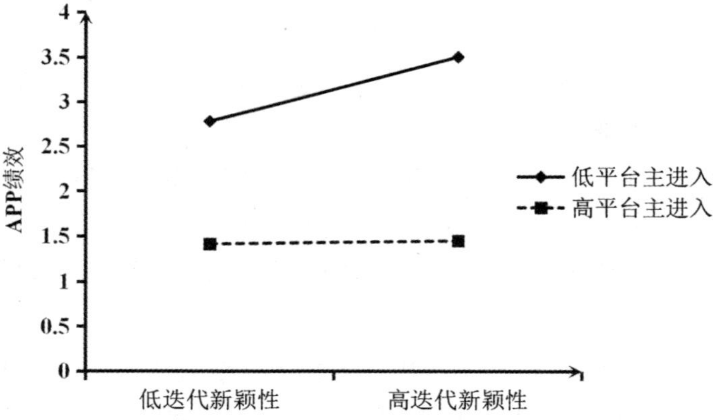

图 5-2　平台主进入对迭代新颖性与 APP 绩效的调节作用

模型 3 归结果还表明，迭代敏捷性与平台主进入的交互项对 APP 绩效的回归系数为负且显著（$\beta=-0.048$，$p<0.1$），迭代敏捷性平方项与平台主进入的交互项对 APP 绩效的回归系数为正且显著（$\beta=0.042$，$p<0.1$），这表明平台主进入削弱了迭代敏捷性对 APP 绩效的倒 U 型作用，假设 H5-5 得到验证。在全模型 5 中，上述结果同样存在（$\beta=-0.049$，$p<0.1$；$\beta=0.043$，$p<0.1$）。进一步，分析调节效应图 5-3 可以得出，当迭代敏捷性水平较低时，相对于低平台主进入，较高平台主进入明显削弱迭代敏捷性对 APP 绩效的正向作用。

类似地，当迭代敏捷性水平较高时，相对于低平台主进入，较高平台主进入也明显弱化迭代敏捷性对 APP 绩效的负向作用。

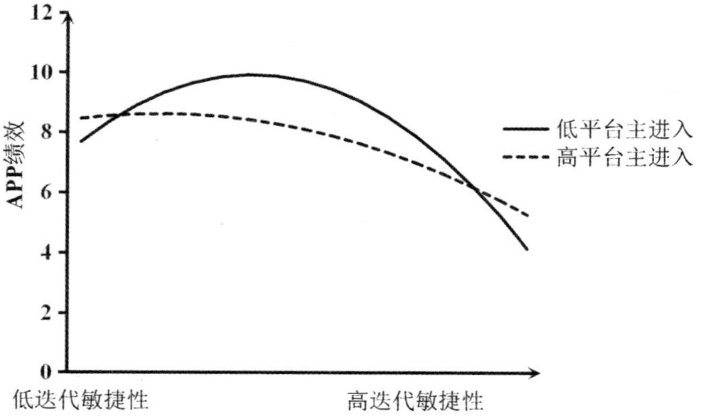

图 5-3　平台主进入对迭代敏捷性与 APP 绩效的调节作用

表 5-4　迭代创新对 APP 绩效影响的回归结果

变量	模型 1	模型 2	模型 3	模型 4	模型 5
自变量					
新颖性	0.003**	0.004**	0.007*	0.003*	0.007*
敏捷性	0.047***	0.026***	0.046***	0.050***	0.029***
敏捷性平方	−0.007*	−0.003*	−0.007*	−0.008**	−0.004**
交互项					
新颖性 * 敏捷性		−0.020**			−0.020*
新颖性 * 敏捷性平方		0.008**			0.007**
新颖性 * 进入			−0.015**		−0.015**
敏捷性 * 进入			−0.048*		−0.049*
敏捷性平方 * 进入			0.042*		0.043*
新颖性 * 推荐				0.002**	0.003*
敏捷性 * 推荐				0.067***	0.065***
敏捷性平方 * 推荐				−0.045	−0.043
调节变量					
平台主进入	−0.191***	−0.192***	−0.193***	−0.194***	−0.197***
平台主推荐	0.005***	0.005***	0.005***	0.005**	0.005**

续表

变量	模型 1	模型 2	模型 3	模型 4	模型 5
控制变量					
平台迭代	−0.553	−0.544	−0.588	−0.537	−0.564
开发者回复	0.226***	0.224***	0.228***	0.228***	0.227***
APP 年龄	0.647	0.631	0.734	0.693	0.772
APP 绩效	0.606***	0.605***	0.606***	0.604***	0.607***
时间效应	Yes	Yes	Yes	Yes	Yes
常数项	5.123**	5.140**	5.221***	5.076**	5.192***
R^2	0.580	0.461	0.464	0.465	0.468
F	3.400***	3.390***	3.390***	3.410***	3.390***

注：*$p<0.1$ **$p<0.05$；***$p<0.01$，N=382。迭代敏捷性缩写为敏捷性，迭代新颖性缩写为新颖性，平台主进入缩写为进入，平台主推荐缩写为推荐。

模型 4 回归结果表明，迭代新颖性与平台主推荐交互项的回归系数为正且显著（$\beta=0.002$，$p<0.05$），在全模型 5 中，其回归系数同样显著（$\beta=0.003$，$p<0.1$），即平台主推荐增强了迭代新颖性与 APP 绩效的促进作用，假设 H5-6 得到验证。进一步，分析调节效应图 5-4 得出，相比于低水平的平台主推荐，当平台主推荐水平较高时，迭代新颖性对 APP 绩效的促进作用明显更强。

模型 4 的回归结果还表明，迭代敏捷性与平台主推荐的交互项对 APP 绩效的回归系数为正且显著（$\beta=0.067$，$p<0.01$），然而迭代敏捷性平方项与平台主推荐的交互项对 APP 绩效的回归系数为负，且不显著（$\beta=-0.045$，$p>0.1$），即平台主推荐对迭代敏捷性与 APP 绩效的倒 U 型关系没有调节作用，假设 H5-7 未得到验证。在全模型 5 中，上述结果同样未得到支持（$\beta=0.065$，$p<0.01$；$\beta=-0.043$，$p>0.1$）。

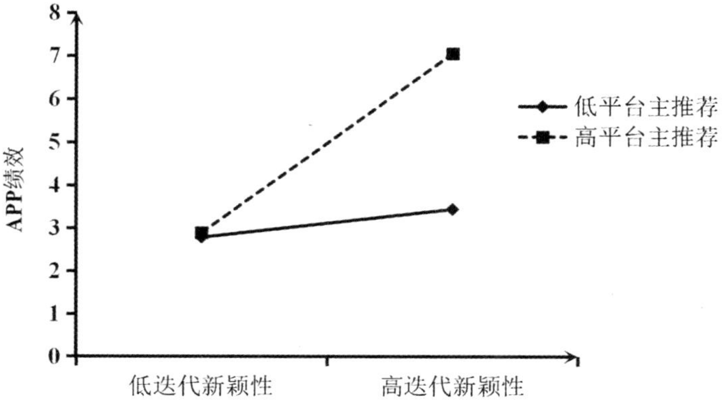

图 5-4　平台主推荐对迭新颖性与 APP 绩效的调节作用

5.4.4　内生性问题和稳健性检验

内生性问题可能会对本书研究结论产生偏差。本书测度的因变量 APP 绩效指标为滞后一期，t+1 期 APP 绩效指标不会影响当期的 APP 迭代新颖性和迭代敏捷性，因而，可有效避免互为因果的情况。进一步地，本书研究采用面板格兰杰检验因果关系检验，检验结果发现，迭代新颖性和迭代敏捷性是 APP 绩效的格兰杰原因，但是 APP 绩效并不是迭代新颖性和迭代敏捷性的格兰杰原因，即实证上不存在因变量和自变量互为因果的问题。格兰杰因果检验的具体结果见表 5-5。另外，同样借鉴现有研究构造分组平均值作为工具变量的思路，本书研究使用同月同类型其他 APP 的迭代新颖性和迭代敏捷性水平的均值作为工具变量，采用 2SLS 的方法解决的其他可能存在的内生性问题，回归结果与本书结果基本一致，未发生实质性改变（见表 5-6 中模型 9），表明本书研究模型不存在严重的内生性问题。

表 5-5　格兰杰因果检验

解释变量	解释变量			
	APP 绩效	迭代新颖性	迭代敏捷性	迭代敏捷性平方
APP 绩效	-	1.250	1.500	0.604
迭代新颖性	2.182*	-	9.552***	3.531
迭代敏捷性	36.440***	6.492**	-	3.121

续表

解释变量	解释变量			
	APP 绩效	迭代新颖性	迭代敏捷性	迭代敏捷性平方
迭代敏捷性平方	25.710***	2.294	5.769*	-

注：表中报告的时 F 统计的值；* $p < 0.1$；** $p < 0.05$；*** $p < 0.01$；格兰杰因果检验前，对各指标进行面板单位根检验，结果显示该组数据具有平稳性。

表 5-6 稳健性和内生性检验的回归结果

变量	模型 6	模型 7	模型 8	模型 9	模型 10
	畅销排名	下载排名	变量缩尾	2SLS	非线性关系检验
自变量					
新颖性	0.137**	0.004**	0.007*	0.007*	0.004*
敏捷性	0.144***	0.010**	0.030***	0.022**	0.101***
敏捷性平方	-0.013*	-0.002**	-0.004**	-0.003**	-0.022*
敏捷性三次方					0.002
交互项					
新颖性 * 敏捷性	-0.324	0.020**	-0.019*	-0.021*	
新颖性 * 敏捷性平方	0.090*	0.005*	0.007*	0.008	
新颖性 * 进入	-0.177**	-0.001	0.015**	0.015	
敏捷性 * 进入	-0.338*	0.026*	-0.049*	-0.048*	
捷性平方 * 进入	0.349**	0.035**	0.043*	0.041*	
新颖性 * 推荐	0.039*	-0.001	0.002**	0.004*	
敏捷性 * 推荐	1.029***	0.014	0.066***	0.066**	
敏捷性平方 * 推荐	-0.683	-0.015	-0.044	-0.044	
调节变量					
平台主进入	0.055	-0.012	-0.226***	-0.187***	-0.187***
平台主推荐	0.047*	0.004***	0.005**	0.005**	0.0048**
控制变量					
平台迭代	-2.977	0.392	-0.255**	0.001	-0.821
开发者回复	3.047***	0.012	0.252***	0.229***	0.067

变量	模型 6	模型 7	模型 8	模型 9	模型 10
	畅销排名	下载排名	变量缩尾	2SLS	非线性关系检验
APP 年龄	−0. 042	−0. 060	−0. 139	−0. 095	0. 526
APP 绩效	0. 649***	0. 434***	0. 604***	0. 457***	0. 585***
时间效应	Yes	Yes	Yes	Yes	Yes
常数项	29. 740***	−0. 351	3. 723***	——	1. 783***
R^2	0. 508	0. 221	0. 466	0. 603	0. 433
F	2. 741***	4. 141***	3. 401***	2. 659***	3. 410***

注：$^{*}p < 0.1$；$^{**}p < 0.05$；$^{***}p < 0.01$，N=382。迭代敏捷性缩写为敏捷性，迭代新颖性缩写为新颖性，平台主进入缩写为进入，平台主推荐缩写为推荐。

此外，为了进一步检验上述研究结果是否具有稳健性，我们使用以下方法进行稳健性检验：（1）替换因变量。一方面，改变现有因变量的计算方式，采用 APP 每月在畅销榜的排名进入前 300 的天数，衡量 APP 绩效，排名进入前 300 的天数越多，表明 APP 绩效越高[45]；另一方面，据现有研究指出，APP 下载量同样能够反映 APP 的市场表现[22]，本章采用 APP 每月在下载榜的平均排名来衡量其绩效，并做对数处理。上述回归结果分别见表 5−6 中模型 6 和模型 7，回归结果表明，本书基本模型具有很强的稳健性，即迭代新颖性促进了 APP 绩效，而迭代敏捷性对 APP 绩效存在倒 U 型影响。（2）变量缩尾。尽管上文已经对所有连续变量进行上下 1%缩尾处理，为了减少更多极端值的影响，验证前文结论的稳健性，接下来我们采用 5%缩尾范围重新对所有连续变量进行双边缩尾处理，回归结果见表 5−6 中模型 8，自变量及其交互项对 APP 绩效的回归系数的符号及显著性基本与上述研究结果一致，研究结论并未发生实质性改变，具有稳健性。同样，为了检验迭代敏捷性与 APP 绩效之间倒 U 关系的稳健性，本书将迭代敏捷性三次项加入基本回归模型中[225]。表 4−7 和 4−8 的回归结果显示，迭代敏捷性的三次项对 APP 绩效的影响不显著（$\beta=0.002$，$p>0.1$），而迭代敏捷性一次项对 APP 绩效的影响显著为正（$\beta=0.101$，$p<0.05$），迭代敏捷性二次项对 APP 绩效的影响显著为负（$\beta=-0.022$，$p<0.1$）。上述结论说明迭代敏捷性与 APP 绩效之间的 U 型关系是否是严格存在且稳健的。

5.5 研究结论与讨论

本章探讨了迭代创新对APP绩效的影响机制，考虑到创新的多维度属性，将APP迭代创新分为迭代新颖性和迭代敏捷性，通过实证研究验证了两种不同维度的创新对APP绩效的差异化影响，解释了平台主进入和平台主推荐在上述关系中的情境价值，本章主要得出以下结论：

（1）APP迭代创新对其绩效影响的直接效应。首先，验证了迭代新颖性对APP绩效的正向影响。迭代新颖性的提升，为用户提供更多新的增量服务，包括新的功能和新的内容。新颖性服务的增加提高了APP的差异化程度，能吸引新用户、提高用户黏性，进而促进开发者的价值创造能力和价值获利能力[248]，提高APP的市场份额和经营绩效。该研究结论同Comino等（2019）[4]，Foerderer和Heinzl（2017）[22]和Tian等（2020）[1]的研究结果一致，即具有实质更新内容的APP迭代创新能够显著地提高APP质量，提高用户效用，进而促进APP的市场绩效。上述结论表明，在现有版本应用程序上进行迭代创新，添加新的服务，并不会过多增加用户的学习成本，导致APP绩效降低[22]，相反，现有用户愿意接受在现有APP上迭代新的服务，以获取更有价值的产品体验，且避免下载更多的应用程序[1]。同时，新用户也更容易被具有新颖性的APP所吸引，进而促进APP绩效[22]。

其次，本章验证了迭代敏捷性对APP绩效的倒U型影响。迭代敏捷性的提升，意味着APP迭代创新速度的增加，有助于缩短更新周期和抢占市场份额，并获得先动优势[65]，形成竞争壁垒，从而提高APP的获利能力。但过高的迭代敏捷性，导致用户需要不断更新应用程序，且用户需要花费较多的时间适应新的产品界面和功能，改变使用习惯，从而较易产生消极的用户体验，降低APP绩效[251]。大多研究，如Ye和Kankanhalli（2020）[26]，Comino等（2019）[4]，Tiwana（2015）[9]，Zhou等（2018）[61]和Picoto等（2019）[63]等验证了迭代敏捷性对APP绩效的积极作用，但是上述研究忽略了迭代敏捷性对APP绩效可能存在的负向作用。这种负向的作用源于过于频繁地迭代创新，会破坏用户行为惯例，迫使已有用户放弃旧的习惯，采用新的互动规则[55]。另Zhou等（2018）[61]在探索APP迭代创新速度与APP绩效的关系时，通过实证研究发现，快速迭代创新对APP绩效可能造成消极影响，部分更新对满足用户需求方面来说是徒劳无益的，且过高的迭代速度会增加创新的成本，可能损害 APP 质量和现有用户体验，造成绩效下降。本章的研究结论与 Zhou 等（2018）[61] 的研究结果一致。

（2）迭代新颖性和迭代敏捷性的交互对 APP 绩效的作用得到验证。本章研究发现迭代新颖性弱化迭代敏捷性对 APP 绩效的倒 U 型关系。迭代新颖性的提升所带来的积极影响，降低了快速迭代的必要性，挤出迭代敏捷性对绩效的积极作用。同时，随着迭代新颖性的提升，具有创新性和差异化的服务改进更可能吸引用户，改善用户因过于频繁地更新而产生的较差的使用体验，进而缓解快速迭代对 APP 绩效的负向影响。上述结论表明，迭代新颖性和迭代敏捷性虽然在本质上存在差异，属于创新的不同维度，但两者之间会相互影响，需要有效地整合增加创新收益，或降低可能的负面影响。现有 APP 迭代创新研究，多从速度和内容两个方面分别探讨创新对绩效的单独影响，尚未有研究关注两种不同维度创新之间的互补或者替代关系，本章研究结论验证了迭代新颖性替代了迭代敏捷性对 APP 绩效的作用，补充了 APP 迭代创新对绩效影响的相关研究，强调迭代新颖性的重要性，以及迭代新颖性对迭代敏捷性的消极作用的缓解。

（3）验证了平台主进入和平台主推荐对迭代创新与 APP 绩效之间的情境价值。首先，平台主进入削弱迭代新颖性对 APP 绩效的促进作用，且弱化了迭代敏捷性对 APP 绩效的倒 U 型关系。平台主进入程度越高，导致市场竞争程度的加强，降低开发者价值捕获能力，挤压开发者的市场空间，且开发者推出的差异化服务和创意存在更大的被盗用的风险，导致迭代新颖性难以有效吸引用户，转化为市场绩效。同样，平台主进入程度高，其所拥有的声誉和资源优势，使得开发者难以通过快速迭代抢占市场，提升绩效。但平台主进入开发者市场，也会造成自身有价值知识的流出，这种知识的溢出可能降低开发者创新成本，缓解了迭代敏捷性过高时，所面临的创新成本收益比降低的问题，进而弱化迭代敏捷性对 APP 绩效的消极作用。上述结论在一定程度上符合既有文献“平台主进入对受影响产品市场表现具有选择性作用”的论断[198, 199]。但不同的是，已有平台主进入互补者市场的研究集中于探讨平台主进入的策略和动机，以及对被影响产品绩效的直接作用，缺乏对平台主进入和迭代创新的交互效应的探索。本书基于平台主治理的视角，将平台主进入视为 APP 迭代创新过程中的重要情境因素，并验证了平台主进入在迭代新颖性对 APP 绩效积极关系的负向调节作用，以及在迭代敏捷性对 APP 绩效倒U型关系的弱化作用，补充了平台主进入影响的相关研究。

其次，验证了平台主推荐对迭代新颖性与APP绩效间积极关系的正向调节作用。该结果表明，迭代新颖性在平台主推荐水平高的情境中能够更加显著地促进APP绩效。随着平台主推荐程度的增加，能为APP带来持续的曝光，进而驱动大量的用户下载[50]，此时，迭代新颖性高的APP更能有效地满足用户多样化需求，并提高用户留存率，促使用户购买相关产品和服务，进而提升自身绩效，且平台主推荐所具有的质量认证作用，使APP迭代创新的成果更容易被市场认可，有利于APP迭代新颖性转化为市场绩效。该结论同Liang等（2019）[50]的研究结果相近，他们研究发现平台主推荐通过吸引用户关注和影响用户购买决策，能够有效促进被推荐的市场绩效。不同的是，本书验证平台主推荐对APP迭代创新影响的情境价值，进一步，补充了平台主推荐的相关研究结论。此外，本章认为平台主推荐增强迭代敏捷性对APP绩效的倒U型作用，但该假设未得到实证数据上的支持。可能的原因是，平台主推荐通常针对APP的潜在用户，以帮助吸引更多新用户，而被推荐的新用户更多关注APP的创新性、新颖性和独特性，忽略APP迭代敏捷性和活跃度，因而平台主推荐并没有增强迭代敏捷性对APP绩效的作用。

5.6 本章小结

本章检验了研究APP迭代新颖性和迭代敏捷性对其绩效的影响，以及平台主推荐和平台主进入的情境价值，实证分析得出迭代新颖性促进APP绩效，迭代敏捷性对APP绩效存在倒U型影响，特别地，迭代新颖性弱化了迭代敏捷性对APP绩效间的倒U型关系，验证了两种迭代创新对APP绩效的交互影响。此外，平台主进入削弱迭代新颖性对APP绩效的促进作用，且削弱了迭代敏捷性对APP绩效的倒U型影响。平台主推荐增强了迭代敏捷性对APP绩效的倒U型影响，但对迭代新颖性对APP绩效的关系没有调节作用。上述研究结论深化了APP迭代创新的效能机理，明确迭代创新对APP绩效影响的作用机制。

第 6 章　APP 迭代创新的前因组态及其绩效研究

第 1~3 章采用多元回归分析的方法，分别检验了用户在线评论、开发者经验对 APP 迭代创新的影响，以及 APP 迭代创新对绩效的作用机制，为本章研究提供了实证检验支撑。本章将基于平台生态系统行动者视角，围绕子问题三"APP 迭代创新的组态（路径）及其对绩效的影响"运用定性比较分析（QCA）方法，同时探讨用户层面（在线评论数量和在线评论效价）、开发者层面（生态经验和开发经验多元化）和平台主层面（平台主进入和平台主推荐）各因素相互影响形成的组态，及组态对 APP 绩效的影响。

6.1　导言

近年来，移动互联网下的软件平台生态系统经历了快速增长，如苹果 iOS 系统下的 APP Store 和谷歌 Android 下的 Play Store。开发者依靠上述平台生态系统，开发了大量移动软件应用程序，即 APP。APP 产业迅猛发展的同时，市场竞争也越发激烈，用户使用率和留存率都较低[4]。面对如此激烈的竞争，开发人员往往被迫每月甚至每两周发布应用程序的新版本，不断增加新的功能或特性[5]。

那么什么因素能有效促进或帮助开发者开展高效地 APP 迭代创新，维持竞争优势？在 APP 产业迅猛发展的背景下，上述问题具有重要的现实意义。

现有 APP 迭代创新研究围绕平台主、用户和开发者的视角，探讨平台主进入、用户在线评论和开发者产品经验等因素对 APP 迭代创新的影响。然而这些研究在理论视角和研究方法上存在一定的局限性，限制了从宏观和系统上认识平台生态系统中的创新活动。在理论视角方面，专注于单个研究视角的检验，而忽略不同视角之间的协同和整合。既有 APP 迭代创新影响机制研究多是基于平台主视角、用户视角或开发者视角而独立展开，如此得出的结论较为单一，难以从生态系统的角度分析 APP 迭代创新。在研究方法方面，传统的回归分析等统计方法，强调自变量间相互独立、因果对称和单向线性关系，在控制其他影响因素的基础上，倾向于探索特定因素的净效应，而忽略了多个相关因素的综合效应[29]，由此得到的相关关系在解释、预测和激励开发者 APP 迭代创新方面存在一定局限。

事实上，开发者都将其应用创新和业务运营建立在平台生态系统的基础上，平台生态系统主要由平台主、用户和互补者共同组成[33]，各角色间活动具有高度的动态性和相互依赖性。因而，平台生态系统中的特定创新往往不是孤立的；相反，它需要多个行动者相互依存的影响，共同推动创新。可见，采用多理论视角的整合框架和运用有助于探索不同影响因素间互动关系的研究方法，探讨平台生态系统中的各行动者间相互作用[40]，对于解释和分析生态系统中开发者创新活动变得十分必要。

基于此，首先，本书基于平台生态系统行动者视角，从整体观出发，探讨平台主视角（平台主进入和平台主推荐），用户视角（在线评论数量和在线评论效价）和开发者视角（生态经验和开发经验多元化）下各因素相互影响形成的组态对 APP 迭代创新的联合效应，以揭示实现 APP 迭代创新高绩效的因果复杂性。且本书将 APP 迭代创新划分迭代敏捷性和迭代新颖性两个维度，分别研究两种不同维度 APP 迭代创新的形成路径，分析可能的差异化影响。其次，本书进一步分析不同路径形成的 APP 迭代创新是否均能促进 APP 绩效的提升？绩效是组织发展的根本，是创新研究的重中之重。现有关于 APP 迭代创新和 APP 绩效之间的关系结论较多且不一致。如促进作用，阻碍作用和倒 U 型影响。部分研究试图区分 APP 迭代创新的类型来缓解上述的矛盾，认为不同维度和类型的创新，如创新速度和创新新颖性，核心型创新和支持型创新，对 APP 的绩效影响也会不同。受此启发，本书在探讨形成 APP 高迭代创新的不同路径之后，将进一步分析不同路径下形成的迭代创新对 APP 绩效可能存在的差异化影响，这不仅有助于缓解现有研究的不一致之处，更能帮助开发者结合不同条件，有效协调各因素，促成有价值的迭代创新，以帮助改善和提升绩效。

根据上述研究问题，我们应用模糊集定性比较分析（fsQCA）来研究促成高 APP 迭代创新（迭代新颖性和迭代敏捷性）的组合路径。该方法能够有效地揭示多个影响因素的相互作用所产生的多条实现路径，适合对多个影响因素联合效应的研究[76]。然后试图分别评估6个因素所形成的不同的APP迭代创新路径对APP绩效的影响。本书采用倾向性得分匹配（Propensity score matching，PSM）方法进行研究。该方法能够有效评估不同路径促成的迭代创新对APP绩效的实际影响。研究结论发现，存在多种路径可以促成高APP迭代新颖性和迭代敏捷性，但不是所有路径下的APP迭代创新都能促进APP绩效的增长。

6.2　研究框架与文献回顾

APP迭代创新前因探讨是近年来APP研究中的一个关键问题，对于APP的存活和维持竞争优势有着重要的影响。已有研究主要基于平台生态系统行动者视角，分别从平台主视角、用户视角和开发者视角，研究平台主、用户和开发者的活动和条件对APP迭代创新的影响。具体而言，平台主是生态系统的领导者，通常利用开发者（互补者）创新，促进网络效应以实现生态系统的快速和可持续发展[112]。从平台主视角出发，现有研究强调平台主在监控、管理和平衡生态中各方利益[199, 200]，以及促进APP迭代创新方面起着重要的协调作用[265]。为了更好地实现价值创造和价值分配，平台所有者采取一些治理和控制措施，以鼓励开发者持续地、高质量地互补创新[266]。该视角主要探讨了平台主和开发者创新之间的关系，但忽略了用户对创新的影响。用户的信息和参与是用户视角的关注核心，该视角认为在平台生态系统中，用户可以被视为开发者创新的共同创造者，其参与创新能有效提升生态系统的整体价值[99]。在APP行业中，用户不仅是APP产品的最终消费者，亦是开发者获取有效外部的重要渠道。用户与开发者之间的不断互动，产生大量的反馈信息，这些信息包含用户需求和解决方案的相关知识，能有效降低产品创新的测试成本[55]，缓解创新的不确定性，进而影响开发者APP迭代创新[28]。这一视角的局限在于忽略开发者的作用，难以解释同样的市场情境下，不同开发者的APP迭代创新表现会不同。而开发者视角有效的弥补这一不足，该视角主要基于资源基础观，关注开发者内部创新资源和创新能力，强调开发者自身资源基础和能力对APP迭代创新过程和绩效的影响[23]。

总体而言，先前的研究对APP迭代创新有了充分的理解，并分别从平台主、用户和开发者的角度探讨了APP迭代创新的前因。然而，平台生态系统是一个由多方行动者组成的、相互作用的经济共同体，所有行动者都通过其活动相互影响。在忽略行动者相互依存关系的情况下，理解 APP 迭代创新的前因是不够的。因此，基于平台生态系统行动者视角，本书尝试运用组态方法探索平台主、用户和开发者三个因素对 APP 迭代创新的联合效应。

然而，上述各行动者因素涵盖的具体影响条件是多种多样的，难以将所有条件都纳入本书研究中。因此，本书采用归纳法，通过对已有研究成果的总结，主要选择了六个条件因素：平台主进入、平台主推荐、在线评论数量、在线评论效价、生态经验和开发经验多元化。试图考查上述 6 个条件的互动关系对 APP 迭代创新的组态效应。本书的概念模型如图 6-1 所示。在图 6-1 中，平台主进入和平台主推荐是平台主视角关注的平台主治理行动；在线评论数量和在线评论效价是用户角度关注的用户反馈的信息条件，而生态经验和开发经验多元化是开发者视角关注的开发者自身经验条件。接下来通过回顾相关文献，本书分别讨论选择这 6 个条件的原因以及 6 个条件对 APP 迭代创新的影响机制。

6.2.1 平台主视角

平台企业，即平台主，在提供平台架构的基础上，通过制定治理机制和互动规则促进生态系统中互补者的交易和创新，提升自身竞争优势的同时实现生态中其他利益相关主体的健康发展。且平台生态系统的可持续发展依赖于多主体之间的价值共创，但平台生态系统中各主体之间的利益并非完全一致，在合作中尽可能实现自身利益的最大化，因此形成主体之间竞争和合作共存的局面[48]。如移动软件平台生态系统中，平台主鼓励帮助开发者创新的同时，也会侵入开发者市场，挤占开发者利润空间，造成激烈竞争。平台生态系统中的这种竞争和合作共存的局面，会影响到生态系统中创新和价值共创的实现[267]。基于此，本书综合探讨平台主进入（竞争层面）和平台主推荐（合作层面）对 APP 迭代创新可能的影响。

6.2.1.1 平台主进入和 APP 迭代创新

许多平台主会模仿互补者，并以类似具有替代性关系的产品进入其市场领域，这使得互补者面临平台主的直接竞争风险。现有文献探讨了平台主进入对互补者创新的影响，但结果莫衷一是。一方面，部分研究发现平台主进入互补者市场，会通过关注度溢出和竞赛两种机制促进互补者创新。关注度溢出机制强调了平台主进入某类互补者市场，会增加该类市场的用户关注度和需求[205]。由于用户对某一类产品的关注度增加，互补者会将创新努力和资源向该类市场倾斜，以满足更多用户的需求。且增加的用户关注度，意味着更大的用户下载量和反馈信息的生成，有利于互补者获取有价值的创新资源，并从中汲取创新机会[268]。如 Foerderer 等（2018）[12]研究发现，谷歌发布 APP 产品后，会增加用户对该类 APP 的需求，且该领域开发者创新相对于未被侵入的开发者增加了9.4%。竞赛效应则强调，互补者创新的增加可能源于对其他竞争者行动的回应[202, 203]。因而，APP 市场上，平台主进入开发者市场，会刺激开发者的竞争行为，激励开发者提升创新，以获取和维持竞争优势。

而另一方面，有研究指出，平台主进入会降低互补者的创新意愿[13, 201]。受到平台主的声誉和资源优势的挤压，互补者的利润空间会遭到挤压[220]，进而降低开发者对该类 APP 的创新积极性，开发者通常会将创新资源转移到其他领域的 APP 开发中，拓展新的利润空间[14]。上述研究的不一致结论意味孤立地考查平台主进入对互补者创新的影响可能有失偏颇，综合考查平台主进入与其他情境因素的互动带来的联合效应有利于真实地反映平台主进入的实际影响。

6.2.1.2 平台主推荐和 APP 迭代创新

许多平台会提供编辑推荐帮助用户迅速发现及评估新的和高质量的产品，以提升用户体验和市场效率，并一直注重改进编辑推荐效率[50]。如苹果 APP Store 首页设置的精品推荐。平台主推荐具有提高产品关注度和质量认证的作用，现有研究主要集中于检查平台主推荐是否能有效帮助用户降低搜索成本[206]，并促进产品绩效[207]。Liang 等（2019）[50]专注于移动 APP 市场，发现平台主推荐能增加被推荐 APP 及其同类型 APP 的用户关注度，提高它们的下载量，并且鼓励高质量 APP 的持续创新，促进平台利润的增长。特别地，Wang 等（2021）[21]发现平台主推荐通过增加产品曝光度能促进 APP 迭代创新对其绩效的积极作用。然而整体上，平台主推荐对 APP 迭代创新的影响机制还不明确，有待进一步地深入研究。

6.2.2 用户视角

随着互联网技术的发展，用户能较容易地针对应用程序，在线发表相关的评论信息。用户的在线评论信息通常包含了用户偏好，对产品服务、功能和质量的评估，以及使用体验的总体满意程度[41]。已有研究指出，在线评论在 APP 迭代创新中起着重要作用[42]，因为开发者可通过在线评论即时获取用户对产品质量和营销问题的反馈信息，这些信息有助于开发者迅速改进 APP，优化产品功能和服务，更好地定位产品，满足用户需求[28, 43]。因而，在线评论被视为开发者获取外部创新资源和知识的重要渠道，现有研究逐渐开始实证检验在线评论对 APP 迭代创新的影响，且主要将在线评论分为在线评论数量和在线评论效价两个维度，开展上述研究[44]。

6.2.2.1 在线评论数量和 APP 迭代创新

在线评论数量代表了文本式评论的多少。APP 市场上，在线评论提供了关于用户需求、APP 功能缺陷和性能不足等改进信息[165]。因而大量评论意味着用户传递的需求和改进信息量大，这些信息能减少开发者和用户间的信息不对称，提升开发者对用户需求的了解[28]。Chen 等（2014）[165]研究发现，APP 在线评论数量越多，用户传递的需求和改进信息就越多，例如 APP 存在的缺陷、增加新的内容和功能的请求等，这些信息增强了开发者对该 APP 的关注度，并使其具备快速有效地把握用户动态需求的能力，大大降低 APP 迭代创新的风险和不确定性[7]。因此，在线评论信息作为一种重要的外部资源，能够促进 APP 快速迭代创新，以及更具创意的成果的实现[269]。

6.2.2.2 在线评论效价和 APP 迭代创新

在线评论效价体现用户使用 APP 后的满意程度，一般用评分或星级表示[270]。在线评论效价主要基于信号传递理论，影响开发者对 APP 的迭代创新的意愿。学者对在线评论效价与 APP 迭代创新间关系的研究存在不一致的结果。部分学者研究发现，评论效价越高，证明用户对现有 APP 的满意程度越高，用户的积极态度可作为一种积极的信号，提升开发者对现有 APP 迭代创新方向和内容的信心。同时，能够鼓励开发者投入更多创新资源，尝试更多创新[215]，进一步开发和完善现有 APP 的功能和服务，以满足更多用户的需求，从而提升了 APP 迭代创新[28, 215]。而另一部分研究指出，高的评论效价会使开发者满足现有 APP 的好口碑，依靠高的用户满意度黏住老用户、吸引新用户，降低进一步开发者改进 APP 的意愿，且高评论效价 APP 的改进空间存在一定的局限，且创新的不确定性增加，进而降低开发者对 APP 的迭代创新。现有实证研究关于在线评论效价与迭代创新间关系的结论的不一致，使得综合考查在线评论效价与其他情境因素的互动带来的联合效应，以进一步深入分析在线评论效价与 APP 迭代创新的关系变得十分必要。

6.2.3 开发者视角

以往产品创新的研究指出，产品创新的成功通常受到组织先前经验基础的影响[18]，因为丰富的先前经验，能够形成可持续的创新知识储备，增强创新能力[228]。而 APP 行业中，开发者所积累的资源和能力也存在异质性，在本小结中，将回顾开发者经验，包含开发者生态经验和开发经验与 APP 迭代创新的相关性。

6.2.3.1 生态经验与 APP 迭代创新

生态经验是指开发者在平台生态系统生存的时长，反映开发者在平台生态系统中获得经验的程度[45]。生态经验的差距体现开发者内部资源和能力的异质性，开发者通过在生态系统中的干中学，逐渐积累关于平台和用户的知识及资源，这些知识和资源能有效帮助开发者应对新的市场形势[271]。Chen 等（2021）[23]研究指出，更多的平台生态系统经验能帮助开发者增强对平台技术架构的了解，提升对生态复杂性的适应和应对能力，从而有效提升开发者的创新效率，并降低创新成本，提升开发者绩效。此外，开发者能通过生态经验的积累，提前积累大量的用户资源，形成竞争优势[65]。且开发者通过将这些经验转化为创新知识，为开发者迅速获取创新解决方案提供有利条件，增强自身对生态系统的互补性。然而，目前针对开发者生态经验与 APP 迭代创新关系的研究还较为缺乏，面对高动态性、多行动者的生态系统，两者的关系仍不够明确，有待进一步探索。

6.2.3.2 开发经验多元化与 APP 迭代创新

开发经验多元化指的是开发者已开发产品的多元化程度，表明了开发者运营不同类别产品时的经验[23]。先前经验广度的提升，有利于组织形成丰富的知识库，在寻找创新解决方案时，可以有效利用这类知识库[272]。因而，先前经验的广度，及多元化程度对于新产品的开发具有重要的作用[188]。一些研究发现，产品开发经验的多元化与创新绩效之间存在正向关系。随着开发经验储备和积累多元化的增加，组织具有更高的资源获取和整合能力，可以重新部署、组合和配置大量的现有设计组件以促进企业的创新[18]。而对于 APP 开发者来说，开发不同领域产品的经验被存储为数字代码，能够较容易地通过修改和重新调配，被应用到新产品的开发中[273]。但也有研究指出，开发经验多元化，意味着已开发产品的多元化，这将造成精力分散、收益递减[235]，且同领域的开发经验难以直接用于特定类型产品的创新中，易形成资源和能力约束，进而降低创新效率，阻碍开发者创新[234]。鉴于现有关于开发经验多元化和创新关系结论的不一致，本书将继续探讨开发经验多元化与其他情境因素对 APP 迭代创新的联合影响，以缓解现有结论的不一致。

综上所述，尽管现有研究已经探索单个变量（例如，平台主进入、平台主推荐、在线评论数量、在线评论效价、生态经验和开发经验多元化）与 APP 迭代创新之间的直接或间接联系，但这六个联系只是上述 6 个条件所能形成的组态的一个子集。此外，现有研究对上述关系的结论仍存在不一致之处，这进一步表明有必要采用新的研究范式探索上述条件的联合效应，以解决缓解 APP 迭代创新前因分析的模糊性。因此，本书接下来运用 fsQCA 方法分析 APP 迭代创新的因果复杂性。

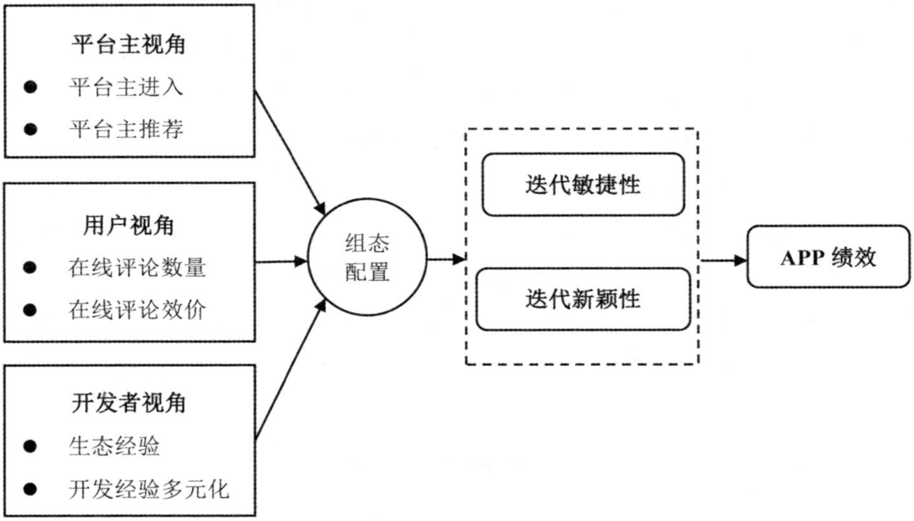

图 6-1 概念模型

6.3 研究设计

6.3.1 数据来源和样本

根据本章的研究问题和 fsQCA 对于样本适量的要求，本章通过第三方移动数据监测机构七麦数据平台，进一步以 2021 年 1 月 1 日畅销榜排名前 300

的应用软件为初始样本，持续收集两个月的数据，即样本研究区间为2021年1月-2月。针对样本中的APP，本书获取了APP当前及以往的更新日志和版本号等版本记录信息，APP评分和评论信息，所属类型，APP同开发者应用信息，苹果推荐和APP实时排名等信息。具体的包含以下信息：（1）新版本发布时间、版本号以及更新内容；（2）Apple在样本期间已开发APP及其应用信息；（3）iOS平台推荐记录；（4）截至样本研究期间，APP开发者已开发产品数量和类型；（5）APP开发者在平台上发布第一款应用的时间；（6）用户评论数量和评分；（7）畅销榜和免费榜等各类榜单排名。删除研究期间下架，和相关信息及数据缺失的样本，最终获得研究样本280个APP数据。相关数据平台的具体介绍以及数据收集过程见1.4.2.2小节。

6.3.2 研究方法

本书尝试在组态视角的基础上分析APP迭代创新的多元驱动机制，因此采用定性比较分析（QCA）方法开展实证检验。QCA旨在解决因果复杂现象，采用组态思维，从整体和系统的视角探究前因条件组合如何导致解释结果的变化。因而，该方法在前因复杂性、因果非对称性等方面具有优势[70, 275]，且这些优势正式传统统计方法所不具备的[276]。基于上述特征，本书采用QCA方法的具体理由如下：第一，平台生态系统中，影响APP迭代创新的平台因素、用户因素和开发者因素不是独立存在的，实际上是受到多个因素的共同作用。虽然基于线性回归方程的回归分析模型在解释单个变量的净效应时具有明显优势，但难以分析3个以上因素对因变量的交互作用。因此，要从整体视角，考虑生态系统中各角色因素的对APP迭代创新的联合效应可能更适合采用QCA方法。第二，QCA有助于处理因果不对称性，可以识别前因之间复杂的互补和替代关系，通过帮助研究对象重新分配资源，对管理实践产生较大的意义[277]。APP迭代创新过程中，各开发者能力和所处的外部环境存在差异，且是不断变化的。需要通过分析得到不同情境下，哪些因素和条件能获得高的APP迭代创新，进而有针对性地提升生态系统中的创新和价值。第三，QCA强调了必要条件，包括核心条件和边缘条件，核心条件在解释结果的出现时起到重要作用，边缘条件则起到辅助作用。因此，很容易澄清各种因素的重要性，并加强对导致同一结果的复杂且相关联因素的理解。

此外，QCA主要分为fsQCA、csQCA和mvQCA，具有定性分析和定量分析的双重属性。鉴于本书自变量和因变量均是连续的，本书选择fsQCA方法进行分析。因为 fsQCA 较另外两种方法使用更广泛，且在处理连续变化的前因条件时更有优势，能够捕捉变量更细致的变化[278]。关于 QCA 方法的思想、操作步骤，以及与本书研究问题的适配性，具体可见研究方法部分 1.4.4 节。

6.3.3 变量测量和校准

6.3.3.1 变量测量

本章变量涉及两个结果变量、六个条件变量。结果变量为 APP 迭代新颖性和 APP 迭代敏捷性，条件变量分别为平台主进入、平台主推荐、在线评论数量、在线评论效价、生态经验和开发经验多元化。各变量测量方式与第 3 章和第 4 章相同。

结果变量——APP 迭代创新。与前文相同，参考 Ye 和 Kankanhalli (2020)[26]和 Najafi-Tavani 等（2014）[221]的研究，本书从迭代新颖性和迭代敏捷性两个维度衡量 APP 迭代创新，分别反映创新内容的丰富性，以及创新的速度和频率。具体衡量见第 3 章变量测量部分。

条件变量——平台主视角。借鉴 Liang 等（2019）[50]和 Wang 等 (2021)[21]的研究，考虑平台生态系统中，平台主作为治理生态各利益相关者的主导者，本书选取平台主进入和平台主推荐两个变量，衡量平台主的治理活动对生态中创新的影响。且两个变量反映了生态系统中平台主与开发者间竞争和合作关系的共存。具体衡量见第 3 章变量测量部分。

条件变量——用户视角。借鉴 Duan 等（2008）[44]的研究，本书从用户角度测量用户信息的维度分别为在线评论数量和在线评论效价。互联网经济下，在线评论系统作为用户参与 APP 迭代创新的关键渠道对 APP 绩效有着重要影响。具体测量见第 3 章变量测量部分。

条件变量——开发者视角，借鉴 Kapoor 和 Agarwal（2017）[45]研究，本书从开发者生态经验和开发经验多元化两个维度反映开发者视角下，其经验基础对 APP 迭代创新的影响，具体测量见第 4 章变量测量部分。

6.3.3.2 校准

将原始数据转化为集合隶属分数的过程就是校准。校准是进行 fsQCA 分析的首要步骤，需要依据理论知识或实践经验实现原始数据在完全隶属度（1）、完全非隶属度（0）和交叉点（0.5）3 个定性锚点间的分布，转变后的集合隶属于 0-1 的分数。由于与本书关注的条件和结果变量直接相关的结果变量的 QCA 研究尚未出现，在校准上缺乏可借鉴的经验，且本书样本量较多，给校准造成了一定的局限。为了克服校准过程中理论不足、经验缺乏和样本较多的问题，避免造成主观偏差，本书遵循 Gligor 等（2019）[279]，以及 Feurer 等（2016）[280]的研究，采用直接校准法进行校准，使用客观分位数值来确定 3 个定性锚点的位置。具体而言，本书将结果和条件变量的 95%分位数值作为完全隶属点，50%分位数值作为交叉隶属点，5%分位数值作为完全非隶属点。

6.4　组态分析

进行真值表分析之前，需要对必要性条件进行检验。必要条件指的是导致结果发生必须存在的条件，但它的存在不一定必然导致结果的发生。本书对所涉及的前因条件是否构成高 APP 迭代新颖性和 APP 迭代敏捷性的必要条件进行了检验（见表 6-1）。由表 6-1 可知，没有任何前因条件的一致性得分高于阈值 0.9，因此，所有前因条件在单独情况下均不能构成高 APP 迭代新颖性和 APP 迭代敏捷性的必要条件。且这一结果显现了在平台生态系统中，开发者获得高 APP 迭代新颖性和 APP 迭代敏捷性，应该综合考量平台主、用户和开发者三个方面下的多重条件的并发协同效应。

表 6-1　必要性分析

前因条件	高迭代敏捷性		高迭代新颖性	
	一致性	覆盖度	一致性	覆盖度
生态经验	0.629	0.591	0.635	0.573
~生态经验	0.644	0.594	0.641	0.569
开发经验多元化	0.551	0.575	0.555	0.558
~开发经验多元化	0.622	0.522	0.626	0.505
在线评论数量	0.602	0.726	0.613	0.711
~在线评论数量	0.718	0.544	0.704	0.513
在线评论效价	0.685	0.623	0.690	0.604
~在线评论效价	0.567	0.539	0.571	0.523

续表

前因条件	高迭代敏捷性		高迭代新颖性	
	一致性	覆盖度	一致性	覆盖度
平台主推荐	0.239	0.721	0.241	0.699
~平台主推荐	0.882	0.485	0.883	0.467
平台主进入	0.591	0.622	0.603	0.612
~平台主进入	0.692	0.576	0.688	0.552

注："~"是指逻辑运算结果为"非"。

表6-2和表6-3分别展示了高迭代敏捷性和高迭代新颖性的组态分析结果。遵循Ragin（2009）[70]真值表结果的符号表达方式，我们以实心的圆圈表示该前因条件的存在，含叉的圆圈表示前因条件的缺席，空格表示前因条件可存在也可不存在。此外，大圆圈表示同时出现在简约解和中间解的核心条件，而小圆圈表示仅存在于中间解的条件，表示边缘条件。首先，分析高APP迭代敏捷性的相关组态。

6.4.1 高APP迭代敏捷性

如表6-2的结果所示，导致高APP迭代敏捷性的结果总共有5条路径，每条路径的一致性都在0.80以上。其中，路径S3的原始覆盖率最高（0.254），约占案例的25%，其次是路径S4（0.227）、路径S1a（0.153）、路径S2（0.140）和路径S1b（0.142）。此外，fsQCA的结果显示，总体解决方案的覆盖度为0.41，总体一致性为0.84，这表明五种路径覆盖了大部分结果。本节将围绕五条路径机制进行讨论。

6.4.1.1 组态一：平台主推荐型

组态一为平台主推荐型组态，该组态包含两条路径，分别为S1a和S1b。S1a表示高平台主推荐、高生态经验、高开发经验多元化以及在线评论效价较低时，会导致开发者提升APP迭代敏捷性，快速且较频繁的更新APP。S1b则表示高平台主推荐、高平台主进入以及生态经验、开发经验多元化和在线评论效价较低时，会导致APP迭代敏捷性较高。S1a和S1b两种路径中平台主推荐的出现和在线评论效价的缺失为核心条件，S1a的开发者生态经验和开发经验多元化发挥着边缘条件作用，而S1b的开发者生态经验和开发经验多元化的缺失，以及平台主进入的存在发挥着边缘条件的作用。对比两种组态发现，平台主进入与开发者经验存在着替代作用，即如果平台主推荐程度高且APP 评论效价较低，只要有平台主进入这个条件，或者同时满足开发者生态经验与开发经验都丰富这两个条件，就可促进高的 APP 迭代敏捷性。换言之，平台主进入所带来的关注和知识溢出效应，对开发者依靠高生态经验或者高开发经验多元化获取创新资源起到一定的替代作用，这与前文回归分析中，平台主进入程度高时，高生态经验和高开发经验多元化对 APP 迭代敏捷性将被弱化的结论相符。可见，虽然平台主进入开发者市场，可能会挤压同类型APP 开发者在该市场的利润空间，降低开发者的创新意愿，但其导致的资源溢出和竞争压力，也会直接或间接有利于 APP 快速迭代创新[12]，尤其当开发者自身经验较为薄弱时，平台主进入反而能激励开发者的创新。因而，平台主在进行价值获取的过程中，应适当衡量市场发展水平和整体创新动力，有效平衡自身利益和刺激生态创新。

值得注意的是，S1a 和 S1b 两条路径中，平台主推荐程度高和在线评论效价较低为核心条件，而在线评论数量与 APP 迭代敏捷性无关。具体地讲，即便用户在线评论效价较低，平台主推荐水平高时，APP 曝光程度和用户下载量提升，开发者仍会积极地进行 APP 迭代创新。此时，在线评论数量增加带来的大量用户反馈信息，丰富了开发者创新资源，进一步促进开发者快速迭代；反之，如果在线评论数量不高，那么由于高平台主推荐，APP 仍能获取大量的新的用户关注和信息反馈，进而降低开发者创新风险，增加创新活动。综上，这一组态下，平台主治理活动所产生的刺激和鼓励效应，对开发者创新的作用起到重要的作用，开发者可通过平台主获取更多创新资源，弥补创新能力的不足。故将 S1a 和 S1b 两条路径共同命名为平台主推荐型组态。

6.4.1.2　组态二：开发者—平台主推荐型

组态二为开发者—平台主推荐型，包含一种路径 S2，这一路径表示高的开发经验多元化，丰富的生态经验，大量的用户在线评论和高平台主推荐能有效促进 APP 迭代敏捷性。且在这路径中，平台主推荐和开发经验多元化同时发挥着核心条件作用，生态经验和在线评论数量构成了该组态的边缘条件。该组态的特点是，平台主选择大力推荐本身经验基础和用户资源较好的 APP，能产生较高的协同效应，增强该 APP 应对外部环境变化的能力，即无论平台主是否进入 APP 市场，且用户的整体评价如何，APP 迭代敏捷性都将得到提升。由于该驱动路径主要由平台主条件和开发者条件构成，故将其命名为开发者—平台主推荐型，表明开发者自身经验积累和平台主推荐在该路径中的核心作用。

开发者—平台主推荐型路径强调了高平台主推荐的核心条件作用，与高生态经验，高开发经验多元化和大量在线评论条件共同促成高 APP 迭代敏捷性。该路径进一步补充了前文回归分析的结果，即平台主推荐会增强在线评论数量对 APP 迭代敏捷性的促进作用，以及开发者生态经验、开发经验多元化对 APP 迭代敏捷性的积极作用。不同的是，组态研究的结果综合了更多条件，拓展了平台主推荐在影响 APP 迭代创新中的情境价值。

6.4.1.3 组态三：用户—平台主竞争型

组态三为用户—平台主竞争型组态，包含一种路径 S3，这一路径表示只要有大量的用户在线评论和高的在线评论效价，即便平台主进入程度较强，生态经验和开发经验多元化缺失，开发者也会具备快速识别创新机会，缩短创新周期的能力。这一路径中，在线评论数量、在线评论效价和平台主进入的存在，以及生态经验的缺失是构成该组态的核心条件，而开发经验多元化的缺失是构成该组态的边缘条件，起到辅助作用。该组态的特点在于，大量用户在线评论和高在线评论效价，不仅传递了较完备的用户需求信息，还鼓励开发者积极创新，且在平台主进入的压力和关注度溢出效应下，有效弥补了开发者经验缺失和不足的问题，帮助开发者获取创新资源，快速有效地把握用户动态需求，进而形成高 APP 迭代敏捷性。由于该驱动路径主要由用户参与和平台主条件构成，故将其命名为用户—平台主竞争型组态。

6.4.1.4 组态四：协同驱动型

组态四为协同驱动型组态，包含一种路径 S4，这一路径表示在线评论数量多、在线评论效价高、开发经验多元化高且平台主进入程度高，即便没有平台主推荐，也能促进该类 APP 迭代敏捷性。这一路径中，在线评论数量、在线评论效价、开发经验多元化和平台主进入的存在为核心条件，平台主推荐的缺失是构成该组态的边缘条件。该组态特点在于，大量的用户在线评论、高在线评论效价和高开发经验多元化，为开发者快速迭代创新积累了丰富的资源，且在平台主进入的刺激和推动下，进一步促进了 APP 快速迭代，上述条件有效弥补平台主推荐的缺失。由于该驱动路径是在开发者利用自身经验，通过已积累用户资源和平台主进入条件的共同构成下，对 APP 迭代敏捷性产生积极的作用，故将其命名为协同驱动组态。

表 6-2 实现高 APP 迭代敏捷性的路径

条件	解（Solution）				
	S1a	S1b	S2	S3	S4
生态经验	•	⊗	•	⊗	
开发经验多元化	•	⊗	●	⊗	●
在线评论数量			•	●	●
在线评论效价	⊗	⊗		●	●
平台主推荐	●	●	●		⊗
平台主进入		•		●	●
一致性	0.906	0.935	0.940	0.891	0.898
原始覆盖度	0.153	0.142	0.149	0.254	0.227
唯一覆盖度	0.018	0.013	0.013	0.094	0.084
总体解的一致性			0.840		
总体解的覆盖度			0.412		

注：● = 核心条件，• = 边缘条件，⊗ = 核心缺失条件，⊗ = 边缘缺失条件，空格 = 条件可存在也可不存在。

6.4.2 高 APP 迭代新颖性

如表 6-3 的结果所示，导致高 APP 迭代新颖性的结果总共有 6 条路径，每条路径的一致性都在 0.80 以上。其中，路径 N2 的原始覆盖率最高（0.271），约占案例的 27%，其次是路径 N3（0.235）、路径 N1a（0.157）、路径 N1b（0.146）、路径 S1c（0.143）和路径 N4（0.132）。此外，fsQCA 的结果显示，总体解决方案的覆盖度为 0.40，总体一致性为 0.84，这表明六种路径覆盖了大部分结果。接下来，本节将围绕六条路径机制进行讨论。

6.4.2.1 组态一：用户—平台主推荐型

组态一为用户—平台主推荐组态，该组态包含三条路径，分别为 N1a、N1b 和 N1c。N1a 表示高平台主推荐、大量在线评论、高生态经验以及高开发经验多元化，会有利于开发者掌握用户需求，识别和获取创新机会，提升 APP 迭代新颖性。N1b 表示高平台主推荐、大量在线评论、高平台主进入，以及生态经验和开发经验多元化都不足时，会促成高 APP 迭代新颖性。N1c

则表示高平台主推荐、高平台主进入、大量在线评论、高在线评论效价，以及开发经验多元化不够丰富时，也会有利于开发者提升 APP 迭代新颖性。N1a、N1b 和 N1c 三种路径中平台主推荐和在线评论数量的存在为核心条件，N1a 的开发者生态经验和开发经验多元化发挥着边缘条件作用，而 N1b 的开发者生态经验和开发经验多元化的缺失，以及平台主进入的存在发挥着边缘条件的作用，且 N1c 的开发经验多元化的缺失，在线评论效价和平台主进入发挥着边缘条件作用。可见各前因条件和各路径间存在着补充和替代的关系。如，比较 N1a 与 N1b 两条路径，可以发现，同高 APP 迭代敏捷性的组态一类似，平台主进入与开发者经验基础存在着替代作用，即当平台主推荐水平高和 APP 拥有大量用户在线评论时，只要平台主进入程度高，或开发者生态经验和开发经验多元化都较为丰富时，就可促进高 APP 迭代新颖性的形成。因而路径 N1b 中，即便开发者生态经验和开发经验多元化都较为薄弱，在平台主进入开发者市场的刺激下，开发者仍会努力提升 APP 迭代新颖性。而比较路径 N1b 与 N1c，可以发现，高的在线评论效价替代了开发者生态经验不足这一条件，导致 N1c 路径中，开发者生态经验与 APP 迭代新颖性无关。这一组态下，在线评论数量和平台主推荐所带来的创新资源，对提高 APP 迭代新颖性能力起到重要作用，有效弥补开发者自身经验不足等问题。因此，本书将 N1a、N1b 和 N1c 三条路径共同命名为用户—平台主推荐型组态。

特别地，用户—平台主推荐型组态强调了高平台主推荐和大量在线评论数量的核心条件作用，两者总是同时出现，而当仅有一个条件出现时，路径 N1a、N1b 和 N1c 将不复存在，因而高平台主推荐和大量在线评论数量之间存在互补关系，两者作为推动 APP 迭代新颖性的重要驱动力量，能够实现互补和形成合力，但这种合力需要得到其他条件的支持才能形成充分条件组合，促进 APP 迭代新颖性。该结论为第 3 章假设 H3-5a 的验证提供了解释，即仅考虑平台主推荐和在线评论数量两个变量的交互具有一定的局限性，难以有效测量出两者对 APP 迭代新颖性的共同促进作用。

6.4.2.2 组态二：用户—平台主竞争型

组态二为用户—平台主竞争型，包含一种路径 S2，这一路径表示大量用户评论、在线评论效价高、平台主进入程度高，以及生态经验和平台主推荐的缺乏时，会导致高的 APP 迭代新颖性。在该路径中，平台主进入、在线评论数量和在线评论效价的存在，以及生态经验的缺失为核心条件，而平台主推荐的缺失为边缘条件。该路径表示，虽然开发者进入平台的时间很短，但其开发的 APP 可能具有较高的质量和创新性，迅速在市场上获得大量用户的关注和满意，开发者依旧能通过丰富的用户资源和信息，及时获取更多创新机会和实现创新灵感，提供更多的新的内容和服务，提升 APP 迭代新颖性。值得注意的是，该组态中，虽然平台主不推荐本身用户资源基础好的 APP，反而选择加入竞争，进行价值捕获，但由此而来的不利影响，会被良好的用户基础所抵消，且利用平台主进入带来的关注和知识溢出，进一步促进 APP 迭代新颖性。可见，用户反馈信息和平台主进入在该组态中的关键作用，因此，本书将其命名为用户—平台主竞争型组态。

6.4.2.3　组态三：协同驱动型

组态三为协同驱动型组态，包含一种路径 N3，这一路径表示在线评论数量多、评论效价高、开发经验多元化高、平台主进入程度高且平台主推荐缺乏时，将会促进 APP 迭代新颖性。这一路径中，在线评论数量、在线评论效价、开发经验多元化和平台主进入的存在为核心条件，平台主推荐的缺失是构成该组态的边缘条件。该组态表明大量的用户评论、高的评论效价和丰富的开发经验，为提升 APP 迭代新颖性提供了丰富的资源和能力基础，且在平台主进入的刺激和推动下，增强了提升 APP 迭代新颖性的意愿，即便平台主推荐缺失，开发者依旧会促进 APP 迭代新颖性。该组态与促进 APP 迭代敏捷性的组态四相同，在开发者利用自身丰富经验，已积累用户资源和平台主进入条件的共同影响下，不仅能促进开发者快速迭代创新，还能有效提高 APP 迭代创新质量，增强 APP 迭代新颖性。可见，平台生态系统中，平台主、用户和开发者条件的相互作用和协调，是同时促进 APP 迭代创新效率和质量的关键。因此，本书将该组态依旧命名为协同驱动组态。

此外，前文回归分析的部分结果表明平台主进入在用户在线评论、开发者经验基础与 APP 迭代创新间的关系起着负向调节作用（假设 H3-3a 和假设 H4-3b），平台主推荐则在上述关系中起着正向调节作用（假设 H3-5b 和假设 H4-5b）。但协同驱动型路径中高平台主进入和低平台主推荐，同高开发经验多元化、高在线评论数量和高在线评论效价组合，同样能促进 APP 迭代创新。因而，组态分析结果进一步丰富了回归分析的结论，且表明探索特定一个或两个因素的效应，对于理解 APP 迭代创新具有一定的片面性，多个相关因素的联合效应更有利于深入剖析 APP 迭代创新的形成机制。

6.4.2.4　组态四：开发者—平台主驱动型

组态四为开发者—平台主驱动型，包含一种路径 N4，这一路径表示丰富的生态经验，高的开发经验多元化，高平台主推荐和平台主进入，且在线评论效价低时，能有效促进 APP 迭代新颖性。在这路径中，生态经验、平台主推荐和平台主进入同时发挥着核心条件作用，开发经验多元化的存在和评论效价的缺失构成了该组态的边缘条件。该组态表明，平台主同时推荐和进入 APP 市场，形成与开发者竞合关系共存的局面，该情境下，拥有丰富经验基础的开发者，能有效弥补在线评论效价较低所带来的不利影响，并利用平台竞争和合作所带来的创新资源，进一步促进 APP 迭代新颖性，且此种情境下 APP 迭代新颖性与用户在线评论数量无关。可见，该驱动路径主要由平台主条件和开发者条件构成，因此，本书将该组态命名为开发者—平台主驱动型。

与组态四不同，前三种组态中，在线评论数量均构成高 APP 迭代新颖性的核心条件，整体覆盖度较高。整体上，在线评论数量越多，对其余缺乏条件的弥补能力越强，开发者提升 APP 迭代新颖性可能性越高。同时，也反映出，对 APP 这类数字产品而言，及时获取用户需求，掌握用户资源，是其维持创新，获取竞争优势的关键。该结论与第 3 章中，在线评论数量促进 APP 迭代新颖性这一结论类似，反映了用户反馈信息是开发者获取创新灵感的机会的重要外部资源，突出了用户在线评论对 APP 迭代创新的重要性。

表 6-3　实现高 APP 迭代新颖性的组态

条件	解（Solution）					
	N1a	N1b	N1c	N2	N3	N4
生态经验	•	⊗		⊗		●
开发经验多元化	•	⊗	⊗		●	•
在线评论数量	●	●	●	●	●	
在线评论效价			•	●	●	⊗
平台主推荐	●	●	●	⊗	⊗	●
平台主进入		•	•	●	●	●
一致性	0.952	0.946	0.937	0.871	0.893	0.968
原始覆盖度	0.157	0.146	0.143	0.271	0.235	0.132
唯一覆盖度	0.026	0.006	0.002	0.087	0.053	0.004
总体解的一致性	0.842					
总体解的覆盖度	0.401					

注：● = 核心条件，• = 边缘条件，⊗ = 核心缺失条件，⊗ = 边缘缺失条件，空格 = 条件可存在也可不存在。

6.5　进一步分析：不同组态对 APP 绩效的影响

通过上述组态分析可知，高 APP 迭代敏捷性和迭代新颖性分别各有 4 条不同的路径，表明 APP 迭代创新的殊途同归。在上述研究的基础上，本书进一步检验不同创新路径引发的 APP 迭代敏捷性和迭代新颖性的提升对 APP 绩效是否都具有相同的影响，即回答本节的第二个研究问题：APP 迭代创新对其绩效的作用。虽然这一问题已经得到 APP 迭代创新相关研究的关注，且得出 APP 迭代创新与 APP 绩效存在促进、阻碍或非线性关系的多种结论，而本节研究能有助于缓解现有文献中 APP 迭代创新与其绩效之间关系的不一致的结论。

接下来，本节使用倾向性得分匹配（PSM）的方法来探索上述第二个问题。具体而言，本节将未实施高 APP 迭代敏捷性和迭代新颖性的案例视为控制组，将实施高 APP 迭代敏捷性和迭代新颖性的案例作为实验组。首先，使用 Logit 回归模型进行预测，分别估计开发者提升 APP 迭代敏捷性和新颖性的倾向得分，具体地讲，以高 APP 迭代敏捷性（高 APP 迭代新颖性）是否由表 6-2 中 S1a-S4 组态（表 6-3 中 N1a-N4 组态）所导致作为因变量，如果是则该变量为 1，否则为 0。并以 APP 类型，即享乐型和非享乐型；即 APP 从首次在平台发布，截至样本研究期间的月份数；开发者总产品数量及类型数为自变量。表 6-4 和 6-5 分别展示了导致高 APP 迭代敏捷性和新颖性的 Logit 回归结果。

表 6-4　形成 APP 迭代敏捷性路径的 Logit 回归结果

变量	迭代敏捷性				
	S1a	S1b	S2	S3	S4
APP 年龄	0.007	−0.022	0.015	−0.018*	0.016*
开发者产品数量	−0.054	−0.030	−0.072*	0.020	−0.002
开发者产品类型	0.260**	−1.540	0.288**	−1.770***	0.114***
APP 类型	−0.058	0.133	−0.001	−0.067	0.124
常数	−2.800**	−3.038*	−4.507***	0.326	−7.868***

变量	迭代敏捷性				
	S1a	S1b	S2	S3	S4
R^2	0.123	0.185	0.094	0.273	0.280

注：*** $p<0.01$，** $p<0.05$，* $p<0.1$，N=280。

表 6-5　形成 APP 迭代新颖性路径的 Logit 回归结果

变量	迭代新颖性					
	N1a	N1b	N1c	N2	N3	N4
APP 年龄	0.015	−0.037*	−0.009	−0.016*	0.016*	−0.004
开发者产品数量	−0.072*	0.281***	0.054**	−0.057	−0.002	−0.03
开发者产品类型	0.288**	−1.230	−1.607*	−0.341	0.114***	0.193
APP 类型	−0.001	0.287**	0.067	0.030	0.124	−0.038
常数	−4.507***	−8.091***	−3.216**	−2.698***	−7.868***	−4.397**
R^2	0.094	0.329	0.181	0.191	0.28	0.032

注：*** $p<0.01$，** $p<0.05$，* $p<0.1$，N=280。

其次，根据实施各路径的高 APP 迭代敏捷性和新颖性的倾向性得分进行样本匹配，且考虑到创新对绩效的影响具有一定的时滞性，本书采用滞后一期的畅销总榜月平均排名衡量 APP 绩效，排名越靠前，APP 绩效越高。下面以最近邻匹配方法（一配一）进行平均效应值（ATT）的估计，表 6-6 和表 6-7 分别列示了不同类型高 APP 迭代敏捷性和 APP 迭代新颖性组态对 APP 绩效的影响结果。

由表 6-6 所示，在完成最近邻匹配后，通过 S2 和 S4 路径的开发者在提升 APP 迭代敏捷性后的 APP 绩效与控制组 APP 绩效之间存在显著差异（ATT = 18.200，$p<0.01$；ATT = 13.900，$p<0.01$）。这一分析结果表明，S2 路径（即高开发经验多元化，丰富的生态经验，大量的在线评论数量和高平台主推荐）和 S4（高开发经验多元化、大量在线评论数量、高在线评论效价和高平台主进入程度）引发的高迭代敏捷性可以提升 APP 绩效。然而，通过 S1a、S1b 和 S3 路径的开发者在提升 APP 迭代敏捷性后的 APP 绩效与控制组的 APP 绩效之间没有显著的差异（ATT = 6.31，$p>0.10$；ATT = 1.58，$p>0.10$；ATT = 3.72，$p>0.10$）。这意味着 S1a（高平台主推荐、高生态经验、高开发经验多元化以及在线评论效价较低）、S1b（低生态经验、低开发经验多元化、低在线评论效价、高平台主推荐、和高平台主进入）和S3（低生态经验、低开发经验多元化、大量在线评论数量、高在线评论效价、高平台主进入程度）路径下的APP迭代敏捷性不能帮助提升APP绩效。通过上述结论，本书发现，总体上以高开发经验多元化为核心条件，且具有大量在线评论路径所引发的APP迭代敏捷性，更能促进APP绩效。相反，开发经验多元化、生态经验缺失的APP迭代敏捷性路径难以有效促进APP绩效。

表6-6 高迭代敏捷性的不同路径对APP绩效的影响分析

路径	没有匹配		最近邻匹配	
	ATT	T-value	ATT	T-value
S1a	6.175	1.530	6.308	1.220
S1b	2.704	0.560	1.583	0.250
S2	17.483	4.850***	18.200	4.210***
S3	0.656	0.230	3.720	1.060
S4	19.457	7.760***	13.900	3.640***

注：*** $p<0.01$，** $p<0.05$，* $p<0.1$。

由表6-7所示，通过N1a、N2和N3路径的开发者在提升APP迭代新颖性后的APP绩效显著地高于控制组APP的绩效（ATT=18.208，$p<0.01$；ATT=8.425，$p<0.05$；ATT=13.900，$p<0.01$）。这一分析结果表明，N1a（高平台主推荐、大量在线评论数量、高生态经验以及高开发经验多元化）、N2（大量在线评论数量、高在线评论效价、高平台主进入程度，以及生态经验和平台主推荐的缺乏）和N3（在线评论数量多、在线评论效价高、开发经验多元化高、平台主进入程度高且平台主推荐缺乏）路径下引发的高APP迭代新颖性可以提高APP绩效。然而，N1b、N1c和N4路径的开发者在提升APP迭代新颖性后的APP绩效与控制组的APP绩效之间没有显著的差异（ATT=10.830，$p>0.100$；ATT=-8.333，$p>0.100$；ATT=8.500，$p>0.10$）。这表明，N1b（低生态经验、低开发经验多元化、高平台主推荐、大量在线评论数量、高平台主进入），N1c（低开发经验多元化，高平台主推荐、高平台主进入、大量在线评论数量、高在线评论效价）和N4（丰富的生态经验，高开发经验多元化，高平台主推荐、高平台主进入，以及低在线评论效价）路径所引发的 APP 迭代新颖性不能帮助提升 APP 绩效。

表 6-7 高迭代新颖性的不同路径对 APP 绩效的影响分析

路径	没有匹配		最近邻匹配	
	ATT	T-value	ATT	T-value
N1a	17.483	4.850***	18.208	4.210***
N1b	4.810	1.370	10.833	1.450
N1c	-7.702	-1.480	-8.333	-0.731
N2	5.622	1.940*	8.425	2.200**
N3	19.457	7.760***	13.900	3.640***
N4	9.262	1.570	8.500	0.840

注：*** $p<0.01$，** $p<0.05$，* $p<0.1$。

通过上述结论，本书发现，包含低开发者开发经验多元化，或同时具有高水平的平台主推荐和高程度的平台主进入等条件的路径所引发的高 APP 迭代新颖性，难以有效提升 APP 绩效。而总体上，包含高开发者开发经验多元化，高平台主推荐或高平台主进入条件的路径所引发的高 APP 迭代新颖性能够促进 APP 绩效，且基于用户需求的高 APP 迭代新颖性是实现 APP 高绩效的必要条件。

其次，综合表 6-6 和 6-7 的结果发现，不同路径引发的高迭代敏捷性和高迭代新颖性对绩效影响的结果是不一致的，例如用户—平台竞争型路径 S3 驱动下的高迭代敏捷性对 APP 绩效没有影响，但用户—平台竞争型路径 N2 驱动下的高迭代新颖性显著促进了 APP 绩效，虽然两种路径均以大量在线评论和高平台主进入为核心条件，但其他辅助条件的不同导致引发的高迭代敏捷性和高迭代新颖性对绩效影响的差异化。此外，协同驱动型路径 S4 和 N3（高开发经验多元化、大量在线评论数量多、高在线评论效价、高平台主进入，以及低平台主推荐）分别引发的高迭代敏捷性和迭代新颖性均能有效改善 APP 绩效，且总体上，包含高开发经验多元化和大量在线评论数量条件的高迭代敏捷性和高迭代新颖性路径，更可能促进 APP 绩效。

6.6　研究结论与讨论

基于 iOS 系统上，中国区 2021 年 1 月-2 月间 280 个研究样本，本书使用模糊集定性比较分析（fsQCA）方法，基于平台生态系统行动者视角，从整体上讨论平台主推荐、平台主进入、在线评论数量、在线评论效价、开发者生态经验和开发经验多元化六个条件对 APP 迭代创新的组态效应，本书主要得出以下结论：

第一，研究发现有 5 个路径促成高 APP 迭代敏捷性的发生，可归纳为平台主推荐型、开发者—平台主推荐型、用户—平台竞争型、协同驱动型 4 种类型。平台主推荐型路径强调了高平台主推荐的核心条件作用，并指出平台主进入所带来的关注和知识溢出效应，对开发者依靠高生态经验或者高开发经验多元化获取创新资源起到一定的替代作用，而当开发者自身经验较为薄弱时，平台主进入导致的资源溢出和竞争压力又能激励开发者提升 APP 迭代敏捷性[12]。开发者—平台主推荐型路径强调了开发者开发经验多元化和平台主推荐同时发挥着核心条件作用，该路径中，平台主选择大力推荐本身经验基础和用户资源较好的 APP，能产生较高的协同效应，有效提升 APP 迭代敏捷性。用户—平台竞争型路径强调高用户在线评论和高平台住进入的核心条件作用，表明用户和平台主活动所带来的外部资源有效地弥补了开发者经验不足的问题，帮助开发者提升 APP 迭代敏捷性。协同驱动型则强调了大量在线评论数量、高在线评论效价高、高开发经验多元化和高平台主进入的核心条件作用，反映了用户、开发者和平台主条件对促进 APP 迭代敏捷性的联合作用。

第二，本书发现，有 6 个路径驱动高 APP 迭代新颖性的发生，可归纳为用户—平台主推荐型、用户—平台主竞争型、协同驱动型、开发者—平台主驱动型 4 种类型。用户—平台主推荐型路径强调大量用户在线评论和高平台主推荐的核心条件作用，表明平台主推荐所带来的创新资源，对提高 APP 迭代新颖性能力起到重要作用，且通过该类型下各路径的对比，发现高平台主进入与高开发者经验基础存在着相互替代的关系。用户—平台竞争型路径强调高在线评论数量、高在线评论效价和高平台主进入的核心条件作用，该路径中，平台主倾向于进入市场表现好、用户资源基础好的 APP，以进行价值捕获，而该类APP由于具有良好的用户资源，能够积极地应对平台主进入所带来的竞争，进一步提升迭代新颖性。协同驱动型路径强调了大量在线评论数量、高在线评论效价、高开发经验多元化和高平台主进入的核心条件作用，该组态与促进APP迭代敏捷性的组态四相同，反映了用户、开发者和平台主条件对促进APP迭代新颖性的联合作用。开发者—平台驱动型路径中，高生态经验、高平台主推荐和高平台主进入起着核心条件的作用，表明拥有丰富经验基础的开发者，能有效应对与平台主的竞争和合作关系，促进APP迭代新颖性。特别地，用户在线评论数量在多条引发APP迭代新颖性的路径中起着核心条件作用，反映了对APP这类数字产品而言，及时获取用户需求，掌握用户信息和资源，对其获取创新灵感，提升迭代新颖性起着重要作用。

综合而言，上述结论中不同的组态充分说明了APP迭代创新产生的殊途同归。不同行动者层面的条件构成的组态，均能引发高的APP迭代敏捷性和高APP迭代新颖性，表明平台生态系统中APP迭代创新是系统内不同行动者相互影响的结果。此外，单独的条件无法驱动高APP迭代创新，无论是开发者的经验基础还是用户的反馈信息，只有在结合其他特定条件的情况下才会导致高APP迭代创新的产生。

第三，本书采用倾向得分匹配的方法，研究不同路径下引发的APP迭代创新的市场表现，研究发现各路径对APP绩效的影响有着显著的差异性，并不一定所有路径下形成的高迭代新颖性和高迭代敏捷性都能促进APP绩效。具体而言，S2和S4路径引发的高迭代敏捷性可以提升APP绩效。然而，通过S1a、S1b和S3路径下的APP迭代敏捷性不能帮助提升APP绩效。上述结果表明，总体上以高开发经验多元化为核心条件，且具有大量在线评论的路径所引发的APP迭代敏捷性，更能促进APP绩效。相反，开发经验多元化、和生态经验缺失的APP迭代敏捷性路径难以有效促进APP绩效。因而高APP迭代敏捷性路径对绩效影响的不同主要源于经验基础的差异性，同Kapoor和Agarwal（2017）[45]、Chen等（2021）[23]的研究结果相似，他们指出先前的经验积累有助于开发者获取特殊的、有价值的技术和市场资源，提升开发者的资源利用和创新效率，并降低开发者的创新成本，进而促进其创新绩效。

此外，N1a、N2和N3路径下引发的高APP迭代新颖性可以提高APP绩效。然而，N1b、N1c和N4路径所引发的APP迭代新颖性不能帮助提升APP绩效。即包含低开发者开发经验多元化，或同时具有高水平的平台主推荐和高程度的平台主进入等条件的路径所引发的高APP迭代新颖性，难以有效提升 APP 绩效。而总体上，包含高开发经验多元化路径所引发的高 APP 迭代新颖性能够促进 APP 绩效，且基于用户需求的高 APP 迭代新颖性是实现 APP 高绩效的必要条件。可见，同 APP 迭代敏捷性类似，形成高 APP 迭代新颖性的路径对绩效影响的不同也源于开发者经验基础的差异性，但不同的是，APP 迭代新颖性的效能还受到平台主治理活动的影响，高平台主推荐和高平台主进入同时存在所到来的高可见性和激烈竞争，使得 APP 运营处于复杂的环境中，创新不确定性增加，高 APP 迭代新颖性难以有效转化为市场绩效。总体上，协同驱动型路径 S4 和 N3 下的高迭代敏捷性和高迭代新颖性均能促进 APP 绩效，表明了平台生态系统中的特定创新往往不是孤立的，由开发者、用户和平台主共同驱动的创新更能为生态系统创造价值。

6.7 本章小结

本章从整体上分析了 APP 迭代创新的前因组态，及其对绩效的影响。具体地讲，基于平台生态系统行动者视角，讨论了平台主推荐、平台主进入、在线评论数量、在线评论效价、开发者生态经验和开发经验多元化六个条件对 APP 迭代创新的组态效应。研究发现，有 5 条不同的路径均能引发高 APP 迭代敏捷性，可归纳为平台主推荐型、开发者—平台主推荐型、用户—平台主竞争型、协同驱动型 4 种类型；有 6 条不同的路径均能引发高 APP 迭代新颖性，可归纳为用户—平台主推荐型、用户—平台主竞争型、协同驱动型、开发者—平台主驱动型 4 种类型。进一步研究还发现，不同路径所引发的高迭代敏捷性和高迭代新颖性对 APP 绩效的影响存在一定的差异，不是所有的高迭代敏捷性和高迭代新颖性均能促进 APP 绩效。上述研究结论揭示了平台主、用户和开发者三个不同视角之间的互动关系，拓展和深化了 APP 迭代创新研究的整合框架。另外，为缓解 APP 迭代创新对其绩效研究中存在的矛盾提供了新的解释视角和证据。

第7章　全文总结与展望

通过对APP迭代创新，用户参与、组织学习理论与平台生态系统行动者等相关研究的回顾与分析，本书基于已有研究的不足，从平台生态系统行动者视角，采用多元回归分析和组态研究的方法，探讨APP迭代创新的驱动机制及其对绩效的影响。具体地讲，利用多元回归分析，本书在第3章、第4章、第5章分别展开三个子研究：用户在线评论对APP迭代创新的影响机制研究，开发者经验对APP迭代创新的影响机制研究，以及迭代创新对绩效的作用机制研究。通过上述三个子研究提供的实证检验结果，本书继续采用组态分析的方法，开展第四个子研究，从整体上探讨APP迭代创新的前因组态及其对绩效的影响。本章归纳上述研究的主要研究结论，并分析本书可能存在的理论贡献，相关管理启示，以及阐述本书的研究局限和未来可探索的方向。

7.1　研究结论

（1）子研究一中，基于用户参与视角，将在线评论数量和在线评论效价作为APP迭代创新的前置影响因素，并从平台主治理视角引入情境变量——平台主进入和平台主推荐，采用多元回归分析，研究用户在线评论对APP迭代创新的影响机制。实证分析结果表明，首先，在线评论数量会促进APP迭代新颖性和迭代敏捷性，在线评论效价对APP迭代新颖性和迭代敏捷性均存在倒U型影响，过高评分阻碍APP迭代创新的提升。其次，平台主进入削弱在线评论数量对APP迭代新颖性的促进作用，但对在线评论数量对APP迭代敏捷性的关系没有显著作用；平台主进入增强了在线评论效价对APP迭代敏捷性的倒U型作用，但对在线评论效价与APP迭代新颖性的关系没有显著作用。最后，平台主推荐增强在线评论数量对APP迭代敏捷性的促进作用，但对在线评论数量对 APP 迭代新颖性的关系没有显著影响；平台主推荐削弱在线评论效价对 APP 迭代新颖性，以及 APP 迭代敏捷性的倒 U 型作用。

（2）子研究二中，基于组织学习理论的经验学习视角，将开发者生态经验和开发经验多元化作为 APP 迭代创新的前因，从开发者层面揭示其自身经验对于 APP 迭代创新的影响机理，并探讨了平台主进入和平台主推荐，对生态经验和开发经验多元化与 APP 迭代创新之间关系的情境价值。同样采用多元回归分析，得出以下主要结论：首先，开发者生态经验对 APP 迭代新颖性和迭代敏捷性的积极作用，而开发经验多元化对 APP 迭代新颖性和迭代敏捷性的 U 型关系，即较低水平的开发经验多元化，阻碍了 APP 迭代新颖性和迭代敏捷性，而较高水平的开发经验多元化，会促进 APP 迭代新颖性和迭代敏捷性。其次，平台主进入削弱了生态经验对 APP 迭代敏捷性的促进作用，但对生态经验与 APP 迭代新颖性间关系作用不显著；平台主进入对经验多元化与 APP 迭代新颖性的 U 型关系起到弱化作用，对于经验多元化与 APP 迭代敏捷性的关系作用不显著。最后，平台主推荐增强生态经验对 APP 迭代敏捷性的促进作用，但对生态经验与 APP 迭代新颖性的关系没有显著影响。

（3）子研究三分析了迭代创新对 APP 绩效影响机制的研究。本部分同样采用多元回归分析的方法，分别探讨迭代敏捷性、迭代新颖性以及两种类型创新的交互对 APP 绩效的直接影响，并分析平台主进入和平台主推荐的调节作用，研究结果表明，第一，迭代新颖性对 APP 绩效具有正向影响，迭代敏捷性与 APP 绩效之间存在倒 U 型关系，且迭代新颖性弱化迭代敏捷性对 APP 绩效的倒 U 型关系。第二，平台主进入削弱迭代新颖性对 APP 绩效的促进作用，且弱化了迭代敏捷性对 APP 绩效的倒 U 型关系；平台主推荐增强迭代新颖性与 APP 绩效的积极关系，但对迭代敏捷性与 APP 绩效之间的关系没有显著影响。

（4）子研究四在前三个子研究的基础上，进一步探索 APP 迭代创新的前因组态及其对绩效的影响研究。该部分在基于平台生态行动者视角，从组态和整体观出发，运用定性比较分析方法，同时分析平台主层面（平台主进入、平台主推荐）、用户层面（在线评论数量、在线评论效价）和开发者层面（生态经验和开发经验多元化）6 个条件的互动关系对 APP 迭代敏捷性和迭代新颖性的组态效应。进一步采用倾向性得分匹配的方法，分别验证导致高 APP 迭代敏捷性和高 APP 迭代新颖性的路径对绩效的影响。结果发现，有 5 条不同的路径均能引发高 APP 迭代敏捷性，可归纳为平台主推荐型、开发者

—平台主推荐型、用户—平台主竞争型、协同驱动型 4 种类型；有 6 条不同的路径均能引发高 APP 迭代新颖性，可归纳为用户—平台主推荐型、用户—平台主竞争型、协同驱动型、开发者—平台主驱动型 4 种类型。研究还发现，各组态对 APP 绩效的影响有着显著的差异性，并不一定所有路径下形成的高迭代创新都能促进 APP 绩效。

7.2 理论贡献

本书以 APP 迭代创新为核心研究对象，运用实证数据，从用户和开发者角度，对 APP 迭代创新的动因进行了探索，并分析了 APP 迭代创新影响绩效的机理，同时，引入平台主治理行为，如平台主进入和平台主推荐，作为 APP 迭代创新过程中的情境因素，研究平台主与用户和开发者行为交互对创新的影响。在此基础上，通过组态分析，基于平台生态系统行动者视角，从整体上分析 APP 迭代创新前因及其对绩效的影响。本书对 APP 迭代创新，用户参与以及组织学习等相关理论可能存在以下贡献。

7.2.1 用户在线评论对 APP 迭代创新影响机制研究

该研究丰富了现有文献对于用户在线评论与创新作用的理解，理论贡献主要体现在以下两个方面：一是基于用户参与视角，揭示用户在线评论数量和在线评论效价对不同维度 APP 迭代创新的影响，从数据化参与的角度，补充了用户参与的相关研究；二是探索了平台主进入和平台主推荐，对用户在线评论与 APP 迭代创新的调节作用，深化了用户在线评论对 APP 迭代创新作用机制的研究。

首先，本书验证了用户在线评论对 APP 迭代创新的战略价值，表明在线评论不仅是展现创新质量的方式，也是用户影响和改善创新的一种途径，推动了现有文献对大数据环境下，用户参与的研究。以往用户参与产品创新的研究，大多强调了用户作为组织创新过程中的关键外部角色，有助于提升组织在创新信息搜索、整合和利用等方面的能力，进而促进新产品的开发速度和创新质量。上述研究聚焦于特殊用户参与、普遍假设的前提是，普通用户难于参与创新。然而互联网技术的应用提升了普通用户消费行为的可数据化程度，解除了限制普通用户参与产品创新的约束条件[149]，普通用户不需要具有主动意愿和专业的技术知识，就能通过在线行为和反馈生成的数据，影响企业创新和价值的产生[150, 151]。因此，现有研究强调应关注普通用户对企业新产品开发的价值和影响，将用户参与的概念从以往的特定用户拓展到普通用户，并将用户参与的方式研究从线下拓展到线上。但 APP 迭代创新的现有研究中，大多聚焦于平台主视角，分析平台主行为对生态中互补创新的影响，而从用户视角，探讨用户信息对 APP 迭代创新的研究较为缺乏。

可见，本书重点研究用户在线评论对 APP 迭代创新的影响机制，并根据现有研究将用户参与划分为在线评论数量和在线评论效价，将 APP 迭代创新划分为迭代新颖性和迭代敏捷性两个维度，丰富了 APP 迭代创新中，用户参与对创新影响研究。特别地，本书研究发现，用户在线评论促进了 APP 迭代新颖性和迭代敏捷性，而在线评论效价与 APP 迭代新颖性和迭代敏捷性之间存在倒 U 关系。验证了在线评论对不同维度迭代创新的影响，揭示了用户在线评论是开发者进行 APP 迭代创新的重要外部资源，影响着创新成果。研究结论补充了在线评论对 APP 迭代创新的研究成果，为 APP 迭代创新的相关研究提供了新的实证检验。

其次，本书丰富了在线评论作用于 APP 迭代创新不同维度的情境价值，验证了平台主进入和平台主推荐对 APP 迭代创新的情境作用。过往关于平台主治理的研究主要侧重于分析，平台主治理行为，对平台价值获取，生态系统中创新的直接影响。本书将平台主治理行为视为重要的情境因素，研究结论发现，平台主进入削弱在线评论数量对 APP 迭代新颖性的促进作用，增强了在线评论效价对 APP 迭代敏捷性的倒 U 型作用；而平台主推荐增强在线评论数量对 APP 迭代敏捷性的促进作用，但削弱了在线评论效价对 APP 迭代新颖性，以及 APP 迭代敏捷性的倒 U 型作用。上述结论揭示了平台主进入和平台主推荐，对用户在线评论与 APP 迭代创新关系的情境价值，由此拓展了 APP 迭代创新驱动机制的相关研究。

7.2.2　开发者经验对 APP 迭代创新影响机制研究

该研究丰富了现有文献对于开发者经验影响 APP 迭代创新的理解，理论贡献主要体现在以下两个方面：一是基于组织学习理论，从经验学习的视角，将开发者经验基础作为影响因素引入对 APP 迭代创新的研究中，拓展了 APP 迭代创新的影响因素；二是深化了开发者经验对 APP 迭代创新的驱动机理，探索了平台主进入和平台主推荐，在开发者经验与 APP 迭代创新关系中的情境价值。

第一，本书基于组织学习理论，从经验学习的视角，拓展了 APP 迭代创新的潜在影响因素。经验学习的观点在创新管理的相关研究中发挥了重要的作用，并取得了较多的研究成果。该视角下的研究主要关注组织本身内部的经验基础对组织创新的影响，认为新产品的质量和成功通常与组织经验基础有关，然而，针对 APP 这类动态性高的市场，开发者经验如何影响其迭代创新还有待探索[23]。APP 迭代创新前因的研究多集中于从平台主视角，并开始从用户视角，分析平台边界资源、平台主治理机制和用户信息等外部因素对 APP 迭代创新的作用，尚缺乏从开发者本身分析 APP 迭代创新的增长机制。但部分研究表示 APP 迭代创新的表现可能同样依赖于开发者自身内部资源的积累和利用，且强调了开发者经验对其在平台生态系统中的可持续发展的影响及重要性。因而，组织学习理论为探索 APP 迭代创新高增长路径提供了有效的视角，本书将开发者经验作为 APP 迭代创新的前因，补充了现有关于 APP 迭代创新影响因素的研究。

具体地讲，本书分别验证了开发者生态经验与开发经验多元化对 APP 迭代创新的影响。经验作为组织一种重要的内部资源，其主要表现为技术和市场两个维度[188]。基于上述经验维度，现有 APP 研究中，强调了生态经验与开发经验多元化对开发者创新的影响。生态经验反映了开发者在平台生态系统中获取的运营经验程度，开发经验多元化表征了开发者已开发产品的多元化程度。本书研究发现生态经验促进 APP 迭代创新，经验多元化对 APP 迭代创新有 U 型影响。因尚未有研究探索生态经验、开发经验多元化对 APP 迭代创新影响，本书对两种经验与 APP 迭代创新关系的实证分析结果，拓展和完善了 APP 迭代创新的前因分析。

第二，本书深化了开发者经验对 APP 迭代创新的驱动机理，揭示了平台主进入和平台主推荐，在经验与 APP 迭代创新关系中的情境价值，促进了平台主治理与开发者之间关系的研究。平台主在平台商业生态系统中起着领导作用，对整个生态系统负有治理、管理和创新引领的多重责任，通常需要鼓励和刺激互补者的创新，通过与互补者的交互行为，共同为生态中用户创造价值。然而，已有研究因平台主的领导地位较多地关注平台战略，这类研究往往基于平台主的视角，对开发者在生态系统中如何进行创新，处理与平台主的关系，以及平台主与互补者的战略交互仍缺少剖析[86]。本书通过分析平台主进入和平台主推荐，对开发者生态经验和开发经验多元化与 APP 迭代创新的调节作用，揭示了平台主与开发者的战略交互对互补创新的影响。研究发现，平台主进入互补者市场所带来的竞争压力不利于刺激开发者的创新和贡献意愿，而平台主推荐这种合作机制更能有效帮助开发者积极创新，并将自身经验有效转化为创新成果。基于这些研究结论，本书有助于进一步理解平台主与互补者创新之间的关系，基于开发者的视角，补充现有文献关于平台生态中行动者间的关系，以及生态中互补创新的研究。

7.2.3 APP 迭代创新对绩效影响机制研究

该研究基于 APP 行业繁荣发展的背景，促进现有文献对于 APP 迭代创新与其绩效的理解，研究的理论贡献主要体现在两个方面：一是揭示了不同维度 APP 迭代创新，及其之间的交互对绩效的影响，拓展了 APP 迭代创新影响的相关研究。二是深化了 APP 迭代创新的效能机理，解释了平台主治理在迭代创新与 APP 绩效之间的情境价值。

第一，本书将 APP 迭代创新分为迭代新颖性和迭代敏捷性两个维度，分别验证了两个维度对 APP 绩效的不同影响，特别检验了迭代新颖性和迭代敏捷性的交互对 APP 绩效的作用。以往大多数 APP 迭代创新研究沿着一个单一的创新维度，如迭代敏捷性或迭代新颖性，从创新速度或内容上来考查迭代创新对 APP 绩效的影响。但迭代敏捷性或迭代新颖性都只反映了创新的一方面，单独考查一个维度的创新作用是片面而不完整的。Ye 和 Kankanhalli（2020）[26] 和 Tian 等（2020）[1] 研究认为，APP 迭代创新是多维度的和多结构的，不同维度迭代创新的竞争影响存在差异，切换思维，从不同角度探讨 APP 迭代创新的影响有利于更好地理解 APP 迭代创新，缓解现有研究在结论上的不一致。且 He 和 Wong（2004）[246] 和 Menguc 和 Auh（2008）[247] 研究表示，各创新维度之间可能存在替代和互补的关系，不同创新维度的内部匹配，如调节关系，将对组织的绩效产生积极或消极的影响。因而，结合以往研究，本书综合考查了迭代新颖性和迭代敏捷性对 APP 绩效的影响，研究发现，迭代新颖性促进了 APP 绩效，但迭代敏捷性与 APP 绩效之间存在倒 U 型关系，且迭代新颖性弱化了迭代敏捷性对 APP 绩效的倒 U 型影响。上述结论表明迭代新颖性和迭代敏捷性对 APP 绩效的作用是不对称性，且两种创新维度之间存在相互影响，验证了 APP 迭代创新对绩效影响的复杂性，相较于以往考查创新单一维度的研究，提供了关于 APP 迭代创新影响的更加细致的阐释。

第二，引入权变因素，结合平台生态系统的特征，基于平台主治理视角，揭示了平台主进入和平台主推荐，在迭代创新对APP绩效影响中的情境价值，深化了APP迭代创新的效能机理。具体而言，平台主进入互补者市场的研究集中于探讨平台主进入的策略和动机，以及对被影响产品绩效的直接作用，而关于平台主推荐的研究则相对较少，且主要侧重于从推荐成效角度研究推荐机制设计[282]，平台主推荐对用户购买决策影响，以及对APP市场销售的直接影响等[50]，尚缺乏对平台主进入、平台主推荐对迭代创新交互效应的探索。本书将平台主进入和平台主推荐视为APP迭代创新过程中的重要情境因素，并验证了平台主进入对迭代新颖性与APP绩效关系的负向调节作用，对迭代敏捷性与APP绩效倒U型关系的弱化作用；以及验证了平台主推荐对迭代新颖性与APP绩效关系的正向调节作用。上述结论充实了APP迭代创新的情境化研究，识别了因平台主治理活动而变化的生态环境中，迭代新颖性和迭代敏捷性对APP绩效影响程度的差异，这也是对于迭代创新作用机制的进一步补充，为平台主协调互补者利益，以及开发者结合平台主治理有效开展APP迭代创新活动提供了新的管理思维。

7.2.4 APP迭代创新的前因组态及其绩效研究

该研究主要采用fsQCA和定量研究的方法，基于平台生态系统行动者视角，从整体上，分析APP迭代创新的前因组态，及其对绩效的影响。研究的理论贡献主要体现在两个方面：一是揭示了平台主、用户和开发者三个不同视角之间的互动关系，拓展和深化了APP迭代创新研究的整合框架；二是为缓解APP迭代创新对其绩效研究中存在的矛盾提供了新的解释视角和证据。

第一，通过揭示平台主、用户和开发者三个不同视角之间的互动关系，拓展和深化了APP迭代创新研究的整合框架。本书采用组态研究的方法，探索了平台主、用户和开发者多个行动者协同和联合影响下的高APP迭代创新的形成路径。通过对研究结果的归纳，本书分别总结了促进APP迭代敏捷性和迭代新颖性的四种组态配置，并发现用户反馈信息在APP迭代创新中发挥着重要作用，而平台主治理活动和开发者经验之间存在一定的替代性。这些结果表明任何单一的行动者视角难以充分解释APP迭代创新，综合不同的视角有利于更加合理和深入地理解APP迭代创新的驱动机制。然而，现有APP迭代创新的研究未进一步探索3个行动者视角之间的互补和替代关系，综上，本书研究基于平台生态系统行动者视角，从组态思维出发，明晰了平台主、用户和开发者三个层面的多重因素，对 APP 迭代创新的协同和联合影响，研究结论进一步补充了定量研究方法的结果，无疑深化和细化了 APP 迭代创新驱动机制的研究，拓展了 APP 迭代创新研究的整合框架。

第二，为缓解 APP 迭代创新对其绩效研究中存在的矛盾提供了新的解释视角和证据。已有 APP 迭代创新研究中有关 APP 迭代创新与绩效之间关系的结论存在不一致，甚至相互对立的情况。现有研究认为这些不一致结论产生的原因，主要与 APP 迭代创新度量的维度、研究的情境和非线性关系等分析层面相关。而本书的研究结论则从多视角，且基于组态思维，为其提供了新的解释，即需要区分 APP 迭代创新的动机和成因。本书的研究结论表明，不同原因形成的迭代创新，即多种组态，和 APP 绩效之间的关系存在显著差异，并不是所有迭代创新均能转化为良好的市场绩效，这有助于解答 APP 迭代创新与其绩效之间的不一致结论，并从新的视角理解 APP 迭代创新与其绩效之间的关系。此外，本书同时使用 fsQCA、多元回归分析和 PSM 方法，补充了 QCA 和定量研究方法相结合的研究，延伸和拓展了 QCA 方法的分析结果，也从方法上为 APP 迭代创新的相关研究提供了新的研究方案。

7.3　管理启示

面对激烈的竞争环境，开发者频繁进行 APP 迭代创新，以期获得市场竞争优势，实现可持续的发展，如何获取创新灵感和实现高的创新绩效，成为 APP 开发者关注的重点。基于已有研究结论，本书主要从开发者、平台主和用户三个方面，探讨研究结论对 APP 迭代创新的启示和建议。

一、从开发者角度，本书研究结论对 APP 迭代创新的启示和建议如下：

（一）开发者应重视用户在线评论，加强对用户评论信息的挖掘和利用。用户是开发者重要的外部创新资源，本书亦验证了用户在线评论数量对 APP 迭代创新的促进作用，开发者在 APP 迭代创新过程中，应重视在线评论的作用，并鼓励用户积极参与在线评论，从而为 APP 迭代创新提供更多用户需求和 APP 质量相关的信息资源，以此促进 APP 迭代创新。其次，本书研究发现过高的在线评论会降低 APP 迭代新颖性和迭代敏捷性，开发者应避免一味追求过高的在线评论效价，应有效地引导用户积极参与在线评论，提供真实的反馈信息，优化在线评论系统，以吸引用户评论。此外，应提升开发者自身管理和利用用户信息的能力，合理采纳用户的反馈信息，以促进 APP 迭代创新。

（二）开发者应加强关于平台生态系统运营经验的积累，并结合自身能力，开展广泛的产品多元化战略。本研究实证结果表明，通过经验学习，生态经验多的开发者，提升了自身对平台生态系统的适应性，减少开发者迭代创新障碍，进而增强 APP 迭代创新，且较广的开发经验多元化，带来更多异质性经验资源的积累，有利于 APP 迭代创新。这些结论凸显了在 APP 迭代创新中，开发者经验积累对 APP 迭代创新的重要性。开发者应该建立学习机制，帮助自身增强对所处平台生态系统的技术架构和用户特征的了解，并结合自身资源整合和创新能力，采取多元化的产品组合策略，重视不同类型 APP 运营经验的积累，获取更多关于技术和市场用户的异质性经验，为获取创新灵感，发掘未被满足的用户需求提供有利条件。

（三）开发者需坚持 APP 迭代创新，注重创新内容和创新速度的协调。本书进一步证实了 Comino 等（2019）[4]，Foerderer 和 Heinzl（2017）[22] 和 Tian 等（2020）[1] 的观点：迭代新颖性促进了 APP 绩效，迭代新颖性的提升，为用户提供更多新的增量服务，提高了 APP 的差异化程度，能吸引新用户，有效提升现有用户的效用。开发者需要积极整合用户信息和内部创新资源，持续改进 APP 的功能和服务，通过产品差异化，获取市场竞争优势。另外，本书研究发现迭代敏捷性与 APP 绩效间存在倒 U 型影响，即开发者需要认识到，保持适度的迭代速度将有利于提升绩效，但过于频繁的更新将降低用户效用，导致市场绩效的降低。因而，开发者应避免仅为了体现 APP 活跃度，而过于追求创新速度，频繁地进行一些无实质创新内容的更新，且应注重维护用户的使用习惯。最后，开发者需要协调迭代新颖性和迭代敏捷性，保持适度更新频率的前提下，探索未被满足的用户需求，通过迭代创新提供更多具有创新性的服务，提升用户体验。

二、从平台主角度，本书研究结论对 APP 迭代创新的启示和建议如下：

（一）平台主应协调价值获取和刺激创新的关系，减少对用户资源和经验基础较好的开发者市场的挤压，增加对该类开发者所运营 APP 的推荐力度。本书的研究结论表明，平台主进入会削弱在线评论数量对 APP 迭代新颖性的积极作用，同时削弱开发者生态经验对 APP 迭代敏捷性的促进作用，且促成高 APP 迭代敏捷性的平台主推荐型路径中，平台主进入所带来的关注和知识溢出效应，对开发者依靠高生态经验或者高开发经验多元化获取创新资源起到一定的替代作用。以刺激创新为目平台主进入，应选择资源和经验基础较为薄弱的开发者市场，调动该市场的创新积极性，且避免对用户资源和经验基础较好的开发者创新资源的挤出。此外，本书发现平台主推荐会增强在线评论数量对 APP 迭代敏捷性的促进作用，以及开发者生态经验对 APP 迭代敏捷性的促进作用，该结论同促成高 APP 迭代敏捷性的开发者—平台主推荐型路径类似，即高平台主推荐作为核心条件，与高生态经验，高开发经验多元化和大量在线评论条件组合引发成高 APP 迭代敏捷性，因此，平台主应增强对用户资源和经验基础良好的开发者 APP 的推荐力度，发挥资源协同的作用，共同促进创新。

（二）平台主应适当优化治理措施，减少对具有高迭代新颖性 APP 市场的挤压，增加对具有高迭代新颖性 APP 的推荐力度。本书研究结论表明，一方面，APP 开发者主要通过提升 APP 迭代新颖性和适度的 APP 迭代敏捷性，创造价值和获取高的市场表现。但平台主进入会明显降低开发者创新获利能力，挤压开发者的市场空间，阻碍迭代创新转化为高绩效。这些结论突显了平台主进入开发者市场对开发者的消极影响，不利于鼓励开发者持续创新和提升其为平台生态贡献的意愿，平台主应该尽量避免以价值获取为主要目的进入互补市场，减少对具有高迭代新颖性 APP 市场的挤压，维持开发者持续迭代创新的积极性。因此，平台主可建立和完善进入互补者的市场机制，有针对性、选择性地进入开发者的市场空间，促进多方的价值共创。另一方面，平台主应积极地推荐具有高迭代新颖性的 APP，因本书的研究发现，平台主推荐可能通过提高被推荐 APP 的可见性，增强开发者利用高迭代新颖性进行价值获利的能力。基于此，平台主可进一步优化推荐机制，推荐更多具有高迭代新颖性的 APP，具有高迭代新颖性的开发者应加强对平台主推荐机制的了解，主动与平台主进行合作，获取推荐的机会，以促进自身创新价值的实现，增强竞争优势。

三、对用户而言，可积极通过评论机制反馈，帮助开发者创新的同时，提升自身的产品使用体验，获取更优质的服务。本书研究结论发现用户在线评论数量对 APP 迭代创新的促进作用，且在线评论数量作为核心条件出现在多条引发高 APP 迭代创新的路径中，并对 APP 绩效的提升起着重要作用。因而，用户的信息对开发者创新而言至关重要，用户积极通过在线评论表达对产品的需求和改进意见，也将有益于自身获取更高质量的产品。

此外，鉴于开发者、平台主和用户条件构成的多条组态，均能促进 APP

迭代创新，本书强调最优创新策略，但不是唯一最佳创新策略，即在不同的创新环境下，开发者根据自身经验基础和用户资源调整创新策略。核心条件和辅助条件为开发者提供了关注的重点，例如，当自身经验基础薄弱时，开发者可通过高的用户在线评论和高平台主推荐所带来的用户信息和关注度，弥补自身资源的不足，从而促进 APP 迭代创新。组态的结果表明，不能仅考虑单一的因素，应该综合考虑开发者自身、平台主和用户等多方面的条件，协同促进 APP 迭代创新及其绩效。

7.4 研究局限与工作展望

迭代创新在用户需求不确定、复杂、多样且高动态性的 APP 市场上扮演着重要的角色，研究如何获取高质量创新，实施何种类型创新，对 APP 获取持续的市场竞争优势而言变得十分重要。针对上述问题，本书得出若干有益结论，但仍存在一些研究局限，留待后续研究的进一步改善和探索。

（1）本书研究数据来源于二手数据，测量在线评论是用评论数量和评论效价。未来研究可以关注在线评论文本内容的丰富性和差异性，如采用文本分析，或其他研究方法，进一步探讨积极评论和消极评论对 APP 迭代创新的影响。此外，本书的样本为苹果应用商店（中国区）的 APP 数据，未来研究可采用其他应用商店平台数据，进一步论证在线评论对 APP 迭代创新的影响机制。

（2）为了更好地展示不同维度迭代创新对 APP 绩效的影响，本研究重点考查了迭代新颖性、迭代敏捷性的前因，以及两者对 APP 绩效的作用，但实际上，APP 迭代创新的分类是多种多样的，未来的研究可以拓展到其他类型的 APP 迭代创新。如 Tian 等（2020）[1]，根据开发者发布的更新日志，将 APP 迭代创新细分为功能型创新和支持型创新，这两者在满足用户需求和提高用户效用上发挥着不同的作用，未来研究可在更加精细的 APP 迭代创新分类上，进一步细化 APP 迭代创新前因和作用机制的研究。此外，APP 市场创新障碍低，存在着大量的模仿式创新和“搭便车”的行为，未来研究可采用其他方式测量 APP 迭代创新，有效区分模仿创新和自主创新，研究两种不同创新的前因，以及对 APP 获取市场竞争的影响机制。

（3）平台主的治理措施也具有多样化，不同的治理措施对 APP 迭代创新的获利能力可能存在不同的情境价值，未来研究可从治理视角，探索更多情境因素，丰富平台主治理和 APP 迭代创新的相关研究。此外，APP 产品的运营具有国际化的特点，未来研究可进一步探索 APP 国际化过程中，国际关系、文化差异等因素对 APP 迭代创新及其绩效等方面的影响。

参考文献

[1] H. Tian, V. Grover, J. Zhao, et al. The differential impact of types of app innovation on customer evaluation[J]. Information & Management, 2020, 57(7): 103358.

[2] Statista. Worldwide mobile app revenues in 2014 to 2023[EB/OL]. https://www. statista. com/statistics/269025/worldwide-mobile-app-revenue-oreca-st/, July 7, 2021.

[3] B. Bender. The impact of integration on application success and customer satisfaction in mobile device platforms[J]. Business & Information Systems Engineering, 2020, 62(6): 515-533.

[4] S. Comino, F. M. Manenti, F. Mariuzzo. Updates management in mobile applications: iTunes versus Google Play[J]. Journal of Economics & Management Strategy, 2019, 28(3): 392-419.

[5] S. McIlroy, N. Ali, A. E. Hassan. Fresh apps: An empirical study of frequently-updated mobile apps in the Google play store[J]. Empirical Software Engineering, 2016, 21(3): 1346-1370.

[6]刘洋,董久钰,魏江.数字创新管理:理论框架与未来研究[J].管理世界,2020,36(7):198-217,219.

[7]肖静华,胡杨颂,吴瑶.成长品:数据驱动的企业与用户互动创新案例研究[J].管理世界,2020,36(3):183-205.

[8] L. Xue, P. Song, A. Rai, et al. Implications of application programming interfaces for third-party new app development and copycatting[J]. Production and Operations Management, 2019, 28(8): 1887-1902.

[9] A. Tiwana. Evolutionary competition in platform ecosystems[J]. Information Systems Research, 2015, 26(2): 266-281.

[10] A. Tiwana, B. Konsynski, A. A. Bush. Research commentary - platform

evolution: Coevolution of platform architecture, governance, and environmental dynamics[J].Information Systems Research,2010,21(4):675-687.

[11]A. Kankanhalli, H. Ye, H. Teo. Comparing potential and actual innovators: An empirical study of mobile data services innovation[J]. MIS Quarterly, 2015, 39: 667-682.

[12]J.Foerderer, T.Kude, S.Mithas, et al.Does platform owner's entry crowd out innovation? Evidence from Google photos[J].Information Systems Research, 2018, 29(2):444-460.

[13]J.P.Choi, C.Stefanadis.Tying, investment, and the dynamic leverage theory [J].Rand Journal of Economics, 2001, 32:52-71.

[14]W.Wen, F.Zhu.Threat of platform-owner entry and complementor responses: Evidence from the mobile app market[J]. Strategic Management Journal, 2019, 40(9):1336-1367.

[15]肖静华,吴瑶,刘意,等.消费者数据化参与的研发创新——企业与消费者协同演化视角的双案例研究[J].管理世界,2018,34(8):154-173.

[16]Y. Yoo, O. Henfridsson, K. Lyytinen. The new organizing logic of digital innovation: An agenda for information systems research [J]. Information Systems Research, 2010, 21:724-735.

[17]C.Y.Baldwin, K.B.Clark. Design rules: The power of modularity[M]. The MIT Press, 2000.

[18]J.P.Eggers. All experience is not created equal: Learning, adapting, and focusing in product portfolio management[J].Strategic Management Journal, 2012, 33(3):315-335.

[19]A.A.King, C.L.Tucci.Incumbent entry into new market niches: The role of experience and managerial choice in the creation of dynamic capabilities [J]. Management Science, 2002, 48(2):171-186.

[20]H.Simon. Near decomposability and the speed of evolution[J]. Industrial and Corporate Change, 2002, 11:587-599.

[21]N.Wang, S.Chen, L.Xiao, et al.The sustainability of superior performance of platform complementor: Evidence from the effects of iterative innovation and visibility of app in iOS platform in China[J].Sustainability, 2021, 13(7):4034.

[22]J. Foerderer, A. Heinzl. Product updates: Attracting new consumers versus

alienating existing ones[C].Proceedings of Thirty Eighth International Conference on Information Systems,Seoul,2017,25-48.

[23]L.Chen, M.Wang, L.Cui, et al.Experience base, strategy-by-doing and new product performance[J].Strategic Management Journal,2021,42(7):1379-1398.

[24]白景坤,张贞贞,薛刘洋.互联网情境下基于平台的企业创新组织机制研究——以韩都衣舍为例[J].中国软科学,2019,(2):181-192.

[25]K.Saffarizadeh,W.Jabr,M.Keil.Assimilation in app markets:Is there such a thing as too many updates?[C].Thirty Ninth International Conference on Information Systems,San Francisco,2018,94-136.

[26]H.Ye, A.Kankanhalli.Value cocreation for service innovation:Examining the relationships between service innovativeness,customer participation,and mobile app performance[J].Journal of the Association for Information Systems,2020,21(2):294-312.

[27]P.Song,L.Xue,A.Rai,et al.The ecosystem of software platform:A study of asymmetric cross-side network effects and platform governance[J].MIS Quarterly,2018,42:121-142.

[28]H.Ye,C.E.H.Chua,J.Sun.Enhancing mobile data services performance via online reviews[J].Information Systems Frontiers,2017,(3):1-12.

[29]张明,蓝海林,陈伟宏,等.殊途同归不同效:战略变革前因组态及其绩效研究[J].管理世界,2020,36(9):168-186.

[30]M.G.Jacobides,C.Cennamo,A.Gawer.Towards a theory of ecosystems[J].Strategic Management Journal,2018,39(8):2255-2276.

[31]A.Gawer,M.A.Cusumano.Industry platforms and ecosystem innovation[J].Journal of Product Innovation Management,2014,31(3):417-433.

[32]K.Kapoor,A.Ziaee Bigdeli,Y.K.Dwivedi,et al.A socio-technical view of platform ecosystems:Systematic review and research agenda[J].Journal of Business Research,2021,128:94-108.

[33]L. Chen, J. Yi, S. Li, et al. Platform governance design in platform ecosystems:Implications for complementors' multihoming decision[J].Journal of Management,2021,forthcoming.

[34]王节祥,陈威如,江诗松,等.平台生态系统中的参与者战略:互补与依

赖关系的解耦[J].管理世界,2021,37(2):126-147,110.

[35]解学梅,王丽君.用户参与对企业新产品开发绩效的影响机理:基于在线社区视角[J].南开管理评论,2019,22(3):91-102.

[36] H. Tian, J. Zhao. Antecedents and consequences of app update: An integrated research framework[C]. 16th Workshop on e-Business, South Korea, 2018,64-78.

[37] C. Panico, C. Cennamo. User preferences and strategic interactions in platform ecosystems[J].Strategic Management Journal,2020,(1):1-23.

[38] R. Adner, R. Kapoor. Value creation in innovation ecosystems: How the structure of technological interdependence affects firm performance in new technology generations[J].Strategic Management Journal,2010,31(3):306-333.

[39] J. Cenamor, J. Frishammar. Openness in platform ecosystems: Innovation strategies for complementary products[J].Research Policy,2021,50(1):104148.

[40] F. Tang, Z. Qian. Leveraging interdependencies among platform and complementors in innovation ecosystem[J].PloS one,2020,15(10):e0239972.

[41] D. Mayzlin, D. Godes. Using online conversations to study word of mouth communication[J].Marketing Science,2004,23(4):545-560.

[42] G. Lee, T. S. Raghu. Determinants of mobile Apps' success: Evidence from the App store market[J].Journal of Management Information Systems,2014,31(2):133-170.

[43] W. Chang, S. A. Taylor. The effectiveness of customer participation in new product development: A meta-analysis[J].Journal of Marketing,2016,80(1):47-64.

[44] W. Duan, B. Gu, A. B. Whinston. Do online reviews matter? —An empirical investigation of panel data[J].Decision Support Systems,2008,45(4):1007-1016.

[45] R. Kapoor, S. Agarwal. Sustaining superior performance in business ecosystems: Evidence from application software developers in the iOS and Android smartphone ecosystems[J].Organization Science,2017,28(3):531-551.

[46] T. Eisenmann, G. Parker, M. Alstyne. Strategies for two-sided markets[J]. Harvard business review,2006,84(10):92-101,149.

[47] K. Boudreau. Open platform strategies and innovation: Granting access vs. devolving control[J].Management Science,2010,56(10):1849-1872.

[48] A. Beltagui, A. Rosli, M. Candi. Exaptation in a digital innovation ecosystem:The disruptive impacts of 3D printing[J].Research Policy,2020,49(1):103833.

[49] F.Zhu.Friends or foes? Examining platform owners' entry into complementors' spaces[J].Journal of Economics & Management Strategy,2019,28(1):23-28.

[50] C. Liang, Z. Shi, T. S. Raghu. The spillover of spotlight: Platform recommendation in the mobile app market[J].Information Systems Research,2019,30(4):1296-1318.

[51] 罗仲伟,任国良,焦豪,等.动态能力、技术范式转变与创新战略——基于腾讯微信"整合"与"迭代"微创新的纵向案例分析[J].管理世界,2014,(8):152-168.

[52] 朱晓红,陈寒松,张腾.知识经济背景下平台型企业构建过程中的迭代创新模式——基于动态能力视角的双案例研究[J].管理世界,2019,35(3):142-156,207-208.

[53] E. Ries. The lean startup: How today's entrepreneurs use continuous innovation to create radically successful businesses[M]. London: Penguin Group, 2011.

[54] 柳卸林,董彩婷,丁雪辰.数字创新时代:中国的机遇与挑战[J].科学学与科学技术管理,2020,41(6):3-15.

[55] H. J. Ye, A. Kankanhalli. User service innovation on mobile phone platforms:Investigating impacts of lead userness,toolkit support,and design autonomy[J].MIS Quarterly,2018,42(1):165-187.

[56] P. Carbonell, A. I. Rodríguez-Escudero, D. Pujari. Customer involvement in new service development:An examination of antecedents and outcomes[J].Journal of Product Innovation Management,2009,26(5):536-550.

[57] 阳银娟.知识伙伴对企业创新绩效的影响研究[D].杭州:浙江大学,2015,1-180.

[58] C.Z.Liu,Y.A.Au,H.S.Choi.Effects of freemium strategy in the mobile App market:An empirical study of Google Play[J].Journal of Management Information Systems,2014,31(3):326-354.

[59] R.Garg,R.Telang.Inferring app demand from publicly available data[J].MIS Quarterly,2012,37:1253-1264.

[60] G. Austan, C. Judith. Measuring prices and price competition online: Amazon and Barnes and Noble[R]. Yale School of Management, November 2002.

[61] S. Zhou, Z. Qiao, Q. Du, et al. Measuring customer agility from online reviews using big data text analytics[J]. Journal of Management Information Systems, 2018, 35(2): 510-539.

[62]陈晓萍,徐淑英,樊景立.组织与管理研究的实证方法[M].组织与管理研究的实证方法,2012.

[63] W. N. Picoto, R. Duarte, I. Pinto. Uncovering top-ranking factors for mobile apps through a multimethod approach[J]. Journal of Business Research, 2019, 101: 668-674.

[64] M. M. Tavalaei, C. Cennamo. In search of complementarities within and across platform ecosystems: Complementors' relative standing and performance in mobile apps ecosystems[J]. Long Range Planning, 2021, 54(5): 101994.

[65]范建亭,黄荣.移动 APP 的市场竞争"先入为主"吗——基于进入次序与业绩关系的分析[J].南开管理评论,2020,23(3):76-86.

[66]环球网.七麦科技战略发布 六大产品功能颠覆上线[EB/OL]. https://tech.hua-nqiu.com/article/9CaKrnK5zXO,10 月 27 日,2017-10-27.

[67]陈强.高级计量经济学及 Stata 应用(第二版)[M].高等教育出版社,2014.

[68] L. S. Aiken, S. G. West, R. R. Reno. Multiple regression: Testing and interpreting interactions[M]. Newbury Park: Sage Publications, 1991.

[69] C. C. Ragin. The comparative method moving beyond qualitative and quantitative strategies [M]. Berkeley, Los Angeles, and London: University of California Press, 1987.

[70] C. Ragin. Redesigning social inquiry: Fuzzy sets and beyond [J]. Social Forces, 2009, 88(4): 1936-1938.

[71]杜运周,贾良定.组态视角与定性比较分析(QCA):管理学研究的一条新道路[J].管理世界,2017,(6):155-167.

[72]张明,杜运周.组织与管理研究中 QCA 方法的应用:定位、策略和方向[J].管理学报,2019,16(9):1312-1323.

[73] P. Dwivedi, A. Joshi, V. F. Misangyi. Gender-inclusive gatekeeping: How (mostly male) predecessors influence the success of female CEOs[J]. Academy of

Management Journal, 2018, 61(2): 379–404.

[74] 谭海波，范梓腾，杜运周. 技术管理能力、注意力分配与地方政府网站建设——一项基于TOE框架的组态分析[J]. 管理世界, 2019, 35(9): 81–94.

[75] S. Mazumder, S. Garg. Decoding digital transformational outsourcing: The role of service providers' capabilities [J]. International Journal of Information Management, 2021, 58: 102295.

[76] C. Schneider, C. Wagemann. Set-theoretic methods for the social sciences: A guide to qualitative comparative analysis [M]. New York: Cambridge University Press, 2012.

[77] B. Rihoux, C. Ragin. Configurational comparative methods: Qualitative comparative analysis (QCA) and related techniques. applied social research series [M]. Thousand Oaks: Sage Publications, 2009.

[78] P. Muñoz, D. Dimov. The call of the whole in understanding the development of sustainable ventures [J]. Journal of Business Venturing, 2015, 30(4): 632–654.

[79] L. Zheng, K. Ulrich, J. Sendra-García. Qualitative comparative analysis: Configurational paths to innovation performance [J]. Journal of Business Research, 2021, 128: 83–93.

[80] P. Mikalef, A. Pateli. Information technology-enabled dynamic capabilities and their indirect effect on competitive performance: Findings from PLS-SEM and fsQCA [J]. Journal of Business Research, 2017, 70: 1–16.

[81] P. Fiss. A set-theoretic approach to organizational configurations [J]. Academy of Management Review, 2007, 32: 1180–1198.

[82] C. Cennamo, H. Ozalp, T. Kretschmer. Platform architecture and quality trade-offs of multihoming complements [J]. Information Systems Research, 2018, 29(2): 461–478.

[83] M. Armstrong. Competition in two-sided markets [J]. The RAND Journal of Economics, 2006, 37(3): 668–691.

[84] J.-C. Rochet, J. Tirole. Platform competition in two-sided markets [J]. Journal of the European Economic Association, 2003, 1(4): 990–1029.

[85] O. Hinz, T. Otter, B. Skiera. Estimating network effects in two-sided markets [J]. Journal of Management Information Systems, 2020, 37(1): 12–38.

[86] D. P. McIntyre, A. Srinivasan. Networks, platforms, and strategy: Emerging

views and next steps[J].Strategic Management Journal,2017,38(1):141-160.

[87]A.Gawer.Bridging differing perspectives on technological platforms:Toward an integrative framework[J].Research Policy,2014,43(7):1239-1249.

[88] A. Ghazawneh, O. Henfridsson. Balancing platform control and external contribution in third - party development: the boundary resources model [J]. Information Systems Journal,2013,23(2):173-192.

[89] F. Zhu, M. Iansiti. Entry into platform - based markets [J]. Strategic Management Journal,2012,33(1):88-106.

[90]R. D. Wang, C. D. Miller. Complementors' engagement in an ecosystem: A study of publishers' e-book offerings on Amazon Kindle[J].Strategic Management Journal,2020,41(1):3-26.

[91]张镒,刘人怀,陈海权.商业生态系统中的平台领导力影响因素——基于扎根理论的探索性研究[J].南开管理评论,2020,23(3):28-38,131.

[92]M. Schreieck, M. Wiesche, H. Krcmar. Design and governance of platform ecosystems-key concepts and issues for future research[C].Twenty-fourth European Conference on Information Systems,Istanbul,2016,23-56.

[93] T. Eisenmann, G. Parker, M. Van Alstyne. Platform envelopment [J]. Strategic Management Journal,2011,32(12):1270-1285.

[94]S.L. Vargo, K. Koskela-Huotari, S. Baron, et al. A systems perspective on markets-Toward a research agenda[J].Journal of Business Research,2017,79:260-268.

[95]H. Perks, C. Kowalkowski, L. Witell, et al. Network orchestration for value platform development[J].Industrial Marketing Management,2017,67:106-121.

[96] C. E. Helfat, R. S. Raubitschek. Dynamic and integrative capabilities for profiting from innovation in digital platform-based ecosystems[J].Research Policy, 2018,47(8):1391-1399.

[97]M. A. Cusumano, A. Gawer. The elements of platform leadership[J].IEEE Engineering Management Review,2003,31(1):8-8.

[98] J. Rietveld, J. P. Eggers. Demand heterogeneity in platform markets: Implications for complementors[J].Organization Science,2018,29(2):304-322.

[99] R. F. Lusch, S. Nambisan. Service innovation: A service-dominant logic perspective[J].MIS Quarterly,2015,39:155-175.

[100]王新新,张佳佳.价值涌现:平台生态系统价值创造的新逻辑[J].经济管理,2021,43(2):188-208.

[101]M.Song,M.E.Parry,T.Kawakami.Incorporating network externalities into the technology acceptance model[J].Journal of Product Innovation Management,2009,26(3):291-307.

[102] C. Cennamo, J. Santalo. Platform competition: Strategic trade - offs in platform markets[J].Strategic Management Journal,2013,34(11):1331-1350.

[103]R.Adner.Ecosystem as structure:An actionable construct for strategy[J].Journal of Management,2016,43(1):39-58.

[104]A.Gawer,M.A.Cusumano.How companies become platform leaders[J].MIT Sloan Management Review,2008,49(2):28-35.

[105]A.Gawer,T.Cowen.Competition in the Cloud:Unleashing investment and innovation within and across platforms[J]. Communications & Strategies, 2012,(85):45-62.

[106] K. Rong, D. Patton, W. Chen. Business models dynamics and business ecosystems in the emerging 3D printing industry[J].Technological Forecasting and Social Change,2018,134:234-245.

[107] V. Shankar, B. L. Bayus. Network effects and competition: An empirical analysis of the home video game industry[J].Strategic Management Journal,2003,24(4):375-384.

[108]石奇,孔群喜.接入定价、渠道竞争与规制失败[J].经济研究,2009,44(9):116-127.

[109]J.Ondrus,A.Gannamaneni,K.Lyytinen.The impact of openness on the market potential of multi-sided platforms:A case study of mobile payment platforms[J].Journal of Information Technology,2015,30(3):260-275.

[110]K.J.Boudreau.Let a thousand flowers bloom? An early look at large numbers of software app developers and patterns of innovation[J]. Organization Science,2011,23(5):1409-1427.

[111]S.Scholten,U.Scholten.Platform-based innovation management:Directing external innovational efforts in platform ecosystems[J].Journal of the Knowledge Economy,2012,3(2):164-184.

[112]M.Ceccagnoli,C.Forman,P.Huang,et al.Cocreation of value in a platform

ecosystem:The case of enterprise software[J].MIS Quarterly,2012,36(1):263-290.

[113]A.Gawer,M.A.Cusumano.Platform leadership:How Intel,Microsoft,and Cisco drive industry innovation[M].Harvard Business School Press Boston,MA,2002.

[114]罗珉,杜华勇.平台领导的实质选择权[J].中国工业经济,2018,(2):82-99.

[115]D.J.Teece.Profiting from innovation in the digital economy:Enabling technologies,standards,and licensing models in the wireless world[J].Research Policy,2018,47(8):1367-1387.

[116]陈威如,王节祥.依附式升级:平台生态系统中参与者的数字化转型战略[J].管理世界,2021,37(10):195-214.

[117]S.Hyrynsalmi,A.Suominen,M.Mäntymäki.The influence of developer multi-homing on competition between software ecosystems[J].Journal of Systems and Software,2016,111:119-127.

[118]H.J.Kim,I.Kim,H.Lee.Third-party mobile app developers' continued participation in platform-centric ecosystems:An empirical investigation of two different mechanisms[J].International Journal of Information Management,2016,36(1):44-59.

[119]T.Hurni,T.L.Huber,J.Dibbern,et al.Complementor dedication in platform ecosystems:rule adequacy and the moderating role of flexible and benevolent practices[J].European journal of information systems,2021,30(3):237-260.

[120]C.Lee,J.Hwang.The influence of giant platform on content diversity[J].Technological Forecasting and Social Change,2018,136:157-165.

[121]Y.Xu,D.Ribeiro-Soriano,J.Gonzalez-Garcia.Crowdsourcing,innovation and firm performance[J].Management Decision,2015,53:1158-1169.

[122]P.Roma,M.Vasi.Diversification and performance in the mobile app market:The role of the platform ecosystem[J].Technological Forecasting and Social Change,2019,147:123-139.

[123]左文明,黄枫璇,毕凌燕.分享经济背景下价值共创行为的影响因素——以网约车为例[J].南开管理评论,2020,23(05):183-193.

[124]杨学成,涂科.出行共享中的用户价值共创机理——基于优步的案例

研究[J].管理世界,2017,(08):154-169.

[125] H. Akman, C. Plewa, J. Conduit. Co-creating value in online innovation communities[J].European Journal of Marketing,2019,53(6):1205-1233.

[126] N. N. Hodac. The value of online user generated content in product development[J].Journal of Business Research,2020,112:136-146.

[127]万文海,刘龙均.员工与用户内外协同对平台企业创新绩效的影响:基于价值共创视角[J].南开管理评论,2021,24(02):72-84.

[128]孙黎,杨晓明.迭代创新:网络时代的创新捷径[J].清华管理评论,2014,(6):30-37.

[129]周青,聂力兵,毛崇峰,等.企业微创新:研究述评与展望[J].科技进步与对策,2019,36(2):153-160.

[130]姜诗尧.创业者"动机-能力"视角下迭代式创新机制研究[J].科学学研究,2020,38(9):1698-1705.

[131]张杰盛,李海刚,韩丽川.虚拟社区互动性对迭代创新绩效影响的实证研究[J].工业工程与管理,2017,22(5):128-134.

[132]李全升,苏秦.市场导向、迭代式创新与新产品开发[J].管理学报,2019,16(12):1790-1799.

[133] P. Andries, K. Debackere, B. Van Looy. Simultaneous experimentation as a learning strategy: Business model development under uncertainty [J]. Strategic entrepreneurship journal,2013,7(4):288-310.

[134] R. C. McNally, E. Cavusgil, R. J. Calantone. Product innovativeness dimensions and their relationships with product advantage, product financial performance, and project protocol [J]. Journal of Product Innovation Management, 2010,27(7):991-1006.

[135] C. Storey, P. Cankurtaran, P. Papastathopoulou, et al. Success factors for service innovation: A meta-analysis[J].Journal of Product Innovation Management, 2016,33(5):527-548.

[136]苏婉,李阳春,王天东,等.用户赋能和服务创新对 APP 绩效的影响研究[J].科研管理,2020,41(8):193-201.

[137] A. Griffin, J. R. Hauser. The voice of the customer[J]. Marketing Science, 1993,12(1):1-27.

[138] T. Morgan, M. Obal, S. Anokhin. Customer participation and new product

performance: Towards the understanding of the mechanisms and key contingencies [J]. Research Policy, 2018, 47(2): 498-510.

[139] N. J. Foss, K. Laursen, T. Pedersen. Linking customer interaction and innovation: The mediating role of new organizational practices [J]. Organization Science, 2011, 22(4): 980-999.

[140] E. Fang, R. W. Palmatier, K. R. Evans. Influence of customer participation on creating and sharing of new product value [J]. Journal of the Academy of Marketing Science, 2008, 36(3): 322-336.

[141] V. Blazevic, A. Lievens. Managing innovation through customer coproduced knowledge in electronic services: An exploratory study [J]. Journal of the Academy of Marketing Science, 2008, 36(1): 138-151.

[142] E. Von Hippel. Democratizing innovation [M]. Cambridge: the MIT Press, 2006.

[143] G.L. Urban, J.R. Hauser. "Listening in" to find and explore new combinations of customer needs [J]. Journal of Marketing, 2004, 68(2): 72-87.

[144] W. D. Hoyer, R. Chandy, M. Dorotic, et al. Consumer cocreation in new product development [J]. Journal of service research, 2010, 13(3): 283-296.

[145] N. E. Coviello, R. M. Joseph. Creating major innovations with customers: Insights from small and young technology firms [J]. Journal of Marketing, 2012, 76(6): 87-104.

[146] R.L. Priem, S. Li, J.C. Carr. Insights and new directions from demand-side approaches to technology innovation, entrepreneurship, and strategic management research [J]. Journal of Management, 2012, 38(1): 346-374.

[147] R.L. Gruner, C. Homburg, B. A. Lukas. Firm-hosted online brand communities and new product success [J]. Journal of the Academy of Marketing Science, 2014, 42(1): 29-48.

[148] J.P. De Jong, E. Von Hippel, F. Gault, et al. Market failure in the diffusion of consumer-developed innovations: Patterns in Finland [J]. Research Policy, 2015, 44(10): 1856-1865.

[149]谢康，肖静华，王茜.大数据驱动的企业与用户互动研发创新[J].北京交通大学学报（社会科学版），2018，17(2)：18-26.

[150] S. Erevelles, N. Fukawa, L. Swayne. Big data consumer analytics and the

transformation of marketing[J].Journal of Business Research,2016,69(2):897-904.

[151]K.Xie,Y.Wu,J.Xiao,et al.Value co-creation between firms and customers:The role of big data-based cooperative assets[J].Information & Management,2016,53(8):1034-1048.

[152]宋晓兵,徐珂欣,吴育振.用户设计能否包打天下?——自我建构对用户设计产品偏好的影响研究[J].管理世界,2017,(5):119-130.

[153]刘倩,孙宝文.COI社区在线交互对用户创意质量的影响——专业成功经验的调节效应[J].南开管理评论,2018,21(2):16-27,42.

[154]T.G.Schweisfurth.Comparing internal and external lead users as sources of innovation[J].Research Policy,2017,46(1):238-248.

[155] A. K. Chatterji, K. Fabrizio. How do product users influence corporate invention? [J].Organization Science,2012,23(4):971-987.

[156]J.Ye,I.Blohm,U.Breschneider,et al.Promoting the quality of user generated ideas in online innovation communities:A knowledge collaboration perspective[C].International Conference on Information Systems,Dublin,2016,11-14.

[157]A.Ordanini,A.Parasuraman.Service innovation viewed through a service-dominant logic lens:A conceptual framework and empirical analysis[J].Journal of service research,2011,14(1):3-23.

[158]A.S.Cui,F.Wu.Utilizing customer knowledge in innovation:antecedents and impact of customer involvement on new product performance[J].Journal of the Academy of Marketing Science,2016,44(4):516-538.

[159]H.Piezunka,L.Dahlander.Distant search,narrow attention:How crowding alters organizations' filtering of suggestions in crowdsourcing[J]. Academy of Management Journal,2015,58(3):856-880.

[160] E. Von Hippel, R. Katz. Shifting innovation to users via toolkits [J]. Management Science,2002,48(7):821-833.

[161]S.Salomo,F.Steinhoff,V.Trommsdorff.Customer orientation in innovation projects and new product development success-the moderating effect of product innovativeness[J].International Journal of Technology Management,2003,26(5-6):442-463.

[162]陶晓波,张欣瑞,杨建坤,等.在线评论、感知有用性与新产品扩散的

关系研究[J].中国软科学,2017,(7):162-171.

[163] T. Riasanow, H. J. Ye, S. Goswami. Generating trust in online consumer reviews through signaling: An experimental study[C].2015 48th Hawaii International Conference on System Sciences,2015,3307-3316.

[164] C. Iacob, R. Harrison, S. Faily. Online reviews as first class artifacts in mobile app development[M].2013.

[165] N. Chen, J. Lin, S. C. H. Hoi, et al. AR-Miner: Mining informative reviews for developers from mobile app marketplace[C]. 36th International Conference on Software Engineering: Proceedings, Hyderabad, India, 2014, 767-778.

[166] B. Levitt, J. G. March. Organizational learning[J]. Annual review of sociology, 1988, 14(1):319-338.

[167] A. S. Miner, P. Bassof, C. Moorman. Organizational improvisation and learning: A field study[J]. Administrative science quarterly, 2001, 46(2):304-337.

[168] D. Jiménez-Jiménez, R. Sanz-Valle. Innovation, organizational learning, and performance[J]. Journal of Business Research, 2011, 64(4):408-417.

[169] K. Muehlfeld, P. Rao Sahib, A. Van Witteloostuijn. A contextual theory of organizational learning from failures and successes: A study of acquisition completion in the global newspaper industry, 1981-2008[J]. Strategic Management Journal, 2012, 33(8):938-964.

[170] L. Argote, S. Lee, J. Park. Organizational learning processes and outcomes: major findings and future research directions[J]. Management Science, 2021, 67(9): 5399-5429.

[171] L. Argote. Organizational learning research: Past, present and future[J]. Management learning, 2011, 42(4):439-446.

[172] R. C. Sampson. Experience effects and collaborative returns in R&D alliances[J]. Strategic Management Journal, 2005, 26(11):1009-1031.

[173] M. Dodgson. Organizational learning: a review of some literatures[J]. Organization Studies, 1993, 14(3):375-394.

[174] S. L. Brown, K. M. Eisenhardt. Product development: Past research, present findings, and future directions[J]. Academy of Management Review, 1995, 20(2): 343-378.

[175] P. R. Dickson. The static and dynamic mechanics of competition: a

comment on Hunt and Morgan's comparative advantage theory [J]. Journal of Marketing, 1996, 60(4): 102-106.

[176] W.E.Baker, J.M.Sinkula. The synergistic effect of market orientation and learning orientation on organizational performance [J]. Journal of the Academy of Marketing Science, 1999, 27(4): 411-427.

[177] H.Keskin. Market orientation, learning orientation, and innovation capabilities in SMEs: An extended model [J]. European Journal of Innovation Management, 2006, 9: 396-417.

[178] N. Bontis, M. M. Crossan, J. Hulland. Managing an organizational learning system by aligning stocks and flows [J]. Journal of Management Studies, 2002, 39 (4): 437-469.

[179] M.Tippins, R.Sohi. IT competency and firm performance: Is organizational learning a missing link? [J]. Strategic Management Journal, 2003, 24(8): 745-761.

[180]殷华方,潘镇,鲁明泓.它山之石能否攻玉:其他企业经验对外资企业绩效的影响[J].管理世界,2011,(4):69-83.

[181]汤淑琴,蔡莉,陈娟艺,等.经验学习对新企业绩效的动态影响研究[J].管理学报,2015,12(8):1154-1162.

[182]魏江,应瑛,刘洋.研发网络分散化,组织学习顺序与创新绩效:比较案例研究[J].管理世界,2014,(2):137-151,188.

[183]卢启程,梁琳琳,贾非.战略学习如何影响组织创新——基于动态能力的视角[J].管理世界,2018,34(9):109-129.

[184] C. Kim, J. Song, A. Nerkar. Learning and innovation: Exploitation and exploration trade-offs [J]. Journal of Business Research, 2012, 65(8): 1189-1194.

[185] P. Hongliang. The effect of international entrepreneurial experience and innovation elements accumulation on dual innovation of born globals [J]. Science Research Management, 2020, 41(3): 43-51.

[186] P. Fan. Catching up through developing innovation capability: evidence from China's telecom-equipment industry [J]. Technovation, 2006, 26(3): 359-368.

[187] N. Arranz, N. L. Arguello, J. C. Fernández de Arroyabe. How do internal, market and institutional factors affect the development of eco-innovation in firms? [J]. Journal of Cleaner Production, 2021, 297: 126692.

[188] A. Nerkar, P. W. Roberts. Technological and product-market experience

and the success of new product introductions in the pharmaceutical industry[J]. Strategic Management Journal,2004,25(8-9):779-799.

[189]C.W.Hsu, Y.C.Lien, H.Chen.R&D internationalization and innovation performance[J].International Business Review,2015,24(2):187-195.

[190]E.Genc,M.Dayan,O.F.Genc.The impact of SME internationalization on innovation: The mediating role of market and entrepreneurial orientation [J]. Industrial Marketing Management,2019,82:253-264.

[191]R.Pershina,B.Soppe,T.M.Thune.Bridging analog and digital expertise: Cross-domain collaboration and boundary-spanning tools in the creation of digital innovation[J].Research Policy,2019,48(9):103819.

[192]G.G.Parker,M.W.Van Alstyne.Two-sided network effects:A theory of information product design[J].Management Science,2005,51(10):1494-1504.

[193] E. G. Weyl. A price theory of multi - sided platforms [J]. American Economic Review,2010,100(4):1642-1672.

[194]孙耀吾,曾艳,翟翌.开放度影响软件平台创新绩效实证研究[J].科研管理,2020,41(3):31-42.

[195] Y. Chen, I. Pereira, P. C. Patel. Decentralized governance of digital platforms[J].Journal of Management,2020,47(5):1305-1337.

[196]J.Foerderer.Interfirm exchange and innovation in platform ecosystems: Evidence from apple's worldwide developers conference[J].Management Science, 2020,66(10):4772-4787.

[197]P.Huang,M.Ceccagnoli,C.Forman,et al.Appropriability mechanisms and the platform partnership decision:Evidence from enterprise software[J].Management Science,2012,59(1):102-121.

[198]B.Jiang,K.Jerath,K.Srinivasan.Firm strategies in the "Mid Tail" of platform-based retailing[J].Marketing Science,2011,30(5):757-775.

[199] F. Zhu, Q. Liu. Competing with complementors: An empirical look at Amazon.com[J].Strategic Management Journal,2018,39(10):2618-2642.

[200]Q.Wang,B.Li,P.V.Singh.Copycats vs.original mobile apps:A machine learning copycat-detection method and empirical analysis[J].Information Systems Research,2018,29:273-291.

[201]J.Farrell,M.L.Katz.Innovation,rent extraction,and integration in systems

markets[J].The Journal of Industrial Economics,2000,48(4):413-432.

[202]W.Barnett,E.Pontikes.The red queen,success bias,and organizational inertia[J].Management Science,2006,54:1237-1251.

[203]W.P.Barnett,M.T.Hansen.The red queen in organizational evolution[J].Strategic Management Journal,1996,17(S1):139-157.

[204]N.Sahni.Advertising spillovers:Evidence from online field-experiments and implications for returns on advertising[J].Journal of Marketing Research,2016,53:459-478.

[205]Z.Li,A.Agarwal.Platform integration and demand spillovers in complementary markets:Evidence from Facebook's integration of instagram[J].Management Science,2016,63(10):3438-3458.

[206]G.Adomavicius,J.C.Bockstedt,S.P.Curley,et al.Effects of online recommendations on consumers' willingness to pay[J].Information Systems Research,2018,29(1):84-102.

[207]D.Fleder,K.Hosanagar.Blockbuster culture's next rise or fall:The impact of recommender systems on sales diversity[J].Management Science,2009,55(5):697-712.

[208]D.A.Reinstein,C.M.Snyder.The influence of expert reviews on consumer demand for experience goods:A case study of movie critics[J].The Journal of Industrial Economics,2005,53(1):27-51.

[209]A.Chakravarty,Y.Liu,T.Mazumdar.The Differential effects of online word-of-mouth and critics' reviews on pre-release movie evaluation[J].Journal of Interactive Marketing,2010,24(3):185-197.

[210]A.Hein,J.Weking,M.Schreieck,et al.Value co-creation practices in business-to-business platform ecosystems[J].Electronic Markets,2019,29(3):503-518.

[211]E.Tuomo.Online review site data in service innovation[J].International Journal of E-Services and Mobile Applications,2016,8(4):20-34.

[212]M.Spann,H.Ernst,B.Skiera,et al.Identification of lead users for consumer products via virtual stock markets[J].Journal of Product Innovation Management,2009,26(3):322-335.

[213]T.Koc,C.Ceylan.Factors impacting the innovative capacity in large-scale

companies[J].Technovation,2007,27(3):105-114.

[214]P.Le Masson,A.Hatchuel,M.Le Glatin,et al.Designing decisions in the unknown:A generative model[J].European Management Review,2019,16(2):471-490.

[215]S.Cadwallader,C.Jarvis,M.Bitner,et al.Frontline employee motivation to participate in service innovation implementation [J]. Journal of the Academy of Marketing Science,2009,38:219-239.

[216]龚诗阳,刘霞,赵平.线上消费者评论如何影响产品销量?——基于在线图书评论的实证研究[J].中国软科学,2013,(6):171-183.

[217] J. Zhang, G. Craciun, D. Shin. When does electronic word-of-mouth matter? A study of consumer product reviews [J]. Journal of Business Research, 2010,63(12):1336-1341.

[218]Q.Liu,T.J.Steenburgh,S.Gupta.The cross attributes flexible substitution logit:Uncovering category expansion and share impacts of marketing instruments[J]. Marketing Science,2014,34(1):144-159.

[219]Z.Li,A.Agarwal.The impact of platform integration on consumer demand in complementary markets:Evidence from Facebook's integration of instagram[J]. Management Science,2014,63(10):3438-3458.

[220]宁萍,杨蕙馨.平台企业进入互补市场会推动互补商创新响应吗——以苹果公司进入摄影与录像市场为例[J].当代财经,2020,(3):102-113.

[221]S.Najafi-Tavani,H.Sharifi,H.Ismail.A study of contingency relationships between supplier involvement,absorptive capacity and agile product innovation[J]. International Journal of Operations & Production Management,2014,34(1):65-92.

[222]崔蓓,王玉霞.供应网络联系强度与风险分担:依赖不对称的调节作用[J].管理世界,2017,(04):106-118.

[223] R. F. J. Haans, C. Pieters, Z.-L. He. Thinking about U: Theorizing and testing U-and inverted U-shaped relationships in strategy research [J]. Strategic Management Journal,2016,37(7):1177-1195.

[224]杨洋,魏江,罗来军.谁在利用政府补贴进行创新?——所有制和要素市场扭曲的联合调节效应[J].管理世界,2015,(1):75-86,98,188.

[225]邓新明,罗欢,龙贤义,等.高管团队异质性、竞争策略组合与市场绩效——来自中国家电行业的实证检验[J].南开管理评论,2021,24(04):103-

117.

[226]K.E.Gruner,C.Homburg.Does customer interaction enhance new product success? [J].Journal of Business Research,2000,49(1):1-14.

[227]陶晓波,张欣瑞,范正芳,等.顾客参与对新产品开发绩效的影响机理研究[J].中国软科学,2019,(4):125-132.

[228]K.M.Eisenhardt,J.A.Martin.Dynamic capabilities:what are they? [J].Strategic Management Journal,2000,21(10-11):1105-1121.

[229]钟琦,杨雪帆,吴志樵.平台生态系统价值共创的研究述评[J].系统工程理论与实践,2021,41(2):421-430.

[230]触乐.被苹果系统升级逼疯的独立开发者[EB/OL].http://www.360doc.com-/content/20/0805/05/71057272_928579609.shtml,August 31,2020.

[231]D.Dahl,C.Fuchs,M.Schreier.Why and when consumers prefer products of user-driven firms:A social identification account[J].Management Science,2014,61(8):1978-1988.

[232]S.L.Vargo,R.F.Lusch.Service-dominant logic:Continuing the evolution[J].Journal of the Academy of Marketing Science,2008,36(1):1-10.

[233]C. Zott. Dynamic capabilities and the emergence of intraindustry differential firm performance: Insights from a simulation study [J]. Strategic Management Journal,2003,24(2):97-125.

[234]D.A.Levinthal,B.Wu.Opportunity costs and non-scale free capabilities:Profit maximization,corporate scope,and profit margins[J].Strategic Management Journal,2010,31(7):780-801.

[235]L.Fleming,O.Sorenson.Science as a map in technological search[J].Strategic Management Journal,2004,25(8-9):909-928.

[236]杨特,赵文红,李颖.创业者经验宽度、深度对商业模式创新的影响:创业警觉的调节作用[J].科学学与科学技术管理,2018,39(7):88-104.

[237]钱锡红,杨永福,徐万里.企业网络位置、吸收能力与创新绩效——一个交互效应模型[J].管理世界,2010,(5):118-129.

[238]A.C.Inkpen.Learning through joint ventures:A framework of knowledge acquisition[J].Journal of Management Studies,2000,37(7):1019-1044.

[239]I.Deligianni,I.Voudouris,S.Lioukas.Do effectuation processes shape the

relationship between product diversification and performance in new ventures? [J]. Entrepreneurship Theory and Practice,2016,41(3):349-377.

[240]S. Le, M. Kroll. CEO international experience: Effects on strategic change and firm performance[J].Journal of International Business Studies,2017,48(5):573-595.

[241]陈爽英,傅锋,李启月."个体-组织"情境嵌套下 CEO 互联网行业经历与平台企业战略变革[J].管理学报,2020,17(10):1461-1469.

[242]Statista. Number of available apps in the Apple App Store from 2008 to 2021[EB/OL].https://www. statista. com/statistics/268251/number-of-apps-in-the-it-unes-app-store-since-2008/, August 31,2021.

[243] F. Foglieni, S. Holmlid. Determining service value: Exploring the link between value creation and service evaluation[J].Service Science,2017,9(1):74-90.

[244]袁国方,张钢.时间框架效应下时间个性差异对知识团队创新的影响机制研究[J].南开管理评论,2015,18(3):102-110.

[245]A.Ghose, S.P.Han.Estimating demand for mobile applications in the new economy[J].Management Science,2014,60(6):1470-1488.

[246]Z. L. He, P. K. Wong. Exploration vs. exploitation: An empirical test of the ambidexterity hypothesis[J].Organization Science,2004,15(4):481-494.

[247]B.Menguc, S. Auh. The asymmetric moderating role of market orientation on the ambidexterity-firm performance relationship for prospectors and defenders [J].Industrial Marketing Management,2008,37(4):455-470.

[248] C. Zott, R. Amit. Business model design and the performance of entrepreneurial firms[J].Organization Science,2007,18(2):181-199.

[249]江积海,蔡春花.开放型商业模式 NICE 属性与价值创造关系的实证研究[J].中国管理科学,2016,24(5):100-110.

[250]M. B. Lieberman, D. B. Montgomery. First-mover advantages[J].Strategic Management Journal,1988,9(S1):41-58.

[251]M. Fleischmann, M. Amirpur, T. Grupp, et al. The role of software updates in information systems continuance-An experimental study from a user perspective [J].Decision Support Systems,2016,83:83-96.

[252] Y. L. Zhao, D. Libaers, M. Song. First product success: A mediated

moderating model of resources, founding team startup experience, and product-positioning strategy[J].Journal of Product Innovation Management,2015,32(3):441-458.

[253]M.Nishida.First-mover advantage through distribution:A decomposition approach[J].Marketing Science,2017,36(4):590-609.

[254]D.Levinthal,J.March.The myopia of learning[J].Strategic Management Journal,1993,14:95-112.

[255]N.Venkatraman.The concept of fit in strategy research:Towards verbal and statistical congruence[J].The Academy of Management Review,1989,14(3):423-444.

[256]李忆,司有和.探索式创新、利用式创新与绩效:战略和环境的影响[J].南开管理评论,2008,(5):4-12.

[257]R.T.Cenfetelli,I.Benbasat,S.Al-Natour.Addressing the what and how of online services:Positioning supporting-services functionality and service quality for business-to-consumer success[J].Information Systems Research,2008,19(2):161-181.

[258]T.Gill.Convergent products:What functionalities add more value to the base? [J].Journal of Marketing,2008,72(2):46-62.

[259]A.B.Hargadon,G.Davis,K.E.Weick.Review of organizations in action:Social science bases of administrative theory[J].Administrative science quarterly,2003,48(3):498-509.

[260]T.Raza-Ullah,M.Bengtsson,S.Kock.The coopetition paradox and tension in coopetition at multiple levels[J].Industrial Marketing Management,2014,43(2):189-198.

[261]杨震宁,赵红.中国企业的开放式创新:制度环境、"竞合"关系与创新绩效[J].管理世界,2020,36(2):139-160,224.

[262]魏守华,顾佳佳,姜悦.知识溢出、吸收能力与经济绩效的研究述评[J].现代经济探讨,2017,(9):123-132.

[263]W.Shen,Y.Hu,J.Ulmer.Competing for attention:An empirical study of online reviewers' strategic behavior[J].MIS Quarterly,2015,39(3):683-696.

[264]宁萍,杨蕙馨.平台企业进入互补市场的动机与策略选择——基于淘宝天猫平台的多案例分析[J].经济管理,2021,43(2):106-122.

[265] A.Gawer, N.Phillips. Institutional work as logics shift: The case of Intel's transformation to platform leader[J]. Organization Studies, 2013, 34(8): 1035–1071.

[266] T. Kretschmer, A. Leiponen, M. Schilling, et al. Platform ecosystems as meta-organizations: Implications for platform strategies[J]. Strategic Management Journal, 2020, forthcoming.

[267] A.Cozzolino, L.Corbo, P.Aversa. Digital platform-based ecosystems: The evolution of collaboration and competition between incumbent producers and entrant platforms[J]. Journal of Business Research, 2021, 126: 385–400.

[268] B. C. Arntzen, G. G. Brown, T. P. Harrison, et al. Global supply chain management at digital equipment corporation[J]. Journal on Applied Analytics, 1995, 25(1): 69–93.

[269] M.Kim, J.Song, J.Triche. Toward an integrated framework for innovation in service: A resource-based view and dynamic capabilities approach[J]. Information Systems Frontiers, 2014, 17(3): 533–546.

[270] F. Zhu, X. Zhang. Impact of online consumer reviews on sales: The moderating role of product and consumer characteristics[J]. Journal of Marketing, 2010, 74(2): 133–148.

[271] R. Seamans, F. Zhu. Repositioning and cost-cutting: The impact of competition on platform strategies[J]. Strategy Science, 2017, 2(2): 83–99.

[272] R.Katila, G.Ahuja. Something old, something new: A longitudinal study of search behavior and new product introduction[J]. Academy of Management Journal, 2002, 45(6): 1183–1194.

[273] Y. Yoo, R. J. Boland, K. Lyytinen, et al. Organizing for innovation in the digitized world[J]. Organization Science, 2012, 23(5): 1398–1408.

[274] P. C. Fiss. Building better causal theories: A fuzzy set approach to typologies in organization research[J]. Academy of Management Journal, 2011, 54(2): 393–420.

[275] V.F.Misangyi, A.G.Acharya. Substitutes or complements? A configurational examination of corporate governance mechanisms[J]. Academy of Management Journal, 2014, 57(6): 1681–1705.

[276] A. D. Meyer, A. S. Tsui, C. R. Hinings. Configurational approaches to organizational analysis[J]. Academy of Management Journal, 1993, 36(6): 1175–

1195.

[277] F.-Y Lo, A.Rey Martí, D.Botella Carrubi. Research methods in business: Quantitative and qualitative comparative analysis[J]. Journal of Business Research, 2020, 115: 221-224.

[278] Y.Du, P.H.Kim. One size does not fit all: Strategy configurations, complex environments, and new venture performance in emerging economies[J]. Journal of Business Research, 2021, 124: 272-285.

[279] D.Gligor, S.Bozkurt, I.Russo. Achieving customer engagement with social media: A qualitative comparative analysis approach [J]. Journal of Business Research, 2019, 101: 59-69.

[280] S.Feurer, E.Baumbach, A.G.Woodside. Applying configurational theory to build a typology of ethnocentric consumers [J]. International Marketing Review, 2016, 33(3): 351-375.

[281] L. Fuentelsaz, E. Garrido, J. P. Maicas. Incumbents, technological change and institutions: How the value of complementary resources varies across markets[J]. Strategic Management Journal, 2015, 36(12): 1778-1801.

[282] R.M.Frey, R.Xu, C.Ammendola, et al. Mobile recommendations based on interest prediction from consumer's installed apps-insights from a large-scale field study[J]. Information Systems, 2017, 71: 152-163.